LARRY CRABB

Orte der Geborgenheit und Heilung

AUF DEM WEG ZU AUTHENTISCHEN GEISTLICHEN GEMEINSCHAFTEN

GLORYWORLD-MEDIEN

Originaltitel: „Becoming a True Spiritual Community“

1. Auflage 2011

Bibelzitate sind, falls nicht anders gekennzeichnet, der Elberfelder Bibel, Revidierte Fassung von 1985, entnommen.

Weitere Bibelübersetzung: [NGÜ] Neue Genfer Übersetzung, 2009

Das Buch folgt den Regeln der Deutschen Rechtschreibreform. Die Bibelzitate wurden diesen Rechtschreibregeln angepasst.

Übersetzung: Ivo Carobbio
Lektorat: Dr. David Poysti / Michael Stadler / Manfred Mayer
Satz: Manfred Mayer
Umschlaggestaltung: Kerstin & Karl Gerd Striepecke, www.vision-c.de
Foto: photocase
Druck: Schönbach-Druck GmbH, Erzhausen

Printed in Germany

ISBN: 978-3-936322-58-3

Bestellnummer: 359258

Erhältlich beim Verlag:

GloryWorld-Medien
Postfach 4170
D-76625 Bruchsal
Tel.: 07257-903396
Fax: 07257-903398
info@gloryworld.de
www.gloryworld.de

oder in jeder Buchhandlung

INHALT

Meiner geistlichen Gemeinschaft gewidmet.

Lasst uns – *gemeinsam* – auf dem Weg zu Gott bleiben.

Dank

Dieses Buch ist so etwas wie ein Meilenstein für mich. Es ist das erste, das ich verfasst habe, ohne ständig Feedback einzuholen. Außer Claudia Ingram hat niemand auch nur einen einzigen Satz gesehen, bevor das Buch fertig war.

Ich glaube, vorher habe ich mich ein wenig davor gefürchtet, das zum Ausdruck zu bringen, was mich innerlich am tiefsten bewegt. Marcia, eine versierte Künstlerin und echte geistliche Freundin, machte mich darauf aufmerksam, dass Feedback während der Schaffensphase ein zweischneidiges Schwert sein kann: Einerseits merkt man gleich, wie die Menschen das Geschaffene aufnehmen, andererseits beeinflusst dies wahrscheinlich den weiteren Verlauf des Malens bzw. Schreibens.

Die Folge war, dass ich mich noch mehr bemühte. Sein ist eben sehr viel schwieriger als Tun. Diesem Buch gehen vier oder fünf Entwürfe voraus. Ich habe sie samt und sonders verworfen. Jeder Entwurf umfasste einige Kapitel. Dann endlich hatte ich den Eindruck, dass mein Geist mit Gottes Geist in Einklang war. Ich habe mich einige Wochen lang in verschiedenen Hotelzimmern zum intensiven Schreiben verkrochen, mich sogar ein ganzes Jahr in mein Büro im Keller zurückgezogen. Meine Bitte an Gott dabei war, mich seine Gegenwart bewusst spüren zu lassen. Dann schrieb ich nieder, was der Geist meine Augen sehen ließ und meinem Herzen offenbarte. Mir ist bewusst, dass ich dabei auf dem aufbaue, was viele andere zuvor erarbeitet haben.

Ohne Claudia wäre dieses Buch kaum mehr als ein Stapel zusammenhangloser Notizen in irgendeinem Ordner. Sie hat nicht nur meine handschriftlichen Faxe entziffert und in ein ansehnliches Manuskript verwandelt. Was noch mehr zählt, ist, wie leidenschaftlich und treu sie dafür sorgte, dass Gott so viel wie möglich aus mir herausholte. Das hat mich nur zum Guten beeinflusst.

Joey Paul, meine wichtigste Verbindung zum herausgebenden Verlag, hat sich selbst in das Buch eingebracht. Er ist für mich mehr als nur ein Verleger: Er ist mein Freund und Mitarbeiter im Reich Gottes. Mein Dank gilt jedem einzelnen Mitarbeiter des Teams.

Lela Gilbert hat das Manuskript überarbeitet und es in ein lesbares Buch verwandelt. Lisa Guest hat meine Einfälle genauestens geprüft und eine ausgezeichnete Studienhilfe erstellt. Ich danke beiden für ihre Beiträge.

Sealy Yates ist nicht so barmherzig, mich beim Golf gewinnen zu lassen, doch seine einzigartige Leidenschaft für Gott und Gottes Volk durchdringt alles, was er tut. Wir haben sehr eng zusammengearbeitet. Mit dem Begriff *Literaturagent* kommt nicht annähernd zum Ausdruck, wie sehr er meine eigene Leidenschaft für Christus entzündete.

Jerry Miller ermutigte mich, freimütig zu erzählen, was Gott mir klargemacht hat. Frank Wilson hat mich bei jeder Begegnung inspiriert. Chuck Yeagers Art, gleich zur Sache zu kommen, hat mir stets geholfen, mich auf das Eigentliche zu konzentrieren.

Jim und Suzi Kallam, Dwight und Sandy Edwards, Trip und Judy Moore und Kent und Karla Denliger sind befreundete Pastoren bzw. Ehepaare. Sie haben Rachael und mir gezeigt, was *geistliche Freundschaft* bedeutet. Uns verbindet eine tiefe Liebe.

Ganz besonderer Dank geht an mein Gebetsteam, das während meiner Arbeit jede Woche an einem bestimmten Tag für mich gebetet hat: Randy und Marcia, Kep und Kim, Richard, Phoebe, Duncan und Angie, Al und Jeanie, Freddie und Sarah, Kent und Karla, Bill und Sandy, Frank und Chris, Christine, Wes und Judy, Ken, Curtis, Bill und Mary, Tom und Jenny, Margaret, Monte und Cheryl, Chuck, Bob und Claudia, Anthony, Diane, Jim und Suzi. Was immer an geistlichem Gehalt in diesem Buch steckt: es ist eurem unermüdlichen Einsatz zu verdanken.

Viele andere haben meinen Hunger nach Nähe zu Gott und zu anderen verstärkt: Ron und Jenny, Mark, Elisa und Evan, Philip und Janet, Ken und Diane, Chap und Dee, Tom und Vickey, George und Connie, Mike und Julianne und noch viele andere. Auch euch gilt mein Dank.

An meine Söhne: Euer Weg mit Gott erfüllt mein Herz mit Freude, wie es keine andere Quelle vermag. An meine Eltern: Euer Festhalten an Gott während schwerer Prüfungen hat mich ermutigt, es euch in meinen eigenen dunklen Nächten nachzutun.

Und an meine Frau: Von allen hast du den höchsten Preis entrichtet für das, was der Geist in mir und durch mich tut. Danke, dass du dein Herz mit meinem verflochten hast, während wir gemeinsam zum vor uns liegenden Licht unterwegs sind. Das Wort *gemeinsam* rührt mich zu Tränen. *Gemeinsam* ist Gottes Plan.

Vorwort

Nachdem wir uns einmal entschieden haben, Jesus als unserem Herrn und Retter nachzufolgen, gehen die meisten von uns davon aus, wir würden uns ganz automatisch in einer geistlichen Gemeinschaft gleichgesinnter Freunde, einer Familie von Brüdern und Schwestern, wiederfinden, die es genießen, einander auf dem Weg zur Herrlichkeit zu begleiten.

Häufig werden wir jedoch enttäuscht. Weshalb? Warum steht für viele das Thema geistliche Gemeinschaft – „Kirche" – ganz oben auf ihrer Liste geistlicher Probleme?

Diese Frage macht vor keinem halt: Jung und Alt, Männer und Frauen in den Bänken und Pastoren auf der Kanzel, erfahrene Christen, Frischbekehrte und Noch-nicht-ganz-Christen. Sie findet sich auch quer durch die Konfessionen. Manchmal wird sie im Ärger gestellt, manchmal mit unverhohlenem Spott und Zynismus und gelegentlich mit kaum vernehmbarer Verzweiflung. Erwartungsgemäß werden in einem durch Angebot und Nachfrage geprägten geistlichen Umfeld schon bald Antworten zu hören sein.

Larry Crabb jedoch bleibt uns überraschenderweise eine Antwort auf diese Frage schuldig.

Stattdessen lädt er uns zu einem ausgedehnten und entspannten Gedankenaustausch darüber ein, dass alles menschliche Leben eindeutig sowohl persönlich als auch gemeinschaftlich beschaffen ist. Dabei legt er einen starken Fokus auf die trinitarische Offenbarung dieses Lebens in Jesus. Er führt uns eindringlich vor Augen, dass geistliche Gemeinschaft (bzw. die Gemeinde) die Schlüsselrolle dabei spielt, dass Christus in uns Gestalt gewinnt (Gal 4,19) und wir „zum vollkommenen Menschen werden und Christus in seiner vollendeten Gestalt darstellen" (vgl. Eph 4,13). Dies können wir nicht selbst bewerkstelligen; Individualismus ist keine Option. Larry Crabb besteht darauf – und dies ist für uns vielleicht das Wertvollste –, dass wir uns den gewaltigen Schwierigkeiten im Zusammenhang mit geistlicher Gemeinschaft stellen: Echte Gemeinschaft gibt es nicht im Schnellverfahren; es gibt keine Abkürzungen; Verwirrung und Enttäuschung lassen sich nicht vermeiden. Wir sollten uns lieber darauf einstellen, dass es ein lebenslanger Prozess voller Herausforderungen ist, wenn wir Jesus folgen und uns von ihm zu der Schar der zerbrochenen Männer und Frauen hinzufügen lassen wollen, die ihm ebenfalls hinterhereilen oder -humpeln.

Die Aufrichtigkeit und Dringlichkeit dieser Seiten sind ein willkommener Kontrast zu dem vorherrschenden Unternehmergeist unserer Zeit, der Gemeinschaft mehr und mehr zu einer Ware degradiert. Vereinsamte, nach Gemeinschaft hungernde Christen sind leichte Opfer solcher Ausbeutung. Unser Bedarf an Gemeinschaft und unsere Unzufriedenheit mit der Gemeinschaft, in der wir uns gerade befinden (oder die wir in Betracht ziehen) bietet jenen, die „Gemeinschaft" feilbieten, einen willkommenen Markt. Der Handel mit Gemeinschaft zählt zu den spektakulären Wachstumsbranchen der modernen nordamerikanischen Religion. Woran liegt es, dass das, was doch einem Akt des Heiligen Geistes entspringt, so oft (und äußerst lukrativ!) als Methode oder Ware verpackt wird?

Was einem da gewöhnlich angepriesen wird, entpuppt sich bei genauerem Hinsehen als etwas anderes als Gemeinschaft. Wir im Westen verstehen uns auf die Gründung von Vereinen und die Organisation von Veranstaltungen. Aber (insbesondere religiöse) Vereine und Massenzusammenkünfte bilden noch lange keine Gemeinschaften! Dass echte Gemeinschaft entsteht, ist das komplexe, geduldige und mühsame Werk des Heiligen Geistes – wir selbst können sie weder machen noch käuflich erwerben. Das Einzige, was wir tun können, ist, uns ihm zur Verfügung zu stellen, damit er uns zu einer Gemeinschaft macht.

Das Buch *Orte der Geborgenheit und Heilung* löst sich von den Management- und Führungsmethoden, die in unserem Kulturkreis so hoch gehandelt werden, und kehrt zu den wahren Grundlagen, auf denen geistliche Gemeinschaften gedeihen, zurück. Es vermittelt göttliche Weisheit, Wegweisung und Hoffnung, sodass wir wieder voller Zuversicht an die Orte, an die wir berufen sind, und zu den dort lebenden Menschen gehen können, bereit, uns vom Wort und Geist Gottes zu einer geistlichen Gemeinschaft formen zu lassen.

Dr. Eugene H. Peterson
Emeritierter Professor für Theologie am Regent College

Drehen wir unsere Stühle um!

Diesen Anblick werde ich wohl nie vergessen. Ich habe es versucht. In den seither vergangenen fünfundzwanzig Jahren sind mir nur wenige Details verschwommen. Die Szene liegt mir in fast allen Einzelheiten vor Augen; es ist, als hätte ich alles erst gestern erlebt.

Rachael und ich schlenderten durch Miami Beach. Wir waren erst kurz vorher aus dem grauen Mittleren Westen der Vereinigten Staaten nach Süd-Florida gezogen und freuten uns über den ersten Besuch dieses berühmten Sonnen- und Urlaubsparadieses.

Einen Häuserblock westlich der Luxushotels entlang des Strandes, die auf den bekannten Postkarten abgebildet sind, gab es eine Straße, wie sie in Großstädten üblich sind: laut, schmutzig, bevölkert von Taxis, Bussen und allerlei gewerblichen Kleinlastern. Diese Straße säumten einige eher weniger vornehme Geschäfte, Läden und Reihenhäuser; gelegentlich sprossten Gräser aus den Löchern im Asphalt. Ein Stück blauen Himmel konnte man nur sehen, wenn man seinen Blick direkt nach oben richtete.

Keiner machte hier Fotos für die Verwandten oder fürs Fotoalbum. Wir kamen an einem großen Holzdeck, einer Art großen Veranda vorbei. Es war drei Meter tief und verlief etwa zwanzig Meter entlang der Straße. Bestimmt hundert Stühle waren da ordentlich in mehreren Reihen aufgestellt, immer mit kleinen Abständen dazwischen.

Fast alle Stühle waren besetzt, und zwar mit Rentnerinnen und Rentner, die wie versteinert dasaßen und auf die Straße starrten. Ich kann mich nicht erinnern, ob jemand auf seinem Stuhl geschaukelt hat, vermutlich schon. Ich erinnere mich jedoch, dass kein einziger dieser Rentner seinen Kopf nach einem vorbeifahrenden Taxi oder nach einer Passantin umdrehte. Niemand hatte die Beine überkreuzt (ich erinnere mich noch, dass einer Frau die Strümpfe heruntergefallen waren). Keiner hatte ein Buch oder eine Zeitung; sie tranken weder Kaffee noch Limonade. Niemand unterhielt sich mit einem anderen. Es gab keinerlei Anzeichen dafür, dass irgendeiner dieser Menschen von einem beziehungsliebenden Gott geschaffen worden war, um mit anderen Menschen innige Gemeinschaft zu erleben.

Die Seelen dieser Menschen schlummerten oder waren wie betäubt – vermutlich aufgrund jahrelanger lebloser Beziehungen und sinnloser Wortwechsel. Kein Zweifel, ihre Gespräche waren wohl einmal wichtig gewesen, als sie noch Geschäfte machten, romantische Begegnungen hatten, ihre Kinder rügten oder sich zu religiösen Treffen zusammenfanden. Vielleicht haben all ihre Begegnungen nie zu echtem Leben geführt.

Ich weiß noch, wie ich damals überlegte: *Jeder der hier Anwesenden hat wahrscheinlich zeitlebens in einer Großstadt hart gearbeitet. Und alle haben sie davon geträumt, ihren Ruhestand einmal in Florida zu verbringen. Jetzt sind sie hier. Aber sieh sie dir an! Alles, wofür sie gelebt haben, ist das hier. Herr, bitte bewahre mich vor einer Lebensweise, die eines Tages dazu führt, dass ich auf einem Stuhl sitze neben anderen Leuten, die ebenfalls auf einem Stuhl sitzen und geradeaus starren, den Blickkontakt zueinander meiden und einander überhaupt nicht kennen!*

Der Anblick dieses Decks war unsäglich traurig. Ich kann ihn nicht vergessen. Als wir vorbeispazierten, flüsterte mir meine Frau zu (ich weiß nicht mehr, weshalb sie geflüstert hat, es hätte ohnehin niemand gehört): „Ich würde am liebsten anfangen zu tanzen und so laut zu singen, wie ich nur kann."

Ein ähnliches Verlangen hat mich bewegt, dieses Buch zu schreiben.

Ich frage mich, ob der Heilige Geist genauso empfindet wie wir, wenn er heute durch die Reihen der Christen geht. Freilich gibt es da Unterschiede. Meist unterhalten wir uns, singen manchmal, und gelegentlich tanzen wir auch (in gewissen Kreisen zumindest). Wir führen durchaus ernsthafte Gespräche, studieren die Bibel, erzählen einander Geschichten und planen Wochenendfreizeiten. Wir unterhalten uns auch lebhaft über weltliche Belange, über Sport oder auch über pikante Gerüchte wie „Hast-du-schon-von-Soundso-gehört?".

Jeden Sonntagmorgen stehen, sitzen und singen wir auf Befehl. Manche heben die Hände, die meisten von uns sitzen aber einfach ruhig da und hören einem anderem zu, der zu uns spricht. Zu einer ganz bestimmten Zeit greifen wir in unsere Geldbörsen und geben ein paar Münzen oder kleine Scheine in eine Schale oder ein Körbchen.

Ja, wir *tun* eine ganze Menge. Ich frage mich nur, ob der Heilige Geist, der ja in ständiger Beziehung zu den beiden anderen Personen der Gottheit lebt, uns so sieht, wie Rachael und ich die Rentner auf der Veranda in Miami Beach sahen: in Reihen sitzend, die Gesichter geradeaus gerichtet – doch ohne jedes Anzeichen von Leben. Ist das am Ende unser wahres Gesicht?

Ein Pastor, der in einer größeren Gemeinde für die Kleingruppenarbeit zuständig ist, erzählte mir unlängst: „Die Leute bei uns richten sich strikt nach dem Hauskreis-Handbuch: Sie erzählen, was sie erlebt haben, tauschen Gebetsanliegen aus, diskutieren über interessante Dinge, denken über Bibelstellen nach, singen gemeinsam, und manchmal weint sogar jemand mit einem anderen. Aber etwas ganz Bestimmtes, nach dem eigentlich jeder sich sehnt, fehlt. Ich weiß zwar nicht, was es ist, aber es fehlt."

Kann es sein, dass wir irgendwie doch für uns bleiben und uns nie so richtig begegnen, dass wir nie das geben oder empfangen, was wir am meisten brauchen – selbst wenn wir uns treffen, weil wir Gemeinschaft haben wollen?

Eine andere Kleingruppen-Pastorin erzählte mir einmal beim Mittagessen: „Wir müssen uns auf eine andere Ebene begeben. In unseren Gruppen geschieht zwar viel Gutes, aber nicht das, was am wichtigsten wäre, nicht das, was eigentlich möglich wäre."

Beim Nächsten, was sie sagte, kam mir mein Erlebnis in Miami in den Sinn. Sie sagte: „Wir setzen uns zwar in einen Kreis, aber nur mit unseren Körpern. Unsere Seelen dagegen sitzen auf Stühlen mit geraden Lehnen und schauen einander nicht an. Wir gehen auf Nummer sicher, weil keiner sich in der Gruppe wirklich sicher fühlt."

Ich habe dieses Buch geschrieben, weil ich gerne möchte, dass wir unsere Stühle umdrehen. Unsere Seelen brauchen es, dass wir einander anschauen. Dann möchte ich, dass wir uns von unseren Stühlen erheben und auf die Knie gehen. Und bevor wir uns wieder auf unsere Stühle setzen, möchte ich, dass wir einander die Füße waschen, sei es nun symbolisch oder tatsächlich.

Anbetung, Demut, dann das Gespräch. Das ist die richtige Reihenfolge.

Ich möchte, dass wir miteinander reden, aber nicht um des Redens willen. Es soll sich dadurch etwas verändern. Wir wollen uns auf eine andere Ebene begeben, auf die Ebene des Geistes, dorthin, wo die wichtigen Dinge *vor* den weniger wichtigen Dingen rangieren. Ich möchte, dass wir eine Einheit erleben, die uns bewusst macht, was das Beste in uns ist, aber auch auf die negativen Dinge, die dessen Freisetzung verhindern – eine alles umfassende Einheit, die nette kleine Jungs zu erwachsenen Männern werden lässt und süße junge Mädchen zu reifen Frauen.

Das ist es, glaube ich, was der Schreiber des Hebräerbriefes im Sinn hatte. Er sagte, wir sollten nicht aufhören, mit anderen Christen Gemeinschaft zu haben. Und wenn wir zusammenkämen, sollten wir solche Dinge sagen und tun, die unsere Flämmchen zu einem lodernden Feuer entfachen. Es sollte das Leben, das der Geist Gottes in uns hineingelegt hat, erweckt werden, damit wir in der Lage sind, durch finstere Nächte, aber auch durch strahlende Morgen zu gehen, während unsere Augen fest auf die unsichtbare Wirklichkeit gerichtet sind. Der Autor des Hebräerbriefes hält uns an, *ernsthaft darüber nachzudenken,* welche Konsequenzen das Gesagte hat.

Aber genau das haben wir nicht getan. Wir haben stattdessen Wege gefunden, wie wir „Kirche machen" können: Wir können an Kleingruppen teilnehmen, ohne echte Beziehungen einzugehen, ohne uns den anderen Christen wirklich zuzuwenden. Wir haben die altbekannten, breiten Wege beschritten, die durch Umtriebigkeit, Organisation und (sowohl weltlichen als auch religiösen) Ehrgeiz gekennzeichnet sind, und waren eifrig dabei, Kirchengebäude zu errichten. Wir haben die Scharen von Gleichgesinnten auf diesem Weg in unsere Gebäude hineingelockt und sie zu einer Zuhörerschaft gemacht. Und das haben wir dann „Gemeinschaft" genannt.

Aber das hat damit nichts zu tun. In einer echten Gemeinschaft kennt man einander. Die Gemeinschaft, die man hier pflegt, muss der Geist Gottes erst ermöglichen. Ein Freund sagte mir kürzlich: „Es fällt mir viel leichter, Gott unter Menschen anzubeten, die ich kenne." Christen in Gemeinschaft geben und empfangen, was Gott ihnen gibt. Dazu braucht es nichts weiter als eine Handvoll Leute, die mit ihm und einander sehr vertraut sind oder dieses Ziel wenigstens leidenschaftlich verfolgen.

Kirchen sind nur selten echte Gemeinschaften. Sie sind eher gesellschaftliche Maschinen, die eine Zeit lang gut funktionieren, dann ins Stocken geraten, wieder in Ordnung gebracht werden, wieder „laufen" oder mit viel Geräusch dahinstapfen, so gut sie eben können. Die Aufforderung an die Gottesdienstbesucher, sich am Anfang gegenseitig zu begrüßen, führt normalerweise zu gar nichts. Das ist nicht mehr als ein Spritzer Öl ins Getriebe. Auch wenn Sie dabei Ihren Namen nennen, ändert das nichts. Auf solche Weise miteinander umzugehen, führt selten zu echter Gemeinschaft; es ist eher ein Ersatz dafür.

Der Weg des Geistes verläuft dagegen so ganz anders. Er ist schmäler, steiler und gradliniger als andere Wege. Er wird nur von Anbetern beschritten, die ihre Abhängigkeit von Gott und voneinander „feiern", indem sie ihre Stühle einer kleinen Gemeinschaft von Freunden zuwenden und diesen treu bleiben und gemeinsam entdecken, dass es die Kraft des Geistes Gottes ist, die diese Gemeinschaft möglich macht. Sie wissen, dass Gott ihnen seinen Geist gibt und Wunder in und unter ihnen tut, nicht weil sie das so klug machen, sondern weil sie ihre Abhängigkeit voneinander genießen und miteinander lernen, die Stimme des Geistes zu hören (vgl. Gal 3,5).

Es gibt viele Wege, wie man leben kann. Einige davon sind stark frequentiert, andere ziehen nur einige wenige Pilger an. Aber nur ein Weg führt zu echter Gemeinschaft, zu dem Ort größter Geborgenheit auf Erden, an dem Menschen miteinander in Beziehung kommen und für immer verändert werden.

Wir sind aufgefordert, gründlich darüber nachzudenken, wie dieser Weg beschaffen ist und wohin er uns führt.

Genau das möchte ich in diesem Buch tun.

Mein Ziel ist, über *geistliche Gemeinschaft* zu schreiben. Ich möchte darüber sprechen, was es heißen kann, die Stühle umzudrehen, sodass wir einander ansehen können, und das Leben, das in unseren Herzen ist, unseren Brüdern und Schwestern zu schenken, und auch umgekehrt zuzulassen, dass sie uns mit ihrem Leben beschenken. Nehmen fällt manchmal schwerer als Geben. In geistlichen Gemeinschaften tun die Menschen beides.

Teil 1 beschreibt einen Weg, wie man über *geistliche Gemeinschaft* nachdenken kann. Was ist das überhaupt? Welche Möglichkeiten, die des Geistes bedürfen, haben wir als Christen, um Gemeinschaft zu pflegen, die Nichtchristen nicht haben? Was würde diese anziehen und sie neugierig machen? Menschen, die den Geist nicht haben, kommen im Leben oft gut zurecht (nicht jeder gute Nachbar ist ein Christ), und viele von ihnen tun Dinge, die wahre Opferbereitschaft beweisen und von überreicher Freundlichkeit geprägt sind. Was aber macht eine *geistliche* Gemeinschaft so einzigartig?

In Teil 2 zeige ich einen Weg auf, wie wir *unsere Kämpfe* verstehen können. Dabei wird klar, weshalb geistliche Freunde und geistliche Begleiter – die beiden hauptsächlichen Arten von Beziehungen in geistlichen Gemeinschaften – sehr gut dafür geeignet sind, uns dabei zu helfen. Geistliche Gemeinschaft bietet eine größere Geborgenheit als eine Gruppe, die von Fachleuten geleitet wird, wenngleich viele das Gegenteil erlebt haben. (Wenn eine geistliche Gemeinschaft jedoch kein Ort der Geborgenheit ist, ist sie auch nicht geistlich.)

In Teil 3 komme ich schließlich auf das A und O meiner Botschaft zu sprechen: *Ein Weg, in dieser Welt Beziehung zu leben,* der gleichzeitig definiert, was es heißt, in einer geistlichen Gemeinschaft zu sein.

Und dazu ist es erforderlich, dass wir unsere Stühle umdrehen.

Fragen zur Vertiefung und zum Gespräch

- Vielleicht sieht der Heilige Geist die Mitglieder einer Gemeinde ja so, wie Dr. Crabb die Rentner in Miami gesehen hat: hintereinander in Schaukelstühlen sitzend, die Blicke starr nach vorn gerichtet, ohne dass es einen Austausch von Leben zwischen ihnen gab. Wie oft haben Sie selbst schon an den üblichen Aktivitäten einer Gemeinde teilgenommen – wie Zeugnis geben, Gebetsanliegen weitergeben, wichtige Themen diskutieren, Bibelarbeit, Anbetung, manchmal sogar miteinander weinen – und hatten trotzdem den Eindruck, dass es keine echten, tiefgehenden Beziehungen gab? Was hat Ihrer Meinung nach gefehlt – und weshalb?
- Dr. Crabb spricht von seiner Vision, „... dass wir eine Einheit erleben, die uns bewusst macht, was das Beste in uns ist, aber auch auf die negativen Dinge, die dessen Freisetzung verhindern – eine alles umfassende Einheit, die nette kleine Jungs zu erwachsenen Männern werden lässt und süße junge Mädchen zu reifen Frauen." Was spricht Sie an dieser Vision an? Was finden Sie daran bedrohlich? Was könnten Sie persönlich unternehmen, um Ihr Zögern oder Ihre Befürchtungen zu überwinden?
- In Teil 1 dieses Buches beschreibt Dr. Crabb einen Ansatz, wie man über geistliche Gemeinschaft nachdenken kann. Bevor Sie weiterlesen: Was kommt Ihnen in den Sinn, wenn Sie den Begriff „geistliche Gemeinschaft" hören? Welche Beispiele (für Ihre Vorstellung von geistlicher Gemeinschaft) fallen Ihnen ein? Waren Sie selbst schon Teil einer solchen Gemeinschaft?
- In Teil 2 geht es Dr. Crabb darum, wie wir das Wesen unserer inneren Konflikte ergründen können. Dabei wird die Notwendigkeit geistlicher Freunde und Begleiter für unser Leben deutlich. Wen halten Sie für einen geistlichen Freund? Hatten Sie schon einmal einen geistlichen Mentor? Wenn ja, wie haben Sie davon profitiert? Wenn nicht, wie stellen Sie sich den Nutzen einer solchen Beziehung vor?
- Weshalb haben Sie zu diesem Buch gegriffen? Weil Sie früher schon einmal solche Gemeinschaft erlebt haben? Weil Sie sich

danach derzeit sehnen? Weil Sie Hoffnung für die Zukunft haben? Wonach hat die Einleitung in Ihnen eine Sehnsucht erweckt?

Wir wollen nun die praktischen Grundlagen für Dr. Crabbs Botschaft legen: ein Ansatz, wie wir in dieser Welt Beziehungen leben können, der definiert, was es bedeutet, Teil einer geistlichen Gemeinschaft zu sein. Wir wollen uns bereitmachen, unsere Stühle umzudrehen.

TEIL 1

Ein Weg, über geistliche Gemeinschaft nachzudenken

KAPITEL 1

Um Himmels willen: Erwarten Sie nicht, dass es leicht wird!

Ich denke über meine Erfahrungen nach und erkenne einmal mehr: Wollen wir in dieser Welt leben, müssen wir uns auf das geistliche Leben konzentrieren.

Henri Nouwen

Jedes Bemühen als Christ, über die Notwendigkeit persönlicher Veränderung nachzudenken, führt unweigerlich zu einer gewissen Verwirrung und Enttäuschung, und das aus gutem Grund: Sich als Christ wirklich zu verändern – insbesondere mit der Hilfe anderer Menschen – kann verwirrend und enttäuschend sein.

Der Weg um Christus näherzukommen lässt sich nur schwer in einer Wanderkarte finden. Welche Karte wir auch nehmen – immer wird sie ungenau sein; selbst wenn man ihr gewissenhaft folgt, bleibt der Weg holprig.

Das Leben als Christ wird uns in mancherlei Hinsicht immer wieder Kopfzerbrechen bereiten und frustrieren – manchmal mehr, manchmal weniger. Wenn wir über christliche Seelsorge und Gemeinde nachdenken, wenn wir über die Unterschiede zwischen Therapie, geistlicher Führung, Laienseelsorge und Jüngerschaft sprechen, dann sollten wir wirklich zugeben, dass wir eigentlich nicht so genau wissen, worüber wir hier sprechen. Wir können weder das angestrebte Ziel einigermaßen genau bestimmen – Was heißt es denn, geistlich gesund und reif zu sein? –, noch wird der Prozess, wie man dorthin gelangen kann, von irgendjemand klar verstanden.

Was raten wir dem jungen Mann, der sich darüber empört, dass ein Mädchen nicht mit ihm ausgehen will? Welchen Rat sollten wir geben, wenn eine Beziehung abflaut und Spannungen auftreten? Sollten wir darüber sprechen und uns um Verständnis bemühen? Oder sollten wir über das Problem einfach hinweggehen, indem wir uns neu bemühen zu lieben? Oft wissen wir es nicht.

Wie sieht eine Woche, nachdem Sie Ihr Ehemann verlassen hat, oder zwei Tage, nachdem Sie Ihren Job verloren haben, Reife aus? Sieht Reife bei jedem Menschen anders aus? Wo liegen die Gemeinsamkeiten? Wie gehen geistlich ausgerichtete Menschen damit um, wenn Erinnerungen an einen schrecklichen Missbrauch hochkommen, wie mit Verrat und Betrug durch einen vertrauten Freund? Was machen wir mit den Zweifeln, die die meisten aufrichtigen Menschen auf ihrem Glaubensweg plagen und oft um ihren Schlaf bringen? Wissen wir überhaupt, wie wir einander in all diesen Schwierigkeiten ermutigen sollen? Wie reden wir mit einer Frau, die unter einer dissoziativen Persönlichkeitsstörung leidet, oder mit einem Mann, der tief in Pornografie-Sucht steckt?

Was wollen wir erreichen, und wie meinen wir, dorthin zu kommen? Wenn es uns um mehr geht, als dass Menschen in unsere Gottesdienste kommen, dass sie einen Beitrag zu unserem Budget leisten und moralisch verwerfliches Verhalten vermeiden, wenn wir uns näher auf Menschen und ihre inneren Kämpfe einlassen, dann sind wir oft verwirrt – und oft auch enttäuscht.

Bei all unseren Bemühungen, das geistliche Leben zu beschreiben, es zu leben und anderen dabei zu helfen, gibt es einiges, das wir einfach nicht wissen. Paulus und Johannes lehrten, dass niemand (sie selbst eingeschlossen) genau erkennen kann, wie wahre Reife aussieht (vgl. 1 Kor 13,12; 1 Joh 3,2-3). Erst wenn unsere Augen Christus erblicken, werden wir deutlich sehen. Wenn wir einmal tausend Jahre auf ihn geschaut haben werden (die uns dann wie ein einziger Tag vorkommen), dann erst werden wir in den Spiegel blicken und erstaunt und voller Verwunderung ausrufen: „*So* also sieht christliche Reife aus! Natürlich!" Bis dahin werden wir uns wohl behutsam herantasten müssen und uns dabei eingestehen, dass wir oft falsch liegen und unsere Ansichten mehr als einmal ändern müssen. Wir sollen von vielem überzeugt sein, an manchem sogar unbeirrt festhalten, aber nur aus wenigem ein Dogma machen.

Verwirrung ist nicht immer etwas Schlechtes. Wenn wir niemals verwirrt sind, ist es wahrscheinlich, dass wir keine wichtige Wahrheit jemals ergreifen werden. In entscheidenden Fragen zu festen Überzeugungen zu gelangen, ist nie leicht. Dieser Prozess bleibt offen, bis wir in der Ewigkeit angekommen sind.

Vorsicht also vor dem Guru, egal, wie kompetent er auftreten mag. Vorsicht vor demjenigen, der schlüsselfertige Systeme, Patentrezepte und exakte seelsorgerliche Vorgaben für sämtliche menschlichen Probleme anbietet. Fördern muss man Verwirrung freilich nicht (bei vielem Grundsätzlichem sollte es auch keine Verwirrung geben), aber wir sollten auf sie gefasst sein und sie gegebenenfalls sogar begrüßen, wenn wir erkunden wollen, was es bedeutet, in einer „ungeistlichen" Welt geistlich zu leben bzw. – mit Nouwens Worten – sich auf das geistliche Leben zu konzentrieren.

Enttäuschung ist dabei ebenfalls unvermeidbar, ja sogar gut, führt uns doch die Nachfolge Christi *zwangsläufig* durch Zeiten der Enttäuschung, da der christliche Glaube unsere Träume umformt, *bevor* er sie erfüllt. Dieser Vorgang ist zuweilen sehr schmerzhaft und kann alles Mögliche wie Scheidung, Konkurs, Unfälle, Mord und beinahe den Verlust des Glaubens beinhalten.

Wenn ich behaupte, dass alle geistlichen Menschen leiden müssen, dann ist das – und darauf muss ich hinweisen – *nicht* dasselbe, wie dass wir nicht auf unser Glück bedacht sein sollten. Im Gegenteil: Welchen Wert sollte das Unglücklichsein haben? Ich würde sicherlich keinem folgen, der nur verspricht, mich unglücklich zu machen. Jede vernünftige Leidenstheologie wird unser grundsätzliches Verlangen nach Glück *bestätigen*.

Was ich jedoch deutlich machen möchte, ist, dass unsere Vorstellungen von Glück einer Generalüberholung bedürfen und dass nur das Leiden, das aus zerbrochenen Träumen resultiert, hier weiterhelfen kann. Unsere Sehnsucht nach Glück ist an sich zwar gut, doch sollten wir uns auf einige „böse" Überraschungen gefasst machen, wenn wir dem christlichen Pfad zu ihrer Erfüllung folgen wollen.

Das Christentum verspricht Glück – das ist Teil dessen, was es attraktiv macht. Nur findet sich dieses Glück nicht auf dem nach unseren eigenen Vorstellungen zurechtgelegten Weg. Schwere Enttäuschungen, die man getrost als „Tod“ bezeichnen darf, sind auf einer echten geistlichen Reise unvermeidlich. „Dennis die Nervensäge“[1] bemerkt einmal gegenüber seinem Kumpel Joey: „Herr Wilson sagt: Willst du Gott zum Lachen bringen, dann erzähl ihm von deinen Zukunftsplänen.“

Das Gute an der Verwirrung ist, dass sie bei uns eine Offenheit bewirkt. Verwirrte Menschen hören gewöhnlich besser zu, zwar nicht immer, aber oft besser als solche, die sich ihrer Sache sicher sind. Diese hören nämlich nur zu um zu kritisieren und zu prüfen, ob sich der andere „auf dem rechten Weg“ befindet, nämlich ihrem. Ratlose Menschen neigen eher dazu, auf freundliche Weise ihre Überzeugungen zu vertreten, die sie in ihrer Verwirrung gewonnen haben. Und weil sie sich nach gehaltvollen Gesprächen mit aufrichtigen Menschen sehnen, entsprechen die von ihnen entwickelten Überzeugungen auch eher dem wirklichen Leben.

Enttäuschung hat ebenfalls ihr Gutes, regt sie doch zu Hoffnung an, weil sie Hoffnung dringend notwendig macht. Eine solche Hoffnung ist weder ein die Seele betäubendes Opium, vor dem die Marxisten warnen, noch eine Wunschtraumerfüllung, welche die Freudsche Schule weginterpretiert.

Sobald Sie von der klaren und niemals enttäuschenden Tatsache ausgehen, dass das Erlösungswerk Christi das unaufhörliche Wirken des Heiligen Geistes in unserem Leben garantiert – und zwar von Ihrer Zeugung über den Tod bis in die Ewigkeit hinein – werden Ihre Enttäuschungen zu besseren Träumen führen. Ihr Verlangen wird sich auf etwas Größeres richten, denn ohne eine solche Hoffnung wären wir unvorstellbar elend. Die unsere Seele zerschmetternden Kämpfe setzen die Kräfte frei, die uns in dem Veränderungsprozess – weg von den *Pseudo-Hoffnungen,* die uns nur

---

[1] „Dennis the Menace“: in Amerika beliebte, auch in Deutschland erschienene Comic-Reihe [Anm. d. Übers.].

angenehme Gefühle verschaffen, und hin zu dem Echten, das uns in den Stürmen des Lebens wirklich Halt gibt – stetig vorantreiben.

Mit diesem neuen Buch lege ich meine sich noch in Entwicklung befindlichen Ansichten über das noch kaum genutzte Potential geistlicher Gemeinschaft, Leben zu verändern, vor. Dabei bin ich mir der Verwirrung und Enttäuschung durchaus bewusst. Ich bin mir darüber noch im Unklaren, welche Art von Beziehung die Seele einer Person heilt und wie das „funktioniert". Ich habe viele Ideen und einige Überzeugungen, aber nur ein kleiner Teil des Gesamtbildes steht für mich schon fest.

Wenn ich mir den Zustand christlicher Gemeinschaft heute so ansehe, dann ist meine Enttäuschung darüber geradezu überwältigend. Ich selbst genieße zwar einige erfreuliche Beziehungen, für die ich überaus dankbar bin, doch entspricht dies nicht annähernd dem, was die göttliche Dreieinigkeit lebt.

Ich glaube aber, dass die empfundene Verwirrung und Enttäuschung ihr Werk tun. Ich fühle mich heute *offener* als je zuvor, dem Heiligen Geist zu folgen, wohin er mich auch führen mag, und ich bin sehr *zuversichtlich*, dass er Gottes Volk – einschließlich mir – in eine tiefere Erfahrung geistlicher Gemeinschaft leiten wird.

Es gibt einige Dinge, die mir keinerlei Kopfzerbrechen bereiten. Es sind dies die unverzichtbaren und grundlegenden Wahrheiten des Christentums, die der englische Literaturprofessor C. S. Lewis einmal als „bloßes [*mere*] Christentum" bezeichnet hat,[2] und zu denen ich mich vorbehaltlos bekenne.[3] Was andere Dinge anbetrifft, so gibt es viele Meinungen, etwa zum Stellenwert der Psychologie oder der Legitimität christlicher Seelsorge an sich oder ob uns die Bibel sagt, wie man Seelsorge betreiben soll. Wenn ich im Folgenden kurz ausführe, was ich zu einigen dieser „heißen" Themen denke, dann bildet das möglicherweise gleichzeitig das Gerüst für die Darstellung meiner Gedanken über die heilende Kraft einer christlichen Gemeinschaft, in der man sich sicher weiß.

---

[2] C.S. Lewis, *Pardon, ich bin Christ.* Basel: Brunnen, 1997.

[3] Vgl Alistair McGrath, *Evangelicalism and the Future of Christianity.* Downers Grove: InterVarsity Press, 1995, 55-56. McGrath nennt „sechs grundlegende Überzeugungen" evangelikaler Rechtgläubigkeit. Diese Überzeugungen teile ich vorbehaltlos.

- Ist Psychologie gut oder schlecht?

Wenn es darum geht, welche Art von Seelsorge die Gemeinde anbieten soll, gebe ich der Psychologie weder einen autoritativen Stellenwert noch eine ergänzende Rolle. Wenn wir für diese überaus wichtige Aufgabe (der Seelsorge) eine Grundlage legen und eine Strategie entwickeln wollen, so glaube ich, dass spezielle Offenbarung von Gott und ein biblisch-fundiertes Denken den Vorrang vor der empirischen Wissenschaft und vor theoretischen Spekulationen hat.

Allerdings räume ich ein, dass die Beobachtung menschlichen Verhaltens und die sich daraus ergebenden Schlussfolgerungen unser Denken anregen können. Dies kann eine berechtigte katalytische Funktion haben, selbst wenn es von nicht wiedergeborenen Psychologen durchgeführt wird. Gute Bibelausleger sind auch in Psychologie belesen – nicht nur um zu kritisieren, sondern auch um ihren Horizont zu erweitern. Verächter der Psychologie, die nur ihre Bibel studieren und die Werke der Psychologen mit Verachtung lesen, lassen jene Demut vermissen, die ernsthaft Suchenden gut ansteht. Im Ergebnis betreiben sie eine moralisierende Form der Seelsorge, die den beziehungsorientierten Ansatz der Bibel aus dem Blick verliert.

- *Benötigen Christen Seelsorge?*

Wenn wir in einer fürsorglichen, offenen Beziehung mit einem urteilsfähigen Seelsorger über unsere Probleme sprechen, ist das eine gute Sache. Was ein guter Seelsorger bzw. eine gute Seelsorge ist, und wo, von wem und wie häufig Seelsorge am besten stattfinden sollte – das steht auf einem anderen Blatt.

- *Kann man dabei über tiefe persönliche Sehnsüchte sprechen, ohne dass dabei einem bedürfnisorientierten Ansatz das Wort geredet wird?*

Ich lehne ein bedürfnisorientiertes, anthropozentrisches Verständnis vom Menschen ab. Ich glaube nicht – und habe nie geglaubt –, dass ein Mensch zuerst versuchen sollte, ein gewisses Gefühl von Bedeutung und Sicherheit zu erlangen, bevor er es schafft, Gott zu gehorchen und andere zu lieben.

In Christus sind wir bereits sicher und bedeutend. Unsere Sünden sind vergeben, und wir sind berufen und ermächtigt, sein Reich voranzubringen. Wir haben was wir brauchen, um zu tun, was uns aufgetragen ist. Niemand kann sich mit dem Hinweis auf einen schwierigen Hintergrund, auf harte Umstände und auf mangelndes Selbstwertgefühl aus seiner Verantwortung, ein gottgefälliges Leben zu führen, stehlen. Gleichwohl gilt, dass wir auf Beziehung hin geschaffen wurden und dass wir uns nach der Innigkeit authentischer Beziehungen sehnen.

- *Bedeutet „den Leib Christi aufbauen", dass wir nur das Gute, das in den Menschen ist, bestätigen und sie nie mit ihrer Sünde konfrontieren?*

Konfrontation hat ihren Platz, auch wenn das zu Unruhe führen kann. Sich – immer wieder, aber niemals zwanghaft oder so, dass es im Mittelpunkt steht – der eigenen Sünde und dem eigenen Schmerz zu stellen, gehört zu unserer geistlichen Reise. Erfahrene und weise Berater sind oft am besten in der Lage, die subtilen *fleischlichen Dynamiken* dieser beiden Aspekte zu erkennen.

- *Welche Rolle spielt die christliche Gemeinschaft dabei, Menschen zu helfen, ihre Probleme zu lösen?*

Ich bin radikal „pro Gemeinschaft" eingestellt. Im Rahmen von Gottes Neuem Bund mit der Menschheit hat der Heilige Geist jeden Christen mit Ressourcen ausgestattet. Gibt eine Person etwas von ihren Ressourcen frei und wird das von einer anderen Person empfangen, kann dies wesentliche Heilung und Veränderung bewirken. Eine Gemeinschaft mit echten Beziehungen, in der die Glieder untereinander in einer dynamischen geistlichen Einheit verbunden sind, ist eine *heilende* Gemeinschaft.

- *Ist die Bibel ein Seelsorge-Lehrbuch oder müssen wir uns anderswo umsehen, um zu erfahren, wie wir Seelsorge ausüben sollen?*

Ich bin davon überzeugt, dass die Bibel für die Seelsorgearbeit sowohl die Autorität darstellt als auch hinlänglich ist. Meines Erachtens ist dies jedoch nicht das eigentliche Problem. Dieses hat eher mit der Hermeneutik[4] zu tun. Natürlich ist die Bibel sowohl wahr als auch ausreichend, doch wie setzen wir sie ein? Das ist doch die entscheidende Frage.

Ein akademischer Zugang zur Bibel, der den Text in den Griff zu bekommen sucht und daraus Wahrheiten und Grundsätze ableitet, führt in der Regel zu einer verordnenden Seelsorge – „Glaube dies und setze jenes um!" Dabei wird hier die Beziehung zwischen Seelsorger und Ratsuchendem (oder Pastor und Gemeinde) vernachlässigt. Obwohl das Thema *Gemeinschaft* von der Bibel als zentral für das Leben angesehen wird, gerät es hier zur Nebensache, während ausschließlich das Streben nach biblischer Exaktheit und gewissenhafter Umsetzung in den Fokus rückt.

Die therapeutische Kultur hat auf diese Art des Bibelverständnisses (und ihre Folgen) mit einem eigenen Integrationsmodell reagiert: (1) Verbinde alle Bibelstellen, die für irgendwelche seelsorgerlichen Themen relevant sind, mit (2) allen psychologischen Erkenntnissen, die der Schrift nicht widersprechen, und du erhältst auf diesem Wege ein christliches Seelsorgemodell. Ein solches integratives Modell stellt zumindest in Frage, dass die Bibel für die Seelsorge ausreichend ist, wenn nicht sogar ihre Autorität.

Ich plädiere indes für eine dritte Option: Es handelt sich dabei weder um Moralismus noch um eine integrative Therapie, sondern um ein gemeinschaftliches Modell. Dieser Ansatz ergibt sich aus einer Hermeneutik des „gut informierten Subjektivismus"[5]: Lies den Text nicht nur als guter Gelehrter, sondern auch als aufrichtig Suchender.

1. Finde zunächst die Fragen heraus, die Gott in seinem Wort beantwortet hat. Er allein ist weise genug zu wissen, welche unserer Fragen zu beantworten sind. Studiere dann ein Leben lang seine Antworten.
2. Während du mit Punkt 1 beschäftigt bist, trage die Fragen an dein Studium heran, die dir im wahren Leben begegnen. Gehe davon aus (dies ist wichtig), dass du in einer Glaubensgemein-

[4] Unter *Hermeneutik* versteht man das Auslegen und Verstehen von Texten.

[5] Ich habe diesen Ausdruck von Dr. Richard Averbeck, Professor für Altes Testament an der Trinity Evangelical Divinity School in Chicago. Sollte ich diesen Begriff falsch verwendet haben, bitte ich ihn hiermit um Entschuldigung.

schaft, in der man der Bibel voll vertraut, alles Weitere finden wirst, was du für dein Leben als Neu-Schöpfung Gottes benötigst. Das Ergebnis – davon bin ich überzeugt – wird weder vorschreibende noch therapeutische Seelsorge, sondern eine auf Gemeinschaft basierende Seelsorge sein. Dieser Ansatz ist darin begründet, dass man einen tiefen Respekt davor hat, dass der Heilige Geist im Rahmen einer geistlichen Gemeinschaft Leben verändern kann.

- *Gemeinde und Bibel fallen offensichtlich eine entscheidende Rolle bei der Bewältigung geistlicher Probleme zu. Doch wie verhält es sich mit psychologischen Problemen? Verlangen diese nicht nach fachlicher Hilfe von Experten?*

Zwischen psychischen und geistlichen Problemen besteht kein großer Unterschied, nur zwischen körperlichen und persönlichen Problemen (und selbst da verschwimmen manchmal die Grenzen).

Persönliche Probleme bedürfen der persönlichen bzw. der *pastoralen* Fürsorge. Mit diesem Begriff will ich nicht andeuten, nur Pastoren sollten Seelsorge betreiben, sondern dass Seelsorge am besten in geistlicher Gemeinschaft geschieht. Wenn Psychotherapie nicht als Fürsorge für die Seele gesehen wird, ist sie illegitim. Für persönliche Probleme, egal ob wir sie „psychisch" oder „geistlich" nennen, bedarf es nur einer echten „Seelsorge".

- Kann in einer Ortsgemeinde wirklich tiefgreifende Seelsorge geschehen?

Für Seelsorge braucht es zwei Arten von Beziehung: geistliche Freundschaft und geistliche Begleitung (Mentoring). Beide gibt es nur innerhalb geistlicher Gemeinschaft, und beide sind in der westlichen Kirche/Gemeinde selten.

Statt von Therapeuten, Beratern, pastoralen Seelsorgern und Laienseelsorgern zu sprechen, schlage ich vor, in den Begriffen heilender Gemeinschaft zu denken, die zwei Arten von Beziehungen bietet: *geistliche Freundschaft* (unter geistlich gesinnten Gleichgestellten, die ihr Leben miteinander teilen), und *geistliche Begleitung*, die dann erfolgt, wenn einer sich Zeit nimmt für einen anderen zum gemeinsamen Zuhören, Beten, Nachdenken und

Reden. Letzteres geschieht mit einer Person des Vertrauens (die nicht unbedingt zum Bekanntenkreis gehört) und vorzugsweise ohne Bezahlung.

Dieses Buch diskutiert im Kern den Gedanken, dass geistliche Gemeinschaft eine bislang bei weitem unterschätzte Kraft ist. Eine solche Diskussion ist in jeder Hinsicht dringend notwendig, da gute Gespräche unter geistlichen Freunden bzw. mit einem geistlichen Begleiter in unseren kirchlichen Gemeinden nicht gerade üblich sind.

Wir brauchen keine weiteren Gemeinden nach traditionellem Verständnis. Vielmehr bedarf es mehr *geistlicher Gemeinschaften*, in denen gute Freunde und weise Menschen ihre Stühle zueinander drehen und gute Gespräche miteinander führen. Solche Gemeinschaften zu entwickeln ist keine leichte Aufgabe. Wenn Sie im Folgenden meine Gedanken lesen, wird, selbst wenn Sie mir in allem zustimmen, etwas Verwirrung bleiben. So muss es sein. So *soll* es sein.

Sollte eine Gruppe von Christen dieses Buch als Anleitung zum Aufbau einer Gemeinschaft benutzen wollen, wird sie mit großen Enttäuschungen rechnen müssen. Das ist unvermeidbar. Verwirrung und Enttäuschung werden uns noch bis zum Himmel begleiten, egal, wessen Ideen wir folgen. Dort wird es dann anders sein, aber vorher wollen wir ernsthaft darüber nachdenken, was geistliche Gemeinschaft sein könnte.

Fragen zur Vertiefung und zum Gespräch

- Weder das Ziel des geistlichen Lebens noch der Weg dahin werden klar verstanden: Was genau bedeutet es, „heil" und „reif in Christus" zu sein? Wie gelangen wir dorthin? Welche Vorbilder für christliche Reife haben Sie – abgesehen einmal von Jesus – schon kennengelernt? Beschreiben Sie möglichst konkret, woran sich diese geistliche Reife bei diesen Personen festmachen lässt.
- Auf dem Weg hin zur geistlichen Reife sind Verwirrung und Enttäuschungen unvermeidlich. Die „gute Seite" von Verwirrung ist „Offenheit", die „gute Seite" von Enttäuschung ist,

dass sie Hoffnung weckt, da sie diese erforderlich macht. Welche Art von Verwirrung haben Sie schon erlebt, wenn es darum geht, in einer ungeistlichen Welt geistlich zu leben, bzw. in Bezug auf die christliche Reife und wie man diese erreicht? Welche Enttäuschungen haben Sie dabei schon hinnehmen müssen, Enttäuschungen, die Gott ohne Zweifel dazu benutzt, Ihren Glauben und Ihre Reife in Christus wachsen zu lassen?

- Denken Sie noch einmal über die „heißen Themen" nach, die Dr. Crabb auf den vorhergehenden Seiten anspricht. Was überrascht Sie an seinen Antworten? War Ihnen etwas neu? Wo stimmen Sie zu, wo nicht? Nennen Sie ein oder zwei Beispiele.
- Wo brauchen Sie persönlich Seelsorge? Warum empfiehlt Dr. Crabb jemand, der Seelsorge braucht, das Gespräch mit geistlichen Freunden und Begleitern zu suchen, statt psychologische Beratung in Anspruch zu nehmen?

Die einzige klare und niemals enttäuschende Tatsache im Leben ist, dass das Erlösungswerk Christi das unaufhörliche Wirken des Heiligen Geistes in unserem Leben garantiert – und zwar von der Zeugung über den Tod bis in die Ewigkeit hinein. Darin finden wir die Hoffnung für eine Seele, die Fürsorge braucht.

KAPITEL 2

Es ist nicht einfach, aber es lohnt sich

Wenn die Kirche eine Zukunft hat, wird es eine Zukunft mit den Armen sein, wie auch immer das aussehen mag.

Henri Nouwen

Beim HERRN habe ich Zuflucht gefunden! Wie sagt ihr denn zu meiner Seele: „Fliehe wie ein Vogel auf eure Berge? ... Wenn die Grundfesten eingerissen werden, was kann der Gerechte dagegen ausrichten?" (Psalm 11,1.3).

Wir brauchen einander niemals dringender, als wenn wir am zerbrochensten sind. Zerbrochenheit ist keine Krankheit wie Krebs, die sich einstellen kann, oder auch nicht. Zerbrochenheit ist ein Zustand, der immer da ist, inwendig, unter der Oberfläche und sorgfältig verborgen, solange wir den Schein wahren können. Wir leben mit Zerbrochenheit; nur nehmen wir sie oft nicht wahr, weder in uns, noch in anderen.

Eine wesentliche Aufgabe von Gemeinschaft ist es, einen Ort zu schaffen, der sicher genug ist, dass Mauern eingerissen werden können, sicher genug, dass jeder von uns sich seiner Zerbrochenheit stellen und diese offenbaren kann. Erst dann kann die Kraft der Verbundenheit ihre Wirkung entfalten. Erst dann kann Gott Gemeinschaft dazu verwenden, unsere Seelen wieder herzustellen.

Wenn wir unsere Stühle zueinander wenden, um einander anzusehen, wird uns zunächst eine schreckliche Tatsache bewusst, nämlich dass wir alle am Kämpfen sind. Unter der Oberfläche jeder Persönlichkeit – selbst jener Menschen, die ihr Leben scheinbar im Griff haben – herrscht ein geistlicher Kampf, der nur mithilfe der Gemeinschaft gewonnen werden kann. Wir wollen uns nun damit befassen, was die Beschaffenheit dieses Kampfes ist und welche Art von Gemeinschaft hilfreich sein könnte.

Es liegt im Wesen der Dinge, dass zunächst unsere natürlichen Fundamente eingerissen werden müssen, damit eine wahre Spiritualität entstehen kann. Einen anderen Weg gibt es nicht, so sehr ich mir das auch wünschte. Vielleicht ist hierin der Grund zu suchen, wieso Gott in seinem geradezu befremdenden Erbarmen manchmal unsere kühnsten Träume erschüttert oder sie zumindest zerbrechen lässt. (Ob Gott sie nun selber zerstört oder dies nur zulässt, das Ergebnis ist dasselbe. Und inmitten des Schmerzes erscheint eine solche Unterscheidung ohnehin meist unwichtig.)

In Gottes souverän geführtem Universum geschieht manchmal das Unvorstellbare: jener Albtraum, den erleben zu müssen wir nie für möglich gehalten hätten. Und jegliche Erleichterung bleibt aus oder lässt Jahre auf sich warten. Häufiger als unerprobte Christen dies erwarten, beraubt uns Gott der einen Quelle von Freude und Sinn, auf die wir uns verlassen hatten, um unser Leben lebenswert erscheinen zu lassen, und gibt uns dafür keinen Ersatz.

Während ich diese Worte niederschreibe, strahlt das amerikanische Fernsehen immer wieder die Schreckensbilder jener Ereignisse vom April 1999 aus. Die Katastrophe trug sich wenige Meilen von meinem Wohnort entfernt in Littleton, in Colorado, zu. Dort verloren dreizehn Familien Söhne und Töchter, allesamt Opfer eines Amoklaufs zweier Teenager. Die Familien der Täter betrauern nicht nur den Selbstmord ihrer beiden Söhne, sondern müssen auch das Chaos jener unfassbaren Gewalttat ertragen.

Die Fundamente einer vermeintlichen Sicherheit, eines halbwegs gewissen Gefühls von Vorhersehbarkeit und Fairness, eines glücklichen Familienlebens wurden eines Morgens allesamt durch einen Akt herzloser Brutalität vernichtet. Die Menschen beten. Sie wenden sich Gott zu.

Wozu? Damit er die Toten auferweckt? Damit er uns Trost spendet? Damit er uns erklärt, wieso er zugelassen hat, dass dieser gestorben ist und jener entkam?

Als mein Bruder bei einem Flugzeugabsturz ums Leben kam, sagte ein Redner bei der Trauerfeier: „Schrecken Sie nicht davor zurück, die härtesten Fragen zu stellen, die Ihnen kommen. Aber erwarten Sie keine Antworten. Erwarten Sie stattdessen, Gott zu erleben." Aber das geschieht nicht immer, jedenfalls nicht sofort, und vielleicht auch nicht so, wie wir es uns vorstellen.

Ohne seine Liebe und seine guten Absichten zu verraten – wir glauben zutiefst, dass er dies weder tun wird noch tun kann –, treibt Gott uns in eine Ecke, wo wir nur noch ihn haben. Ich glaube es war der amerikanische Pastor A. W. Tozer, der einmal einen Mann, der darüber klagte, er würde jetzt *nur noch* Gott haben, mit einem Fisch verglich, der enttäuscht war, jetzt *nur noch* den Ozean zu haben. Zugegeben: das ist ein aussagekräftiges Bild. Allerdings will dabei keine rechte Freude aufkommen, weil Gott manchmal eher einem Foto vom Meer in einem Reiseprospekt gleicht als dem wirklichen Meer selbst. Und in einer Hochglanzbroschüre kann man nicht schwimmen.

In der westlichen Christenheit bewegt sich etwas: Immer mehr von uns werden sich eines tiefen Hungers nach neuen Formen, Gott und einander zu begegnen, bewusst. Erst gestern sagte mir ein Freund: „Jedes Mal, wenn ich in aus der Kirche komme, fühle ich mich so seltsam bedrückt. Meine Last geht nicht weg, sondern wird eher schwerer. Dabei möchte ich doch nur mit Gott reden und hören, was er mir sagen will. Und ich möchte mich mit einigen Freunden unterhalten."

Ich schreibe dieses Buch für Sie, meine vielen Weggefährten, deren Fundament im Leben zu zerbrechen droht oder bereits zerstört ist. Sie sind erschöpft. Vom Leben hatten Sie sich mehr versprochen. Als Sie Christ wurden, haben Sie Ihre Koffer für eine Südseeinsel gepackt – doch Ihr Flugzeug ist auf Grönland gelandet. Ohne einen Mantel sind Sie auf die Wärme der Gemeinschaft angewiesen, wenn Sie überleben wollen.

Vielleicht dachten Sie, Sie müssten längst geistlich gereifter sein, weniger anfällig für Versuchungen wie Pornografie, seltener verzagt, zufriedener mit Ihrer Gemeinde und verbundener mit Ihrer Familie oder mit Ihren Freunden. Nach all den Jahren regelmäßigen Gottesdienstbesuches und täglichen morgendlichen Bibelstudiums hatten Sie erwartet, dass Sie weniger mit geistlicher

Trockenheit, Habsucht, Einsamkeit und Jähzorn zu ringen hätten, dass Sie mehr Freude an Beruf und Gemeindemitarbeit hätten, mehr Optimismus und Entspanntheit.

Schließlich arbeiten Sie schon länger an diesem Ding, das man „das christliche Leben" nennt. Es geht Ihnen wie Petrus, der sich beim Herrn beklagte, er wäre schon die ganze Nacht im Einsatz gewesen, hätte aber nichts gefangen. Und Jesus antwortet: „Wirf die Netze aus, rudere zurück in tiefere Gewässer."

Klingt unvernünftig. Sie haben es doch schon probiert, noch dazu im selben See. Dort *sind* keine Fische.

Vielleicht sind Ihre Fundamente nicht langsam zerbröckelt, sondern plötzlich gesprengt worden. Möglicherweise leiden Sie noch an den Nachbeben. Dienste, zu denen Gott Sie *ganz gewiss* berufen hatte, sind gescheitert oder versickern in endlosen Komplikationen. Sie sind zutiefst entmutigt. Nichts bedeutet Ihnen mehr viel. Jeglicher Antrieb ist wie verpufft.

Vielleicht haben Sie durch eine Scheidung eine ganz neue Art von Schmerz kennengelernt, einen Schmerz, mit dem Sie nie gerechnet hätten. Er ist schlimmer als alles, was Sie bisher darüber gehört haben. Sie stehen vor der Wahl, wütend zu bleiben, sich zu betäuben oder verrückt zu werden. Und eine vierte Möglichkeit übt auf einmal eine ganz neue Anziehungskraft aus: Wie wär's damit, sich mit etwas Sündhaftem zu vergnügen?

Oder die Diagnose „Krebs" verlangt Ihnen mehr ab, als sie verkraften. Jeden Morgen beim Aufwachen denken Sie: *Ich habe Krebs!* oder: *Kommt er wieder?* Wolken verdunkeln immer die Sonne. Ihre Welt ist grau.

Dann kommen die Fragen: „Wer ist dieser Gott, den ich zu lieben behaupte? Wo ist er? Ich weiß zwar, dass er gut ist, doch gut wozu? Manchmal glaube ich, dass ich ihn hasse." Zu hassen kann so vernünftig, so stabilisierend, so lebenspendend, so reif erscheinen.

Schon tauchen weitere Fragen auf: „Wird Gott sich jemals wieder zeigen? Werde ich seine Liebe je wieder so stark spüren, dass die Leidenschaft an seiner Herrlichkeit mein Verlangen nach Schmerzlinderung übersteigt? Wird er je bewirken, dass wenigstens eine Sache gut läuft oder zumindest einen Sinn ergibt?" Ein Freund hat mich nach einer ganzen Reihe von schweren Leidensprüfungen gefragt: „Könnte Gott sich nicht dadurch verherrlichen, dass er wenigstens einmal das tut, was ich von ihm will?"

Sie kommen aus dem Fragen nicht heraus: „Wer bin ich denn? Man versichert mir, ich sei etwas Besonderes, ich sei geliebt und erwählt vor Grundlegung der Welt, ich sei Gottes Freund. Wenn Gott so mit seinen Freunden umgeht, dann wäre es vielleicht gar nicht so übel, sein Feind zu sein. Was macht das noch für einen Unterschied? Macht überhaupt irgendwas noch irgendeinen Unterschied? Mein Mann ist krank. Ich kann die Rechnungen nicht mehr bezahlen. Meine Mutter hat Alzheimer – sie kann sich nicht einmal mehr meinen Namen merken. Der einzige Grund, der mir noch einfällt, weshalb ich an das Evangelium glaube, besteht darin, der Hölle zu entrinnen. Manchmal habe ich das Gefühl, ich sei schon dort. Was genau tut Gott jetzt für mich?"

Sie schreien zu Gott. Aber es kommt keine Antwort.

Als ich gestern für einen Freund gebetet habe, kam mir ein Bild in den Sinn: Eine einsame Figur steht nachts auf einem verlassenen Feld. Sie ballt ihre Faust gegen Gott und schreit: „Wo bist du? Meine Seele stirbt. Mein Leben liegt in Scherben, und du tust nichts! Warum sprichst du nicht mit mir?"

In diesem Bild ging ich zu ihm hin und umarmte ihn. Wir sprachen miteinander; er weinte, als er mir sein Herz ausschüttete. Doch musste ich bald wieder gehen. Er brüllte hinter mir her: „Ich dachte, du wärst mein Freund! Jetzt haust auch du ab, lässt mich im Stich. Ich bin zornig, und es kümmert dich nicht!"

Im Weggehen drehte ich mich noch einmal zu ihm um und sah ihn noch einmal ganz allein dastehen, die Faust gegen Gott erhoben, Worte gegen den Himmel schleudernd, die ich nicht mehr hören konnte. Ich war versucht, zu ihm zurückzueilen, tat es aber nicht. Ich hatte den Eindruck, dass ihm – auf dieser Etappe seiner Reise – meine Abwesenheit mehr diente als meine Gegenwart. Oder hätte ich doch länger bei meinem Freund ausharren sollen? Ich weiß es nicht. Was bedeutet es, dass wir füreinander „da sein" sollen? Das lässt sich manchmal schwer wissen.

Wenn ich die Erfahrung von lädierten oder zerstörten Fundamenten beschreibe, so bin ich davon überzeugt, dass ich die Erfahrung aller Pilger schildere, die den Herrn aufrichtig suchen. Der Weg zur Freude an Gottes Gegenwart führt stets über Strecken freudloser Einsamkeit, wenn das in uns, was sich am stärksten nach Beziehung sehnt, auf schmerzliche Weise unerfüllt bleibt.

Wenn das geschieht und wir geradezu schreien vor Schmerz, offenbart sich das Wesen unserer geistlichen Gemeinschaft.

Einige Leute – oft sind es unsere Leiter und unsere engsten Freunde – geben uns ihre Empörung und Ungeduld auf unsensible Weise zu verstehen: „Komm darüber hinweg! Hör auf mit deinem Gejammer! Sei nicht so selbstmitleidig und schau lieber, wie du etwas für jemand anderen tun kannst!"

Andere reagieren eher im Sinne des Zeitgeistes: Sie sehen unseren Schmerz (wenigstens einen Teil davon) und versuchen zu helfen: „Geh zu einem Seelsorger! Versuche es mit Medikamenten. Steh zu deinen wahren Gefühlen. Praktiziere ein paar geistliche Übungen. Vielleicht solltest du einfach einige Tage wegfahren."

Diese Leute meinen es gut, und trotzdem fühlen sie sich irritiert, unter Druck gesetzt und auf eigenartige Weise entwürdigt. Geht es Ihnen so wie mir, dann verärgert es Sie am meisten, wenn jemand, den Sie nicht darum gebeten haben, versucht, Ihnen „seelsorgerlich zu dienen", Ursachenforschung zu betreiben oder etwas Kluges zu sagen.

Vor einiger Zeit habe ich den etwa fünfzig Teilnehmern eines Bibelgesprächskreises meiner Gemeinde enthüllt, wo ich mich auf meiner geistlichen Reise befinde. Es schien mir sehr riskant, und ich fühlte mich nicht sicher dabei. Am meisten Angst hatte ich, dass mir jemand seine *Hilfe* anbieten würde. Stattdessen sehnte ich mich danach, dass meine Freunde in meine Welt hereinkommen würden, dass sie von dem, was Gott gerade in meinem Leben tat, fasziniert wären, Fragen stellten und respektierten, wo ich mich auf meiner Reise gerade befand – und das, ohne mich in ihre Vorstellungsmuster zu pressen. Ich wollte nicht, dass sie mir anbieten würden, was unserer therapieversessenen Kultur als hilfreich erscheint: eine Erkrankung oder Fehlentwicklung ausfindig machen und behandeln oder etwas Kaputtes finden und das reparieren.

Ich sagte ihnen, ich sei mir mehr denn je bewusst, wie sehr mein *Ich* in alles, was ich tue, verwickelt ist. Wenn ich öffentlich rede, frage ich mich, wie gut mein Vortrag „ankommt". Eigentlich möchte ich das, was ich von Gott geschenkt bekommen habe, so weitergeben, dass er die Ehre bekommt. Dennoch schleicht sich da immer meine Ehrsucht ein. Ich *spüre* das.

Als ich all das auf eine für mich neue Art erzählte, kam ich mir selber unausstehlich vor. Ich fürchtete, meine Zuhörer könnten sich zurückziehen oder mich korrigieren. Am meisten Angst hatte ich allerdings vor kosmetischer Hilfe: „Achte einfach mehr auf dieses oder jenes, dann wirst du besser ‚rüberkommen'." Der *Versuch* zu helfen kommt mir oft mehr wie ein *Zwang* zu helfen vor und kann so sehr herablassend wirken.

Ein Tagebucheintrag aus Henri Nouwens letztem Lebensjahr ermutigte mich dazu, noch etwas Weiteres zu sagen.[1] Nachdem ich meine inneren Verletzungen zugegeben hatte und auch bemerkte hatte, dass schon ein falscher Kommentar, ein einziger Blick oder eine schlechte Nachricht mich aus der Bahn werfen und mich in einen verunsicherten Zustand zorniger Bedürftigkeit versetzen können, fügte ich hinzu – und dies ist der Teil, der mir Mut abverlangte –, dass ich, bis ich im Himmel ankomme, nicht erwarte, dass diese Wunden heilen. Nouwen war im letzten Jahr vor seinem Tod zum selben Schluss gekommen.

Ich strebe nicht mehr nach Heilung, wenn Heilung bedeutet, das zu reparieren, was in mir nicht stimmt, damit meine inneren Kämpfe weniger werden. Ich suche nun nach einem Weg zur Reife, der sich nicht so stark auf all das konzentriert, was mit mir nicht stimmt, auf all die unerfüllten Sehnsüchte meines Herzens, die es scheinbar erforderlich machen, dass ich in Beziehungen einen Selbstschutz aufbaue, und auch nicht auf irgendwelche traumatische Erinnerungen, die immer noch weh tun.

Dann las ich der Gruppe ein paar Zeilen aus *The Story of a Soul* vor, aus jenem außergewöhnlichen Bericht über das Wirken Gottes im Leben Theresas von Lisieux, einer Nonne, die im Jahre 1897

---

[1] Henri Nouwen, *Sabbatical Journey.* New York: Crossroad, 1998, 25: „Was machen wir mit dieser inneren Wunde, die bei der geringsten Berührung wieder zu bluten beginnt? Ich glaube nicht, dass diese Verletzung – dieses ungeheure Bedürfnis nach Liebe bei gleichzeitiger immenser Angst vor Ablehnung – jemals wieder heilt. Sie wird bleiben, aber vielleicht aus einem guten Grund. Vielleicht ist gerade sie das Tor zu meiner Erlösung, ein Eingang zur Herrlichkeit und ein Durchgang zur Freiheit."

im Alter von nur vierundzwanzig Jahren starb.[2] Als ich von ihrer bemerkenswerten Liebe und Ergebenheit zu Christus vorlas, die in Zeiten der Freudlosigkeit heranreiften, fühlte ich lebendige Hoffnung in mir aufsteigen. „Das könnte meine Geschichte sein", bekannte ich vor der Gruppe. „Ich bin zwar noch nicht so weit, aber was der Geist für die heilige Theresa getan hat, das könnte er auch für diesen unheiligen Heiligen tun."

Ich war begeistert. Ich war froh, endlich verzweifelt und elend genug zu sein, dass ich Gott vielleicht doch von ganzem Herzen, von ganzer Seele, mit meinem ganzem Verstand und aller Kraft suchen würde. Dann schloss ich meine Rede vor der Gruppe mit der Feststellung ab, dass Kirche, wie sie von den meisten Amerikanern definiert wird, für mich in meiner starken Sehnsucht danach, mehr von Gott zu erfahren, keinerlei Hoffnung mehr darstellt.

Zum ersten Mal in vierundfünfzig Lebensjahren, davon sechsundvierzig als Christ, erlebe ich eine innere Freiheit, dem Geist auf allen Wegen zu folgen, die er mich führt. Mein Verlangen geht ausschließlich auf Christus, und dabei bin ich bereit, jede Richtung einzuschlagen, die die Heilige Schrift und der Heilige Geist vorgeben. Ich bin bereit, das Risiko einzugehen, meine kulturelle Definition von *Kirche/Gemeinde* aufzugeben und zu versuchen, sie biblisch zu definieren.

Als ich fertig war, spürte ich nichts als Angst. Wahrscheinlich war mir doch noch an der Meinung meiner Zuhörer gelegen – aber irgendwie anders. Ich sehnte mich nach einer ganz bestimmten Reaktion. Ich wollte keine Bewertung, Sympathiebekundung, Ermahnung oder irgendwelche Ratschläge. Ich wünschte mir lediglich, gehört zu werden. Ich sehnte mich nach Freunden, die mich akzeptierten, wo auch immer ich mich gerade auf meiner Reise befand, und die mich vielleicht wissen ließen, welche Gedanken und Ideen meine Geschichte in ihnen geweckt hatte. Ich hatte das Gefühl, dass ich mich erst, wenn klar war, dass ich bei ihnen Gehör gefunden hatte, dass sie mich achteten und liebten, auf einen Dialog einlassen konnte, einschließlich fälliger Zurecht-

---

[2] *Story of a Soul: The Autobiography of St. Therese of Lisieux* (Engl. Übers. John Clarke). Washington, DC: ICS Publications, 1996.

weisungen, Korrekturen und Hinweise auf das, was ich nicht sehen wollte. Und dann wäre ich wohl auch bereit, Ratschläge anzunehmen.

Ich glaube, dass meine Befürchtungen damals durchaus berechtigt waren, obwohl sie sich an jenem Tag dankenswerterweise nicht bewahrheiteten. Wir heutigen Christen sehen unsere geistliche Reise so lange als von Gott gefügtes Abenteuer, bis etwas grob fehlschlägt oder bis Gott in unseren Augen bestimmte Probleme nicht schnell genug beseitigt. Dann fängt es an, dass wir mehr mit der Lösung unserer Probleme beschäftigt sind als damit, Gott inmitten der Probleme zu suchen und zu finden. Statt Gott in und unter allen Lebensumständen anzubeten, versuchen wir, ihn zur Verbesserung unserer Umstände heranzuziehen. Wir sind mehr mit Problemlösungen bzw. mit der Krankheit und deren Heilung beschäftigt als mit der Reise, auf der wir uns befinden.

Und während wir einander zuhören, wie wir unsere Geschichten erzählen, wechseln wir die Ebenen: von *geistlich* wachsen hin zu *emotional* heil werden oder dem Verbessern unserer *Umstände*. Unsere Reise, Gott zu erkennen, erfährt eine Umleitung. Wir verlassen den schmalen Pfad, Gott zu verherrlichen, und begeben uns auf die Suche nach einer Raststätte, einem Erfrischungsstand oder einem Krankenhaus, damit wir uns besser fühlen können.

Unsere Gemeinschaft kommt uns kraftlos vor, unfähig und ungeeignet, uns wirklich zu helfen – ein Gefühl, wie wenn man einem Freund erzählt, dass man Zahnschmerzen hat. Ein Angebot zu beten erscheint uns weniger hilfreich als das Angebot, uns zum Zahnarzt zu fahren. Sehen Sie sich folgende wirkungslosen Sätze an, die wir einander sagen, wenn wir von einem Problem erfahren oder es auch nur erahnen:

- „Vielleicht leidest du unter einer Depression. Hast du schon daran gedacht, ein Antidepressivum zu nehmen?"
- „Ich frage mich, ob du den Tod deines Bruders schon verarbeitet hast? Nicht geleistete Trauerarbeit kann zu unterschwelligem Zorn führen, der dich kaputt macht."
- „Wenn ich mit dir rede, habe ich den Eindruck, du willst nur mein Mitleid."

- „Die Art, wie du Beziehungen pflegst, ist egoistisch und manipulativ."
- „Das ist sicher schmerzhaft. Das erste Weihnachten nach dem Tod deiner Frau ist sicher sehr schwer für dich."
- „Du weißt doch: Jesus ist wirklich wunderbar. Verbringe einfach mehr Zeit in seiner Gegenwart. Du wirst sehen, es geht dir dann bald viel besser!"

Ein Schriftstellerkollege von mir erzählte einer Gruppe von uns von seiner bevorstehenden Operation. Er wirkte dabei etwas niedergeschlagen und meinte, dies würde ihn einige Monate kosten. „Vielleicht kommst du dann mehr zum Schreiben", gab ich zum Besten.

Es war eine törichte Äußerung. Eigentlich wollte ich nur helfen. Doch genau das war das Problem. Wir sind eine Gesellschaft von Problemlösern: Wir halten es fast nicht aus, wenn wir ein Problem nicht beheben können. *Am Prozess selbst sind wir nicht interessiert*. Es geht uns darum, Dinge zu verbessern, uns besser zu fühlen, Kommunikationsfähigkeiten zu erlernen, durch die wir unsere Beziehungen verbessern und zufriedenstellender machen können, oder Schmerzen durch Einfühlungsvermögen zu lindern.

Außerdem lieben wir es, die Probleme der anderen zu benennen. Ob unsere Benennungen zutreffend sind oder nicht: sie geben uns das Gefühl, die Dinge im Griff zu haben, und vermitteln den Eindruck, als könnten wir das, was schiefgelaufen ist, irgendwie managen. Im Kern unseres Gemeinschaftsverständnisses steckt das Unvermögen, die dunklen Täler als das zu erkennen, was sie sind. Wir erkennen nicht, dass sie nicht vorrangig Probleme darstellen, die gelöst werden sollten, sondern *Gelegenheiten für geistliche Freundschaft,* dafür, eine Art des Umgangs miteinander zu erleben, die besser und anders ist, als das, was wir bislang kannten.

Unser Versagen, die Dinge so zu betrachten, ist durchaus verständlich. Zumindest ist es schwierig, leidvolle Prüfungen als Chance zur Reifung durch *Freundschaft* zu sehen, wenn uns keiner, nicht einmal Gott, zur Hilfe kommt. Jedenfalls hilft uns keiner so, wie wir es uns wünschen. Beim Durchschreiten der finsteren Täler, wenn unsere Fundamente nachgeben, raten wir zu oft:

„Flüchte dich zu Gott" und meinen dabei eigentlich: „Flüchte auf einen Berg". Wenn Träume platzen und das Leben einfach nur schrecklich ist, rufen wir umgehend nach Hilfe. *Das ist das Einzige, was dann zählt!*

So denken wir jedenfalls. Wir sind nicht gewohnt, darauf zu warten, dass ein verborgener Gott an einem meisterhaften Plan arbeitet, um sich zu verherrlichen. Wir ziehen eine andere Form des Wartens vor. Dabei folgen wir biblischen Grundsätzen oder suchen Seelsorge, damit unsere Kinder wieder auf die rechte Bahn kommen, damit wir angenehmere Gefühle bekommen oder damit unsere Beziehungen zufriedenstellender werden. Was wir wirklich wollen, ist ein besseres Leben.

Viele Stimmen in der Gemeinde – vielleicht sogar die meisten – sprechen genau diesen Wunsch an: Tu dieses oder jenes, belege dieses Seminar, nimm diesen Seelsorger in Anspruch, richte dich an diesen Prinzipien aus, halte diese Regeln ein, stelle dich auf diese biblisch belegten Verheißungen. Nur wenige Stimmen rufen uns zur Anbetung oder führen uns auf eine neue Ebene des Vertrauens. Nur wenige laden uns ein, geistliche Gespräche im Rahmen einer geistlichen Gemeinschaft zu suchen.

Und dennoch hören Sie, wie Ihr Herz schreit: „Es ist der *Herr*, nach dem ich mich sehne! Beim *Herrn* suche ich Zuflucht. Ich will mich nicht auf einen Berg der Erleichterung flüchten. Führe mich zum Felsen, der größer ist als ich, der über meinen Problemen steht und der mich in die Gegenwart Gottes erhebt. Alles andere ist zweitrangig!"

Dieser Ruf aus Ihrem Herzen ist Ihre Sehnsucht danach, Teil einer wahren Gemeinde zu sein, an geistlicher Gemeinschaft teilzunehmen, geistliche, anbetende Gespräche mit Gott zu führen und mit anderen gemeinsam auf dem Weg zu sein. Sie sehnen sich nach einem sicheren Ort, nach einer Gemeinschaft von Freunden, die nach Gott hungern und die wissen, was es heißt, für Impulse des Geistes offen zu sein, während sie mit Ihnen reden. Sie suchen Geschwister, die sich nicht den Kopf zerbrechen, wie sie Ihr Leben verbessern können, sondern die bei Ihnen sein möchten, wohin Ihr Weg auch immer führt. Sie möchten erkennen und erkannt werden in Gesprächen, die sich nicht um Sie oder um andere, sondern einzig um Christus drehen.

Zu lange hat uns eine lösungsorientierte Machbarkeitskultur dazu angehalten, auf menschliche Berge zu fliehen, wenn das Leben schwierig und unangenehm wird, wenn Kummer, angespannte Verhältnisse und finanzielle Sorgen uns zugrunde richten wollen. Wir haben uns nach einer irdischen, weltlichen Vorstellung vom gesegneten Leben ausgestreckt. Man hat uns viel zu lange beseelsorgt, Medikamente verschrieben, religiös unterhalten und inspiriert, ermahnt, abgelenkt und mit Patentrezepten abgespeist. Dabei haben wir das geistliche Leben aus dem Blick verloren.

Wir brauchen einen sicheren Ort für müde Pilger. Es ist an der Zeit, die politischen Feldzüge und egoistischen Ziele, die ganzen Programme, Gemeindeaktivitäten und Bauprojekte sowie die attraktiven Gottesdienste hintenan zu stellen. Wir müssen in die Welt der unbeherrschbaren, chaotischen Beziehungen eintauchen. Wir müssen uns eingestehen, dass wir darin versagt haben, unsere Spannungen zu identifizieren und unsere Versäumnisse zu erkunden. Wir müssen selbst die Antwort auf das Gebet unseres Herrn werden, dass wir eins werden mögen, wie er und der Vater eins sind.

Es ist an der Zeit, den Preis zu bezahlen, den es kostet, Teil einer geistlichen Gemeinschaft zu werden, statt Teil einer kirchlichen Institution.

Es ist an der Zeit, unsere Stühle einander zuzuwenden und zu lernen, so miteinander zu reden, dass Magersüchtige zum Essen bewegt werden, multiple Persönlichkeiten sich integrieren lassen, Sexsüchtige von ihrer Sucht lassen und sich einem nobleren Verlangen zuwenden und erschöpfte Christen ermutigt werden, ihre dunklen Täler auf dem Weg zu grünen Auen, ja bis zum Thronsaal des Himmels zu durchschreiten.

Es ist an der Zeit, die Gemeinde zu bauen: eine Gemeinschaft von Menschen, die ihre Zuflucht bei Gott suchen und einander ermutigen, nirgendwo anders als nur bei ihm Hilfe zu suchen; eine Gemeinschaft von Menschen, die wissen, dass man in der Welt nur bestehen kann, wenn man sich auf das geistliche Leben konzentriert – auf unser Leben mit Gott und mit anderen. Es wird nicht einfach sein, doch es wird sich lohnen. Unser Einfluss auf die Welt steht auf dem Spiel.

Fragen zur Vertiefung und zum Gespräch

- Damit geistliches Leben entstehen kann, müssen zunächst unsere natürlichen Fundamente eingerissen werden. Und dies geschieht, wenn Gott in seinem geradezu befremdenden Erbarmen manchmal unsere kühnsten Träume erschüttert oder sie zumindest zerbrechen lässt. In Gottes souverän geführtem Universum geschieht manchmal das Unvorstellbare: jener Albtraum, den erleben zu müssen wir nie für möglich gehalten hätten. Wurden Ihre Träume schon einmal erschüttert? Welchem Albtraum mussten Sie schon ins Auge blicken? Bei welchem Anlass haben Sie sich einmal gefragt: „Wer ist dieser Gott eigentlich, den ich vorgebe zu lieben? Und wo ist er?" Können Sie derzeit in Ihrem Leben sehen, dass Gott solche Erfahrungen benutzt, um Sie geistlich wachsen zu lassen?
- Henri Nouwen schreibt über seine innere Verletzung: „Was machen wir mit dieser inneren Wunde, die bei der geringsten Berührung wieder zu bluten beginnt? Ich glaube nicht, dass diese Verletzung – dieses ungeheure Bedürfnis nach Liebe bei gleichzeitiger Angst vor Zurückweisung – jemals wieder heilt. Sie wird bleiben, und das vielleicht aus gutem Grund. Vielleicht ist gerade sie das Tor zu meiner Erlösung, ein Eingang zur Herrlichkeit und ein Durchgang zur Freiheit." Tauschen Sie sich darüber aus, wie eine Wunde ein Geschenk sein kann. Überlegen Sie, zu welcher Art von Erlösung, Herrlichkeit und Freiheit eine solche Wunde führen kann.
- Der Weg dahin, die Freude zu erleben, dass Gott gegenwärtig ist, führt stets durch freudlose Abgeschiedenheit, wenn der Teil in uns, der sich am meisten nach echter Beziehung sehnt, isoliert bleibt. Wenn das geschieht, wird das wahre Wesen unserer geistlichen Gemeinschaft offenbar. Wann haben Sie ein solches Wagnis wie Dr. Crabb auf sich genommen und etwas sehr Persönliches, etwas aus Ihrem geistlichen Leben oder vielleicht sogar Ihre inneren Verletzungen einer Person oder Gruppe mitgeteilt? Welche Reaktionen haben Sie sich nicht gewünscht, welche dagegen erhofft, und welche haben Sie bekommen? Was ist Ihnen durch dieses Erlebnis in Bezug auf die Qualität der

geistlichen Gemeinschaft, die Ihnen zur Verfügung steht, bewusst geworden?

- Dr. Crabb strebt keine „Heilung" mehr an, wenn damit gemeint ist, das zu reparieren, was nicht stimmt, damit die inneren Kämpfe weniger werden. Er möchte sich stattdessen mehr darauf konzentrieren, Gottes Angesicht zu suchen, statt darauf, Probleme zu lösen, mehr darauf, Gott in allen Umständen anzubeten, als Gott zu benutzen, seine Umstände zu verbessern, mehr auf die geistliche Reise als auf das genaue Herausfinden der Probleme. Warum erleben wir oft das Gegenteil? Weshalb wechseln wir so schnell unseren Fokus von geistlichem Wachstum zu emotionaler Heilung oder zur Verbesserung unserer Umstände? Wann haben Sie Sätze wie die auf Seite 47/48 gehört oder selbst ausgesprochen, die uns davon wegführen, Gott zu erkennen und ihn zu verherrlichen?
- Wir sind eine Gesellschaft von „Problemlösern". Wir halten es fast nicht aus, wenn wir ein Problem nicht beheben können. Wir geben den Problemen anderer Menschen gerne einen Namen. Dies gibt uns das Gefühl, die Dinge im Griff zu haben. Wir sind nicht daran interessiert, was Gott in dieser Situation vielleicht gerade wirkt, und erkennen nicht, dass die Täler unseres Lebens nicht in erster Linie Probleme darstellen, die gelöst werden müssen, sondern Gelegenheiten für geistliche Kameradschaft. In Bezug auf welche derzeitigen Umstände in Ihrem Leben fragen Sie sich, was Gott da wohl gerade tut? Welche gegenwärtige Situation stellt eine Gelegenheit für geistliche Kameradschaft dar?
- Was hat Sie in Kapitel 2 am meisten bewegt in Bezug auf Dr. Crabbs Aufruf, die Kirche in eine Gemeinschaft von Menschen umzuformen, die ihre Zuflucht bei Gott sucht und in der die Einzelnen einander ermutigen, niemals Hilfe von anderen Quelle außer Gott in Anspruch zu nehmen.

Eine wesentliche Aufgabe von Gemeinschaft ist es, einen Ort zu schaffen, der sicher genug ist, dass jeder von uns sich seiner Zerbrochenheit stellen kann. Erst dann kann die Kraft der Verbundenheit ihre Wirkung entfalten. Erst dann kann Gott Gemeinschaft dazu verwenden, unsere Seelen wiederherzustellen.

KAPITEL 3

Was ist geistliche Gemeinschaft?

Ich liebe die Gemeinde. Ich möchte nicht über die Gemeinde als ein Problem, als eine Quelle von Konflikten oder als einen Ort von Auseinandersetzungen schreiben, sondern als den Leib Christi für uns hier und jetzt.

Henri Nouwen

Die Gemeinde ist eine Gemeinschaft von Menschen, die sich auf einer Reise zu Gott befinden. Wo immer sich eine übernatürliche Zusammengehörigkeit und eine geistgeleitete Entwicklung finden, dort ist Gemeinde – eine geistliche Gemeinschaft.

Als ich eines Morgens früh aufstand, um zu beten, spürte ich die klare Führung von Gott, ich solle die Mitglieder meiner Familie, die in Denver (Colorado) wohnten, zu mir nach Hause einladen, um einen Abend der Anbetung und des Gebets mit ihnen zu erleben. Wir hatten gerade eine ungewöhnlich schwierige Zeit der Anfechtungen hinter uns und ich empfand die Notwendigkeit, uns als Familie in der Gegenwart Gottes zu versammeln. Wir dachten miteinander über geistlichen Kampf nach und sprachen über einen der Berichte in den Evangelien, wir beteten und feierten das Abendmahl. Wir weinten und sangen.

Während dieser knappen Stunde trug sich etwas Wunderbares zu: Wie damals das Manna die Israeliten ernährte, so nährte uns die gemeinsame Zeit nur für einen Tag. Aber sie weckte Hunger nach mehr. Unsere Herzen begegneten sich im Leben des Geistes; wir erkannten, was es wirklich bedeutet, auf übernatürliche Weise zusammen zu sein. Keiner von uns wurde an diesem Abend tief oder völlig verändert – viele innere und äußere Probleme blieben –, doch für einen Augenblick bekamen unsere Augen Einblick in die unsichtbare Welt und wir beteten an. Uns allen wurde bewusst, wie sehr wir doch Jesus erkennen wollten.

Ich kann die Begeisterung kaum beschreiben, die mich bei der Schilderung persönlich erlebter geistlicher Gemeinschaft befällt. Mit tiefer Überzeugung berichte ich von geistlicher Gemeinschaft als ein Zusammenkommen von Menschen, die eine Art des Miteinanders erleben, das nur der Heilige Geist stiften kann, die sich *gewollt* in eine gute Richtung bewegen, weil der Heilige Geist am Wirken ist.

Dabei zögere ich, so einen Familienabend schon mit neutestamentlicher Gemeinde gleichzusetzen – das trifft wohl nicht zu. Andererseits zögere ich auch nicht zu behaupten, dass, wo solche Gemeinschaft fehlt, es sich nicht um Gemeinde handelt. In ihrem Wesenskern ist die Gemeinde nämlich eine geistliche Gemeinschaft, die sich auf dem Weg zu Gott befindet.

In einer geistlichen Gemeinschaft kommen die Menschen mit Bereichen in den Herzen der anderen in Berührung, die nicht oft oder leicht zu erreichen sind. Sie entdecken Orte hinter der Unbeholfenheit, dass sie einander gerne umarmen, miteinander weinen und Meinungen austauschen *möchten.* Freimütig bringen sie ihre Liebe zum Ausdruck, offenbaren einander ihre Ängste – und dies, obwohl sich ein solches Maß an Vertrautheit noch ganz ungewohnt anfühlt.

Wenn die Glieder einer geistlichen Gemeinschaft jenen heiligen Ort der Verletzlichkeit und Authentizität erreichen, wird etwas freigesetzt. Etwas Gutes kommt in Gang, ein Hunger nach Heiligem wird geweckt. Für einen Augenblick wird das Verlangen, Gott zu kennen, intensiver und stärker als alle anderen Leidenschaften, egal, was es kostet. Geistliches Miteinander, das, was ich *Sich-Verbinden* nenne, setzt etwas in Bewegung. Die *Zusammengehörigkeit* in Christus fördert eine Bewegung auf Christus hin.

Die Umsetzung dieser Gedanken in tatsächliche Gespräche fällt nicht leicht. Gerade jetzt, da ich diese Worte schreibe, ist es kurz nach sechs Uhr morgens. Später an diesem Morgen werde ich mich mit einem Mann treffen, dessen Frau ihm letzte Woche, nach vierzehn Jahren Ehe, ihre Scheidungsabsicht erklärt hat. Zudem wird sie das Sorgerecht für die Kinder beantragen. Er hat Angst, ist wütend und verzweifelt.

Einmal haben wir uns schon zu einem Gespräch getroffen – zwei Tage nachdem ihm seine Frau ihre Pläne eröffnet hatte. Sein Schmerz ist echt. Die Vorstellung, seine Kinder zu *besuchen,* ist schier unerträglich. Wenn wir uns in wenigen Stunden begegnen, was bedeutet es dann für uns, geistliche Gemeinschaft zu erleben? Was heißt es dann, *zusammen* zu sein bzw. dass sich die tiefen Orte unserer erlösten Herzen begegnen?

Und was wird es bedeuten, uns zu *bewegen* – uns auf Christus hinzubewegen? Was wird es für jeden von uns bedeuten, angeregt zu werden zu erkennen, wo Leben gefunden werden kann, wenn die Umstände schwierig sind, uns auf geistliche Ressourcen zu verlassen, um dieses Leben zu erfahren, in uns ein überwältigendes Verlangen zu entdecken, uns am unzerstörbaren Leben Christi zu erfreuen, das jede Schwierigkeit überlebt?[1]

Ich erinnere an das in Kapitel 1 eingangs zitierte Wort von Henri Nouwen: „Ich denke über meine Erfahrungen nach und erkenne einmal mehr: Wollen wir in dieser Welt leben, müssen wir uns auf das geistliche Leben konzentrieren." Was bedeutet das? Unterscheidet es sich von dem, was ein Psychologe, selbst wenn er Christ ist wie ich, normalerweise tun würde?

Früher hätte ich mir überlegt, was dieser Mann tun könnte, um seine Frau zurückzugewinnen, wo er Fehler gemacht hatte, was er nun besser machen könnte und wie ich ihn unterstützen könnte, sollte seine Frau bei ihrer Scheidungsabsicht bleiben. Meine Kräfte hätte ich hauptsächlich für den Erhalt der Ehe eingesetzt. Und ich hätte Gott gebeten, mir zu helfen und meine Bemühungen zu segnen.

---

[1] Wenn das geistliche Bewegtwerden echt ist, wird es in uns beiden zu finden sein. Wenn ich meinem Freund etwas weitergebe, das ihn auf Christus hinbewegt, dann werde auch ich zu Jesus hingezogen – vielleicht sogar noch mehr als er. Geben *ist* seliger als Nehmen. Ein solcher Moment geistlicher Gemeinschaft lässt keinen unberührt.

Doch nun bewegt mich eine höhere Sicht. Zwar gibt auch diese der Ehe die beste Chance, doch geht diese Schau über die Rettung der Ehe hinaus und beinhaltet ein Ziel, das der Mann erreichen und das seine Frau nicht verhindern kann. Natürlich *wünscht* er sich die Wiederherstellung seiner Ehe, doch sollte er sich ein höheres *Ziel* stecken.[2]

Wenn ich mich mit dem zutiefst erschütterten Ehemann treffe, möchte ich im Strom der Ziele und Absichten Gottes während der Geschichte sein, die auch diesen schwierigen Moment berühren, aber durch ihn weder begrenzt noch vereitelt werden können. Ich werde meinen Gesprächspartner einladen, sich mir anzuschließen. Mit einer Wucht, die einen demütigt, geht mir auf, dass, wenn in unserem Gespräch irgendetwas Gutes geschieht, dies mehr mit dem zu tun haben wird, wer ich bin, als mit dem, was ich tun kann, mehr damit, ob ich zuhöre und dem Geist folge, als dass ich mich an meine Ausbildung erinnere und meine professionellen Fähigkeiten gebrauche. Mein Leben im Geist zählt mehr als mein seelsorgerliches Talent.

Habe ich gebetet? War ich still genug, ehrlich genug und leidenschaftlich genug, um Gott zu hören? Oder werde ich meinem Freund als falscher Prophet mit einer Botschaft begegnen, die ich nicht von Gott vernommen habe? Wir werden zwei Tassen Kaffee bestellen, uns in dem Café auf zwei Stühle an einen kleinen runden Tisch setzen und miteinander zu sprechen beginnen.

Während ich mir Gedanken darüber mache, was später an diesem Morgen passieren könnte, erinnere ich mich an das erste Gespräch mit ihm. Damals machte ich ihn auf einen Raum in seinem Herzen aufmerksam, in den er noch nie hineingegangen ist, zumindest nicht für längere Zeit, und von dem er vielleicht noch nicht einmal gewusst hatte, dass er da war. „Erst wenn du aus diesem Raum in deinem Herzen heraus redest", hatte ich ihm gesagt, „wirst du mit geistlicher Energie sprechen."

---

[2] Diese Unterscheidung zwischen einem *Ziel* (das wir erreichen müssen und das niemand außer uns selbst verhindern kann) und einem *Wunsch* (dem dringlichen Verlangen nach etwas Bestimmtem, das aber nicht zwingend befriedigt werden kann) wurde in meinem Buch erklärt: *The Marriage Builder*. Grand Rapids: Zondervan, 1982.

Weiter erklärte ich ihm: „Wie deine Frau reagieren wird, entzieht sich deinem Einfluss. Für das, was sie tut, darfst du dir weder die Schuld geben noch es dir anrechnen. Wenn du aber in jenem Raum deines Herzens lebst und von dort aus sprichst, wirst du – was auch immer geschehen mag – Freude erfahren." Dazu zitierte ich C. S. Lewis: „Setz das Wichtigste an die erste Stelle, und Zweitrangiges erledigt sich von selbst. Setz dagegen weniger Wichtiges an die erste Stelle, und du verlierst beides." Seine Frau zurückzugewinnen und die Familie zu erhalten ist natürlich außerordentlich wichtig und sollte zu Recht leidenschaftlich angestrebt werden. Doch sind dies zweitrangige Dinge, die der einen Sache, die wichtig ist, nachzuordnen sind.

„Du bist nicht auf diese Welt gekommen, um der Ehemann dieser Frau zu sein", hatte ich zu ihm gesagt. „Dein Auftrag ist es, durch dein Leben Gottes Charakter widerzuspiegeln, sein Leben durch dich in die Menschen, mit denen du zu tun hast, zu verströmen, egal, wie sie mit dir umgehen. Das hat vor allem anderen den Vorrang. Verherrliche Gott, indem du ihn in allen Umständen anbetest und ihm vertraust und ihn offenbarst, wie er ist."

Dann fügte ich hinzu: „Das Wichtigste ist, dass du diesen Raum ausfindig machst, jenen Ort in deinem Herzen, in dem der Geist lebendig ist, und dass du die von ihm dort hineingelegte geistliche Energie freisetzt. Gib dich vorbehaltlos Gottes Absichten hin. Höre auf das Reden des Geistes durch sein Wort. Denke an ihn."

Der Mann hatte aufmerksam zugehört. Ich nötigte ihn nicht, mir zuzustimmen. Ich war nicht fest entschlossen, ihm zu helfen. Das waren *meine* zweitrangigen Dinge. Meine erste Priorität in diesem Gespräch galt dem Reden aus dem oberen Raum meines Herzens. Freilich mischten sich andere Beweggründe mit ein – das ist unvermeidbar –, doch war es mein eigentlicher Wunsch.

Unser Gespräch hatte die Kennzeichen geistlicher Gemeinschaft. Wir waren uns auf einer Ebene begegnet, die nur der Geist ermöglichen kann, und wir waren beide auf unserem Weg zu Gott einige Zentimeter vorangekommen.

Aus unserem ersten Gespräch verabschiedete er sich mit der Bemerkung, dies sei für ihn eine andere Sichtweise. Eigentlich hatte er von mir erwartet, dass ich ihm helfen würde, eine geeignete Strategie zur Wiedereroberung des Herzens seiner Frau auszudenken. Während unserer Unterredung war ihm bewusst geworden, wie verzweifelt er Hoffnung *verlangte*, wie *abhängig* er von jedem Hinweis war, dass seine Frau von ihrer Scheidungsabsicht abrückte, und wie *entschlossen* er war, unter allen Umständen seine Ehe zu retten.

„Du sagst, meine Wünsche seien verständlich, ja, sogar gut, aber nicht das Wichtigste. Wenn du das sagst, rührt sich etwas in mir. Ich habe das Gefühl, ich sei in den anderen Raum eingeladen worden. Ich möchte der Einladung folgen."

Heute, nach einer Woche, sind wir wieder verabredet. Das Essen von gestern reicht nicht für heute; wir brauchen heute ein neues. Wir sind eine Zweiergemeinschaft auf einer Reise zu Gott. Wie können wir zusammen sein und weiterkommen?

Zwischen dem letzten Satz und diesem, den Sie gerade lesen, ist ein halber Tag verstrichen. Nach dem zweiten Treffen mit meinem Freund sitze ich nun wieder an meinem Schreibtisch. Erlauben Sie mir, einige Auszüge aus unserem Gespräch wiederzugeben.

Freund: „Was du letzte Woche gesagt hast, hat mich bewegt. Ich konnte spüren, dass etwas in mir vorgeht. Als ich aber wieder in die reale Welt der Anwälte, der Vereinbarungen und der angespannten Situation zuhause eintauchte, war alles wieder verschwunden. Es war eine furchtbare Woche."

Larry: „Was hat dich letzte Woche bei unserem Gespräch so bewegt?"

Seelsorger ermutigen ihre Klienten gewöhnlich dazu, schmerzliche Details noch einmal auszusprechen, gehen sie doch davon aus, dass ein von Mitgefühl getragenes Verständnis dazu beiträgt, dem Leugnen der Wirklichkeit in einer vorurteilsfreien Atmosphäre entgegenzuwirken. Natürlich gibt es eine Zeit, in der wir alle unseren Gefühlen Gehör verschaffen müssen. Doch interessiere ich mich mehr dafür, wo der Geist inmitten der Widrigkeiten des Lebens lebendig ist, als für eine detaillierte Auflistung der Schwierigkeiten.

Freund: „Du sprachst von mir als einem hohlen Menschen, der dabei sei, gefüllt und stabil zu werden. Das wünsche ich mir. Während ich dies ausspreche, rührt sich wieder etwas in mir."

Larry: „Das ist dein Hunger nach den wichtigen Dingen: Alles, was du aus deiner Hohlheit heraus zu deiner Frau sagst, wird manipulativ, schwach und fordernd sein. Stell dir vor, du sprichst mit ihr aus einem stabilen Erfülltsein heraus. Sie *könnte* reagieren. Und Gott *wird* verherrlicht."

Ich gehe davon aus, dass der Geist den Kindern Gottes ständig „Abba" ins Ohr flüstert und ihnen versichert, dass sie in seiner Obhut geborgen sind. Er fordert sie immerzu auf, das zu werden, wozu Gott sie errettet hat, nämlich stabile, unzerstörbar lebendige Menschen zu sein, die vielleicht verletzt, aber von dem Wunsch beseelt sind, ihrem Vater zu gefallen. Wenn man eine Sicht von dem anbietet, *was sein könnte*, regt sich das tiefe Wirken des Geistes Gottes.

Freund: „Ich glaube, ich habe letzte Woche tatsächlich einmal aus diesem stabilen Erfülltsein heraus gesprochen. Ich sagte ihr, dass ich ihr gegenüber versagt habe, allerdings ohne eine wehleidige Haltung des ‚Bitte-vergib-mir-und-komm-zurück', wie sonst. Außerdem tat ich es nicht, um dadurch eine Entschuldigung ihrerseits herauszufordern. Ich hatte wirklich den ehrlichen Wunsch, diese Frau zu segnen. Einen Augenblick lang schien sie ruhig zu sein. Ihr kamen sogar die Tränen. Aber es ist alles so verwirrend. Ich dachte, ich hätte eine andere Situation gut gemeistert, doch dann hatte sie einen Wutausbruch. Daraufhin explodierte ich. Es ist wirklich schlimm."

Larry: „Ich vermute mal, dass dir diese eine Zeit gutgetan hat, in der du nicht verwirrt warst."

Beachten Sie bitte, wie leicht mein Freund den geistlichen Fokus verliert und seine Aufmerksamkeit wieder auf seinen Schmerz und die widrigen Umstände richtet. Ich wiederhole: Es gibt eine Zeit, in der man seine schwierigen Probleme mit jemandem teilen darf, um – physisch oder verbal – bei einem mitfühlenden Menschen Halt zu finden. Aber ich spürte seinem Bericht eine echte Energie ab, dass er einmal aus einer Stabilität heraus gesprochen hatte. Deshalb schien es mir seinem Schmerz gegenüber nicht unsensibel zu sein, dass ich das ansprach, was tiefer in ihm war.

Freund: „Erinnerst du dich, was du über jenen anderen Raum in mir gesagt hast? Du meintest vermutlich, dass der Ort, an dem ich mich gewöhnlich aufhalte, der Raum ist, in dem ich verletzt wurde und zu dem ich regelmäßig zurückkehre, um mein Leben wieder flott zu machen. Stimmt das?"

Larry: „Ja, und dieser Raum ist groß. Dort gibt es viele Dinge, die deine Aufmerksamkeit auf sich ziehen. Meine Sorge ist, dass du während der Krise in diesem Raum bleibst und versuchst, ihn aufzuräumen und die Möbel umzustellen."

Seelsorger vertun ihre Zeit damit, das zu verbessern, was Gott bereits verworfen hat. Beim Aufräumen („Aufarbeiten") versuchen sie oft, Klarheit darüber zu gewinnen, was kaputt gegangen ist und wie man es reparieren könnte. Dagegen hat der Geist einen anderen Raum in unserer Seele geschaffen, der immer sauber und gut eingerichtet ist. Wir müssen den faszinierenden Raum komplexer psychologischer Prozesse verlassen und in den Raum eintreten, in dem geistliche Kräfte von Gott wirksam sind.

Freund: „Das will ich aber nicht. Ich glaube sogar, dass ich den anderen Raum entdeckt habe, dort aber nur wenige Minuten zugebracht habe. Wie lerne ich, länger darin zu verweilen?"

Larry: „Die Chancen stehen schlecht. Deine jetzige Situation ist schlimmer als alles, was du bislang je erlebt hast. Unwillkürlich wirst du dich auf das konzentrieren wollen, was du tun kannst, um es besser zu machen. Du wirst darüber nachgrübeln wollen, wo deine und wo ihre Fehler liegen. Währenddessen werden Zorn und Selbsthass wie ein Tsunami über dich hereinbrechen. Nur wenn du von gan-

> zem Herzen in dem anderen Raum sein möchtest, und nur, wenn du bereit bist, so lange auf Gott zu warten, bis er es geschehen lässt, wirst du dort hineinkommen. Dein Appetit auf diesen neuen Raum muss genährt werden."

Danach sprachen wir noch über sein Gebetsleben, über den Wert des Fastens und über einige gute Bücher, die ich sehr hilfreich finde. Er ging mit den Worten: „Ich werde Hilfe brauchen, um auf diesem Weg zu bleiben. Können wir uns wieder treffen?"

Ich glaube, dass wir einen Augenblick geistlicher Gemeinschaft erlebt haben, in dem ich das Vorrecht hatte, ihm mehr als geistlicher Begleiter und weniger als geistlicher Freund zu dienen.

In meinem Leben und im Leben vieler Menschen sind solche Gespräche eher unüblich. Meist pflegen wir einen Umgang miteinander, der das Niveau, das der Geist ermöglicht, weit verfehlt.

Warum eigentlich? Warum ist geistliche Gemeinschaft so selten? Ich vermute, es hängt damit zusammen, dass geistliche Gemeinschaft das eigene Zerbrechen voraussetzt. Wir sind viel lieber auf beeindruckende Weise intakt als zerbrochen. Aber nur zerbrochene Menschen erleben geistliche Gemeinschaft. Das ist mein Kerngedanke im nächsten Kapitel.

Fragen zur Vertiefung und zum Gespräch

- Waren Sie schon einmal Teil einer Gruppe von Christen und haben dabei erlebt, dass Ihr Hunger nach den heiligen Dingen stärker und Ihr Wunsch, Gott näher kennenzulernen, intensiver geworden ist? Was war Ihrer Meinung nach der Grund dafür? Was haben Sie unternommen, um diesen Hunger zu stillen?
- Henri Nouwen schreibt: *Ich denke über meine Erfahrungen nach und erkenne einmal mehr: Wollen wir in dieser Welt leben, müssen wir uns auf das geistliche Leben konzentrieren.* Haben Sie schon einmal beobachtet, wie diese Konzentration auf das geistliche Leben jemanden befähigt hat, „in dieser Welt zu leben"? Wenn möglich, erzählen Sie dazu ein Beispiel aus Ihrem Leben oder von einer anderen Person, die Sie kennen.

- C. S. Lewis erkannte: *Setz das Wichtigste an die erste Stelle, und Zweitrangiges erledigt sich von selbst. Setz dagegen weniger Wichtiges an die erste Stelle, und du verlierst beides.* Wenn Sie Ihr eigenes Leben im Licht dieser Behauptung betrachten: Was könnte das für Ihren Umgang mit derzeit aktuellen Schmerzen und Problemen bedeuten? Wie könnte es in Ihrer jetzigen Situation konkret aussehen, wenn Sie den wichtigsten Dingen (d. h. Gott verherrlichen, indem Sie ihn anbeten und ihm vertrauen) die oberste Priorität geben?
- Lesen Sie noch einmal die Unterhaltung zwischen Dr. Crabb und seinem Freund auf den vorangegangenen Seiten. Achten Sie dabei besonders auf seine Analyse des Gesprächs hinterher. Was fanden Sie gut? Was war neu an seiner Vorgehensweise? Weshalb könnte dieser Ansatz hilfreich sein?
- Dr. Crabb merkt an: „Seelsorger vertun ihre Zeit damit, das zu verbessern, was Gott bereits verworfen hat." Auf welche Situationen könnte das zutreffen? Wenn Gott einen bestimmten Aspekt in unserem Leben verworfen hat, welche Rolle könnte der Heilige Geist in diesem Bereich unseres Lebens spielen?

In einer geistlichen Gemeinschaft kommen die Menschen mit Bereichen in den Herzen der anderen in Berührung, die nicht oft oder leicht zu erreichen sind. Sie entdecken Orte hinter der Unbeholfenheit, dass sie einander gerne umarmen, miteinander weinen und Meinungen austauschen möchten. Freimütig bringen sie ihre Liebe zum Ausdruck, offenbaren einander ihre Ängste – und dies, obwohl sich ein solches Maß an Vertrautheit noch ganz ungewohnt anfühlt. Geistliches Miteinander setzt etwas in Bewegung. Die Zusammengehörigkeit in Christus fördert eine Bewegung auf Christus hin.

KAPITEL 4

Es braucht einen Armando

Ich neige dazu, auf Nummer sicher zu gehen. Ich möchte es mit keinem verderben. Konflikte und Auseinandersetzungen mag ich nicht. Oft denke ich, dass unsere Lebensweise [Nouwen bezieht sich hier auf seine Welt der stillen Freundschaften] der des Paulus und der Apostel in den ersten Jahren der Christenheit sehr ähnlich ist: In den Häusern versammelte man sich zum Feiern, Beten, zu Gesprächen und zu gegenseitiger Ermutigung. Es ging zwar schlicht zu, aber es war sehr aufbauend.

Henri Nouwen

Nur eine bestimmte Art der Gemeinschaft – ich nenne sie geistliche Gemeinschaft – kann uns aus unserem Sicherheitsbedürfnis *vor* Menschen befreien und in die Geborgenheit *mit* Menschen führen. Jean Vanier, der Gründer der auf der ganzen Welt verbreiteten L'Arche-Gemeinschaften, in denen behinderte Menschen ihren wahren Wert und ihre wahre Schönheit entdecken können, erzählt die folgende Geschichte.

Im Jahr 1987 fand in Rom eine Synode statt, auf der sich die versammelten Bischöfe mit der Rolle der Laien in der römisch-katholischen Kirche befassten und zu einer ungewöhnlichen Versammlung eingeladen wurden. Mit den Worten Vaniers:

> … Die *Glaube-und-Licht-Gemeinschaften* in Rom luden alle Bischöfe ein, einer Versammlung ihrer Gemeinschaften beizu-

wohnen. Dort waren Menschen mit geistigen Behinderungen, deren Eltern und viele Freunde, besonders junge Leute. Nur wenige Bischöfe folgten der Einladung. Auch die L'Arche-Gemeinschaft von Rom war dabei, zusammen mit Armando, einem bemerkenswerten achtjährigen Jungen.

Armando kann weder gehen noch sprechen, und er ist für sein Alter sehr klein. Er kam zu uns aus einem Waisenhaus, wo man ihn ausgesetzt hatte. Er verweigerte die Nahrungsaufnahme, weil er nicht länger von seiner Mutter getrennt leben wollte. Er war erschreckend abgemagert und schwebte wegen seiner Unterernährung in Lebensgefahr. Als er nach einiger Zeit in unserer Gemeinschaft Freunde gefunden hatte, die ihn annahmen, liebten und wollten, dass er lebe, begann er allmählich wieder Nahrung aufzunehmen und sich in bemerkenswerter Weise zu entwickeln.

Er kann immer noch nicht alleine gehen, sprechen oder essen; sein Körper ist verkrümmt und gebrechlich, und er leidet an einer starken geistigen Behinderung. Wenn man ihn aber in die Arme nimmt, zittert sein ganzer Körper vor freudiger Erregung und seine Augen sagen: „Ich liebe dich." Er hat eine tiefe therapeutische Wirkung auf Menschen.

Ich fragte einen der Bischöfe, ob er Armando auf den Arm nehmen wolle. Er sagte ja. Ich beobachtete die beiden, sah, wie Armando sich in seine Arme kuschelte, zitterte und lächelte, wobei seine kleinen Augen strahlten. Als ich nach einer halben Stunde den Bischof fragte, ob ich Armando wieder nehmen solle, entgegnete er: „Nein, nein!" Ich konnte sehen, wie Armando, klein und gebrechlich wie er war, doch mit der ganzen Kraft seiner Liebe das Herz jenes Bischofs berührte und zu verändern begann.

Bischöfe sind vielbeschäftigte Menschen. Sie haben Macht und sehen sich immer wieder Angriffen ausgesetzt, weshalb sie sich starke Schutzmechanismen schaffen müssen. Aber *jemand wie Armando* gelingt es, die Barrieren zu überwinden, die sie – und wir alle – um unsere Herzen aufgerichtet haben. Armando kann die in uns schlummernde Liebe wecken und die in uns verborgene Quelle von lebendigem Wasser und Zartheit ins Fließen bringen.

Armando ist keine Bedrohung ... er sagt nur: „Ich liebe dich, und ich liebe es, bei dir zu sein."[1]

Eine geistliche Gemeinschaft besteht aus Menschen, welche die nötige Integrität haben, Dinge in Ordnung zu bringen, Menschen, die ihre Fehler und Schwächen zugeben, weil sie diese mehr verachten als die der anderen. Dabei entdecken sie, dass unter ihrer abgestandenen, übel riechenden Verderbtheit eine Quelle frischen Wassers sprudelt. Damit sich geistliche Gemeinschaft entfalten kann, braucht es *jemand wie Armando*, einen, der in seinem Gebrechen geliebt wird und der deshalb ohne verborgene oder selbstbezogene Motive aus seinem Inneren Liebe verströmt.

Armandos Missbildungen sind physischer Art und können daher auf keinen Fall versteckt werden. Unsere dagegen sind ethischer Art und lassen sich wesentlich leichter verbergen. Integrität ist der erste Schritt: Gegenüber unserer Gemeinschaft, einem geistlichen Freund oder einem geistlichen Begleiter müssen wir uns zu unseren schlimmsten Seiten bekennen. Es geht darum, dass wir einander unsere Geschichten erzählen – ohne die peinlichen Kapitel bewusst auszulassen.

Die Reaktion der Gemeinschaft ist der nächste Punkt. Fällt diese auch nur ansatzweise geringer aus als bedingungslose Liebe, zerfällt unsere Zerbrochenheit in ihre Bestandteile. Wir offenbaren dieser unsicheren Gemeinschaft nur einen Teil dessen, wer wir sind, während wir den Rest verheimlichen. Wir durchtrennen die Verbindung zu uns selbst und zu den anderen. Wenn uns aber jemand wirklich liebt – wie die Mitglieder von L'Arche Armando sowohl mit seiner körperlichen als auch mit seiner geistlichen Gebrochenheit geliebt haben –, dann entdecken wir, dass bei jedem Trauma etwas Gutes überlebt, dass etwas Reines unverdorben geblieben ist. Und wir stellen fest, dass dies mühelos aus uns herausströmt.

Es ist jetzt 16 Uhr. Erst vor einer Stunde habe ich die schwierige Fahrt zu meinem guten Freund Rich unternommen. Vor zwei Wochen hatte ich mit einem anderen Freund über Rich gesprochen. Im Verlauf dieses Gesprächs erwähnte ich – um etwas zu verdeut-

[1] Jean Vanier, *From Brokenness to Community.* New York: Paulist Press, 1993, 26-27; Hervorhebungen durch den Autor.

lichen – einiges aus den privaten Unterredungen mit Rich, ohne jedoch dessen Identität preiszugeben. Weil mein zweiter Freund Rich nicht kannte, meinte ich, keinen Vertrauensbruch begangen zu haben.

Heute früh unterhielt ich mich wieder etwa eineinhalb Stunden mit Rich über einige sensible und sehr persönliche Dinge. Rich suchte meinen geistlichen Rat. An einer Stelle des Gesprächs sagte er unvermittelt: „Weißt du, das, worüber wir uns während der letzten Monate unterhalten haben, ist äußerst heikel. Ich bin so froh, dass du mit keinem darüber sprichst."

Ich schluckte. Bis zu diesem Zeitpunkt war mir nicht bewusst gewesen, dass ich gegen ethische Standards verstoßen hatte. Auch als ich mir überlegte, was ich dem zweiten Freund gesagt hatte, konnte ich darin kein Verschulden erkennen.

Allerdings war ich mir nicht sicher, ob Rich die Sache genauso beurteilen würde. Ich lächelte also und sagte: „Das Vorrecht, sich mit dir zu unterhalten, ist zu kostbar, als dass ich die Vertraulichkeit unseres Gesprächs in irgendeiner Weise verletzen würde."

Kaum eine Stunde nach unserer Unterhaltung rief ich Rich an und bat ihn um ein weiteres Gespräch. Ich unternahm den schweren Gang zu Richs Büro. Soeben bin ich wieder nach Hause gekommen. Ich bekannte ihm, was ich getan hatte, und erklärte ihm, das Gespräch mit meinem anderen Freund sei mir zwar nicht wie eine Verletzung seines Vertrauens vorgekommen, ich hätte aber in dem Augenblick nicht den Mut gehabt, ihm reinen Wein einzuschenken.

Darauf sagte Rich: „Ich habe gemerkt, dass du ab diesem Zeitpunkt in unserem Gespräch heute Morgen irgendwie verkrampft gewirkt hast. Bis dahin und auch in früheren Gesprächen schienst du ungezwungener. Ich konnte mir keinen Reim darauf machen."

Natürlich. Das lebendige Wasser aus meiner Seele war auf das Hindernis meiner Feigheit gestoßen. Als ich völlig zerknirscht vor meinem Freund stand und seine Gnade erfuhr, begann das Wasser wieder zu fließen. Der innerste Teil meines Wesens ist nicht feige, sondern liebevoll, stark und gut. Es ist die Energie Christi. Rich spürte den Einfluss dessen, wer ich als Christ bin, und ich fühlte denselben Einfluss von ihm. Wir traten auf der Ebene unseres gemeinsamen Lebens in Christus miteinander in Verbindung. Wir fühlten uns beide sicher.

Nur wenn das Parfümfläschchen wie damals bei Jesus im Kreise einer Gemeinschaft, in der tiefes Angenommensein herrscht, zerbrochen wird, kann sich sein Wohlgeruch verströmen.

Alles, was eine geistliche Gemeinschaft ausmacht, stellt eine völlige Umkehrung der weltlichen Ordnung dar. Es ist unsere Schwäche, nicht unsere Kompetenz, die andere bewegt. Es sind unsere Anfechtungen, nicht unsere Segnungen, welche die Barrieren der Angst und der Scham niederreißen, die uns trennen. Es sind unsere eingestandenen Versäumnisse, nicht unsere zur Schau getragenen Erfolge, die uns untereinander in Hoffnung zusammenschweißen.

Eine geistliche Gemeinschaft, eine *Gemeinde*, setzt sich aus zerbrochenen Menschen zusammen, die ihre Stühle einander zuwenden, weil sie wissen, dass sie es alleine nicht schaffen. Diese zerbrochenen Menschen befinden sich auf einem gemeinsamen Weg, wobei ihre Wunden, Sorgen und Pleiten offen zutage liegen, doch haben sie die Fähigkeit, hinter die Zerbrochenheit zu sehen und dort etwas Gutes, Lebendiges und Heiles zu erkennen.

Jeder von uns ist verletzt. Eine schonungslose Ehrlichkeit über das, was in uns abläuft, führt bei jedem von uns zum Zerbruch. In einer geistlichen Gemeinschaft reden die Leute nicht nur allgemein über Verletzung und Zerbruch. Sie verlassen vielmehr ihre Komfortzone und bringen die konkreten Einzelheiten ans Licht – freilich nicht vor jedermann, doch zumindest vor einer anderen Person.

Natürlich kann einem dabei bange werden. Man kommt sich dabei so schwach, so überflüssig, so krankhaft und selbstkritisch vor. Schlimmer noch: Für viele ist das Eingeständnis eigener Zerbrochenheit gleichbedeutend mit einer dürftigen Beziehung zu Gott. Wir *hören* zwar oft, dass der Weg zu einer tieferen Beziehung zu Gott über die Zerbrochenheit führt, doch wird es selten vorgelebt. Mir kommt es manchmal so vor, als wollten wir andere davon überzeugen, wie gut wir Gott kennen, indem wir zur Schau tragen, wie ungebrochen wir sind.

Doch wir sind alle verletzt worden. Wir haben alle versagt. Erfahrene Ablehnung hat Tiefen von Zorn ins uns hervorbrechen lassen, von denen wir nicht wussten, dass sie in uns waren. Wir haben über das uns angetane Unrecht bitterlich geweint und uns entschlossen, nie mehr zuzulassen, dass uns jemand auf eine solche Weise behandelt. Unter der Verachtung anderer sind unsere Seelen verkümmert. Kritik hat uns das Gefühl gegeben, wertlos zu sein, und in der Folge haben wir uns entweder von jeglichem Engagement zurückgezogen oder wir begegnen dem Leben in einer arroganten Haltung, um uns selbst zu schützen.

Wir schützen unsere Verletzungen mit der ganzen wilden Entschlossenheit einer Löwin, die über ihre Jungen wacht. Und weil es für uns fast unmöglich ist, zu erkennen, wer wir sind, wären die Verletzungen nicht da, meinen wir, wir würden uns *selbst* schützen, wo wir doch in Wirklichkeit nur unsere *Wunden* erhalten.

Beth und ich aßen zusammen. Sie hatte mich um Wegweisung auf ihrer geistlichen Reise gebeten: „Ich glaube, ich habe dir vor etwa einem Jahr von der Abtreibung erzählt, die ich mit einundzwanzig vornehmen ließ. Ich hab's damals nur am Rande erwähnt und es übergangen. Aber mein Gewissen plagt mich immer noch. Ich befürchte, dass eines meiner drei Kinder sterben wird, weil ich mein erstes Kind getötet habe."

Was sollte ich sagen? Könnte er reden, was würde Armando sagen?

Vielleicht wäre eine bessere erste Frage: Was fühle ich? Ich merkte sofort, wie ich mich von ihr distanzierte – nicht weil mich ihre Beichte abstieß, sondern aus Verwirrung. Eigentlich wollte ich ihr zusichern, dass ihr bereits vergeben wurde, dass Christi Tod alle ihre Sünden gesühnt hat und dass sie keine Verurteilung mehr zu befürchten hatte.

Doch das wusste sie ja schon. Ich spürte den Wunsch in mir, ihr „etwas klar zu machen", die Wahrheit deutlich zu sagen und sie von dieser zu überzeugen. Beth konnte es nicht hören, dass Gott voller Freude über ihr sang, und mir fehlte der Glaube, dass es ihr helfen würde, das Lied zu hören, wenn ich es ihr *sagte*. Während wir uns unterhielten, identifizierte sie sich als eine Frau, die eine Abtreibung gehabt hatte, als eine Mörderin.

Beth wirkte nervös. Sie nahm eine defensive Haltung ein, nicht so sehr gegen mögliche Kritik oder Verurteilung; ich glaube nicht, dass sie das von mir erwartete. Ich fragte mich, ob sie vielleicht

Angst hatte, ich könnte ihren Verstand ansprechen, ohne ihr Herz zu berühren. Womöglich würde ich sie an vertraute Wahrheiten erinnern und von diesen eine Wirkung erhoffen, bloß weil ich sie wiederholte.

Ich musste an Armando denken. Ich stellte mir mich selbst als Armando vor, als einen zerbrochenen Mann, der nicht von einer höheren Warte auf Beth herabschauen konnte. Ich brachte es nicht über die Lippen zu sagen: „Ohne die Gnade wäre ich keinen Deut besser als du." Das kam mir zu herablassend vor. Stattdessen flüsterte ich mir selber zu: „Wer bist du, dass du einen anderen richtest? Du brauchst die Gnade haargenau so sehr wie Beth."

Dann sah ich sie an. Vor mir konnte ich nur ein ängstliches, zerbrochenes Kind sehen, das sich nach Liebe sehnte. Meine Augen füllten sich mit Tränen, ich fühlte eine Wärme in mir aufsteigen und ich fand den Mut, in Worte zu fassen, was ich am Tiefsten in meinem Herzen empfand: „Ach Beth, was für eine schreckliche Last trägst du da! Wie sehr musst du dich nach Ruhe sehnen und danach, deine Kinder zu genießen."

Die Worte waren wichtig. Wichtiger jedoch war die Kraft, von der die Worte getragen wurden. Es floss etwas aus mir heraus, das zu der Person sprach, die sie in Wirklichkeit war, und nicht zu dem, was sie getan hatte oder gar, wovor sie sich fürchtete.

Unsere Sehnsucht, gerade dann geliebt zu werden, wenn wir am schlimmsten sind, und unser Wunsch, mit Jesus eine sichere und innige Beziehung einzugehen, sind für das, wer wir sind, viel entscheidender als unser Versagen und unsere Ängste. Aber es ist schwierig, das zu begreifen. Denn wir *empfinden* unsere Schuld und unseren Schmerz viel stärker als unser leidenschaftliches Verlangen, geliebt zu werden. Und wir definieren uns stärker über das, was mit uns nicht stimmt, als über das, was Gott bereits heil gemacht hat.

Das ist zum Teil auf unsere verrückte Neigung zurückzuführen, andere mit Etiketten zu versehen. Wir neigen dazu, die Menschen anhand ihrer Probleme zu identifizieren. „Hast du gewusst, dass er geschieden ist?" – „Ich habe soeben erfahren, dass sie ein Antidepressivum nimmt." – „Das ist das Ehepaar mit dem Kind im Rollstuhl." – „Jemand hat mir gesagt, sie sei lesbisch." – „Ist das nicht der Typ, der zu Jähzorn neigt?"

Wir sind aber nicht unsere Probleme. Wir sind nicht unsere Verletzungen. Wir sind nicht unsere Sünden. Vielmehr sind wir Menschen von extremem Wert und verborgener Schönheit. Wenn wir uns ungeschminkt betrachten, werden wir an dem, was wir da sehen, zerbrechen – an unserem Egoismus, unserer Angst, unserem Zorn und unserer Begierde, die unsere geistliche Schönheit bedecken wie Patina das Silber. Aber das Silber ist da. Durch den Makel unserer Zerbrochenheit schimmert etwas Strahlendes, Heiles hindurch.

Indem wir einander jedoch mit Etiketten versehen, nehmen wir dem Silber die Leuchtkraft. Dies lenkt unser Augenmerk auf die Patina. Etiketten verleiten uns dazu, anzunehmen, dass unsere Probleme uns definieren. Natürlich sind unsere Probleme niemals hübsch anzusehen. Deshalb verwenden wir sie entweder dazu, andere dahingehend zu manipulieren, sich um uns zu kümmern, oder aber wir verbergen das, was wir irrtümlicherweise als unsere Identität ansehen.

Der Wunsch, auf Nummer sicher zu gehen, ist stark. Vanier hat gesagt, Bischöfe, die angegriffen werden, starke Verteidigungsmechanismen entwickeln würden, sture Verhaltensweisen zum Selbstschutz in ihren Beziehungen. Das tun wir alle.

Das stärkste Verlangen unseres Herzens geht danach, uns zu schützen, unsere Wunden zu verstecken, damit niemand uns noch schlimmer verletzen kann. Und das wird sich erst dann ändern, *wenn wir einer bestimmten Art von Beziehung begegnen, wenn wir dem gekreuzigten und auferstandenen Christus begegnen oder eine Person kennenlernen, die wie Christus ist: zerbrochen und doch wunderschön, jemand wie Armando.*

Ich vermute, dass der Bischof, als er Armando in seinen Armen hielt, weder die Tragik des behinderten Körpers noch des eingeschränkten Verstandes spürte, sondern die Berührung einer lebendigen Seele, die nichts als reine Liebe verströmte. Eine solche Berührung definiert Verbundenheit. Diese ereignet sich erst dann, wenn wir darauf vertrauen können, dass Hässlichkeit und Streit unserer Beziehung nichts anhaben können. Diese Gewissheit erwächst aus einer noch stärkeren Zuversicht, dass das Tiefste in uns nicht Zerbruch, sondern Schönheit ist: die Schönheit Christi.

Es braucht einen wie Armando, um unsere Abwehrmechanismen zu überwinden, unsere Zerbrochenheit ans Licht zu bringen und unsere Seele mit Liebe zu berühren. Es braucht einen wie Armando, um Christus zu offenbaren, um uns zu helfen, das Wunder des Evangeliums in unseren Herzen zu entdecken: dass hinter unseren Rollenspielen, unserem Überlegenheitsgebaren, unseren Wunden von Verunsicherung und Versagen göttliche Güte verborgen liegt.

Wo es keinen Armando gibt, wo niemand zerbrochen genug ist, um Gottes Liebe zu genießen und weiterzugeben, dort werden unsere Gemeinden niemals zu geistlichen Gemeinschaften heranreifen. Der unvermeidbare Konflikt, der früher oder später in jeder Beziehung Einzug hält, wird uns in ungeistliche Richtungen führen, in Beziehungen hinein, die den Geist nicht erforderlich machen.

Im nächsten Kapitel schildere ich eine Gemeinschaft, in der es keinen Armando gibt, und wir werden erörtern, was eine geistliche Gemeinschaft *nicht* ist. In einer ungeistlichen Gemeinschaft achten wir darauf, dass wir *vor* Menschen sicher sind, und erfreuen uns nie an der Geborgenheit *mit* Menschen.

Fragen zur Vertiefung und zum Gespräch

- Wir Menschen neigen schnell dazu, uns *vor* anderen zu schützen, und scheuen das Risiko, das dazu führen könnte, Geborgenheit *mit* anderen zu erleben. Kennen Sie Personen, die in die eine bzw. andere dieser beiden Kategorien passen? Genauer gefragt: Bei wem haben Sie das Gefühl, sich schützen zu müssen? Bei wem fühlen Sie sich sicher, sich mit all Ihren Fehlern und Schwächen mitzuteilen? Welche Liste ist länger? Warum?
- Es ist unsere Schwäche, nicht unsere Kompetenz, die andere bewegt. Es sind unsere Anfechtungen, nicht unsere Segnungen, welche die Barrieren der Angst und der Scham niederreißen, die uns trennen. Es sind unsere eingestandenen Versäumnisse, nicht unsere zur Schau getragenen Erfolge, die uns untereinander in Hoffnung zusammenschweißen. Wie und wann haben Sie

diese Wahrheiten in Ihren Beziehungen erlebt? Berichten Sie möglichst detailliert und überlegen Sie, wieso es eher unerwartet zu solchen Beziehungen gekommen ist.

- Wir *hören* zwar oft, dass der Weg zu einer tieferen Beziehung zu Gott über die Zerbrochenheit führt, doch wird es selten vorgelebt. (Zu oft wollen wir andere davon überzeugen, dass wir Gott kennen, indem wir zur Schau tragen, wie ausgeglichen wir sind.) Wann haben Sie selber feststellen können, dass Zerbrochenheit in eine tiefere Beziehung zu Gott führt? Nennen Sie ein Beispiel aus Ihrem eigenen Leben oder aus dem Leben eines anderen Menschen, den Sie kennen, oder aus dem Leben einer biblischen Gestalt.
- Wenn wir uns ungeschminkt betrachten, werden wir an dem, was wir da zu Gesicht bekommen, zerbrechen – an unserem Egoismus, unserer Angst, unserem Zorn und unserer Begierde, die unsere geistliche Schönheit bedecken wie Patina das Silber. Aber das Silber ist da. Wenn wir einander mit Etiketten versehen, nehmen wir dem Silber die Leuchtkraft. Etiketten verleiten uns auch dazu, anzunehmen, dass unsere Probleme uns definieren. Welches Etikett hat man Ihnen schon angeheftet? Welche Etiketten haben Sie sich selbst gegeben? Inwiefern beschränken, begrenzen oder schützen Sie diese Etiketten?
- Denken Sie noch einmal über folgende Abschnitte nach. Was können Sie persönlich daraus lernen?
  - Armando und der Bischof
  - Dr. Crabbs Unterhaltung mit Rich
  - Dr. Crabbs Antwort an Beth

Eine geistliche Gemeinschaft besteht aus Menschen, welche die nötige Integrität haben, Dinge in Ordnung zu bringen. Das geschieht nur, wenn wir darauf vertrauen können, dass Hässlichkeit und Streit unserer Beziehung nichts anhaben können. Diese Gewissheit erwächst aus einer noch stärkeren Zuversicht, dass das Tiefste in uns nicht Zerbruch, sondern Schönheit ist: die Schönheit Christi.

KAPITEL 5

Ungeistliche Gemeinschaft

In unseren vielen einsamen Momenten haben wir uns wahrscheinlich schon einmal gefragt, ob es in dieser von Konkurrenz- und Leistungsdenken beherrschten Welt einen Winkel gibt, wo man sich geborgen fühlen kann, wo man sich einer anderen Person öffnen und wo man bedingungslos geben kann. Vielleicht ist dieser Ort klein und versteckt. Wenn es diesen Winkel aber gibt, dann sind wir angehalten, mitten in der Kompliziertheit unserer menschlichen Beziehungen nach ihm zu suchen.

Henri Nouwen

Ohne einen wie Armando stellt sich keine geistliche Gemeinschaft ein. Ohne eine Gemeinschaft, in der wir uns sicher fühlen können, werden wir nicht zu unserer Zerbrochenheit stehen. Und wir werden dann auch anderen Menschen nicht die Geborgenheit bieten, die sie benötigen, um zu ihrer eigenen Zerbrochenheit zu stehen. Gemeinschaft wird dann zu einem von Konkurrenz- und Leistungsdenken geprägten Ort, an dem wir das Gefühl haben, wir müssten so tun, als hätte Gott in unserem Leben mehr bewirkt, als es tatsächlich der Fall ist. Oder wir drehen es um: Wir täuschen eine Zerbrochenheit vor und ergreifen jede sich bietende Gelegenheit, unsere emotionalen Konflikte zu zeigen, und fordern –

vielleicht wütend, vielleicht unter Tränen –, dass die anderen unseren Schmerz zur Kenntnis nehmen und sich um uns kümmern.

In einer ungeistlichen Gemeinschaft neigen wir dazu, unsere Probleme entweder zu kaschieren oder sie herauszukehren. In keinem der beiden Alternativen geben wir etwas. Wir spiegeln nicht das Leben der Dreieinigkeit wider.

Es ist tragisch, in einer ungeistlichen Gemeinschaft zu leben. Noch tragischer ist es indessen, in einer ungeistlichen Gemeinschaft zu leben und sich dabei selbstzufrieden einzureden, man befände sich in geistlicher Gemeinschaft. Viele Christen begegnen einander in einer Weise, die den Geist nur am Rande benötigt, und geben sich damit zufrieden.

Aus unzähligen Gesprächen landauf, landab merke ich allerdings, dass sich immer mehr Menschen nach einer eindeutig geistlichen Art des Umgangs sehnen und es schwierig finden, sich mit weniger zufriedenzugeben. Sie spüren eine unbestimmte und dennoch unbestreitbare Einsamkeit, sie sind sich einer Leere bewusst, die von den Aktivitäten des Lebens nur vorübergehend und teilweise gefüllt werden kann.

Maggie Ross beschreibt das geistliche Leben als wachsende Erkenntnis, dass jene Einsamkeit in Wirklichkeit ein Hunger nach Gott ist:

> Wir versuchen das grässliche Loch in unserem Magen zu stopfen, das sich in Wahrheit in unserer Seele befindet. Wir wollen unseren Mangel mit Essen, Macht oder Sex ausfüllen ... Irgendwann entdecken wir, dass dieser Hunger nie zufriedengestellt werden kann, nicht in diesem Leben. Es ist der Hunger nach dem Angesicht Gottes, und die einzig mögliche Nahrung ist das Gebet.[1]

In der Einleitung zu ihrem Buch definiert sie *Einsamkeit* als „unseren unergründlichen Begegnungsort mit Gott und die Quelle wahrer Beziehung ... Gelänge es uns, das Leben der Einsamkeit zu entdecken, das jeder wahren Beziehung zugrunde liegt und ihre

---

[1] Maggie Ross, *The Fire of Your Life: A Solitude Shared.* San Francisco: Harper, 1992, 120.

Quelle ist, so hätten wir eine Alternative zum gegenseitigen ‚Auffressen' gefunden."[2]

Genau das will ich. Wie Sie möchte auch ich zu geistlicher Gemeinschaft beitragen und meiner Familie und meinen Freunden einen Ort der Geborgenheit bieten, an dem sie ihrer Zerbrochenheit ins Auge sehen und zu Gott finden können. Doch nach 46 Jahren, in denen ich das Leben Christi in mir trage, reagiere ich anderen gegenüber immer noch, ohne ihnen diese Geborgenheit zu vermitteln. Ich neige dazu, meine Anliegen durchzuziehen und darauf zu beharren, dass andere das sehen, was sie meiner Meinung nach sehen sollten.

Ein einziger falscher Satz kann die Lichter in meiner Seele löschen und mir das Bewusstsein für Gottes Gegenwart nehmen. Manchmal ist es mir egal, ob er da ist oder nicht. Ein andermal fühle ich mich oberflächlich gut. Meine Gefühlszustände wechseln häufig, und oft „fresse" ich andere in angenehmem Geschwätz: „Hübsche Krawatte! Die beiden Flecken passen gut zum Muster." Oder ich gehe zum direkten Angriff über: „Ich kann nicht glauben, dass du das getan hast! Wie *konntest* du nur?"

Ich möchte es besser machen. Ich möchte Jesus ähnlicher sein: sowohl sicher als auch bestimmt, sowohl zart als auch direkt. Das Leben ist schon schwer genug, und ich möchte es keinem noch schwerer machen. Doch wie stelle ich das an? Wie kann ich zu einem Menschen heranreifen, der dazu beiträgt, eine Gemeinschaft geistlich zu machen? Ich verstehe Maggie Ross so, dass Anbetung den Kern einer Gemeinschaft ausmacht, dass eine wirkliche Beziehung zueinander – das, was ich eine verbindende oder geistliche Gemeinschaft nenne – ohne eine reiche und bleibende Beziehung zu Gott nicht möglich ist.

Ohne tiefer in Gottes Gegenwart einzutauchen, kann niemand den anderen erkennen oder erkannt werden. Was wir für unsere zwischenmenschlichen Verbindungen benötigen, muss uns vom Geist geschenkt werden. Beziehungen nähren sich nur aus der Hingabe zu ihm, so wie Maria sich ihm hingab, um den Sohn Gottes zu empfangen.

---

[2] Ebd., 3.

Geistliche Gemeinschaft hängt von geistlichen Quellen ab, und das aus gutem Grund. Jede menschliche Beziehung, besonders wenn sich die Partner nach tiefer Vertrautheit und Nähe sehnen, erlebt früher oder später einen wesentlichen Konflikt. Dieser lässt sich jedoch ohne die Kraft Gottes einfach nicht bewältigen. Es gibt keinen Weg da hindurch, ohne eine Kraft in der Seele, die von Gott kommt, eine Kraft, die stärker und besser ist als die bereits vorhandenen Kräfte, aus denen sich der Konflikt speist.

Zerbrochenheit ist das Eingeständnis, dass wir das Leben aus eigener Kraft nicht bewältigen können; nicht nur, weil uns die Schmerzen überwältigen, sondern auch, weil wir zu selbstsüchtig sind. Zerbrochenheit heißt festzustellen, dass wir außer Gott nichts haben. Dietrich Bonhoeffer schreibt: „Wir haben einander nur durch Christus."[3]

Diese Art von Lehre habe ich in meinem Leben sehr oft gehört und habe sie auch als wahr angesehen, allerdings ohne von der Notwendigkeit ihrer unmittelbaren Umsetzung überzeugt zu sein. Heute sehe ich das anders. Allmählich begreife ich, dass die Einsamkeit, die ich über lange Zeit durch meine Heirat, durch Pflege von Freundschaften, durch das Schreiben von Büchern und durch witzige Gesprächsbeiträge auf Partys zu überwinden versucht habe, in Wirklichkeit ein Hunger nach Gott ist.

Wo ich das nicht sehe, stachelt meine Einsamkeit die noch nicht zerbrochenen Bereiche in mir an, zu tun, was auch immer ich tun muss, und jeden zu benutzen, der gerade verfügbar ist, um die Leere in meiner Seele auszufüllen. Und dabei fühle ich mich auch noch berechtigt, so zu handeln. Ich *muss*. Der Schmerz muss gelindert werden. Bestimmt würde doch jeder, der meinen Schmerz fühlen könnte, mir zustimmen.

Leidenschaften, die *dermaßen* hässlich und fordernd sind, lassen sich nicht zähmen. Man kann sie weder gänzlich verbergen noch kann man sie abschwächen, indem man ihre Ursachen versteht. Freilich kann man sie eine Zeit lang tarnen, doch wird man sie nie verbessern oder in den Griff bekommen können. Unsere einzige Hoffnung besteht darin, dass eine andere Leidenschaft in uns entsteht, die stärker und besser ist. Allein die Ressourcen des

---

[3] Dietrich Bonhoeffer, *Gemeinsames Leben.* Gütersloh: Kaiser Taschenbücher, 1987, 18.

Geistes sind dazu fähig, uns durch den Konflikt hindurch zu wahrer Beziehung zu führen. Es sind ausschließlich die *guten* Leidenschaften, die der Geist zur Verfügung stellt, die die schlechten als Grundlage für Gemeinschaft ersetzen und die den Anschlägen des Konflikts standhalten können.

Geistliche Gemeinschaften verstehen das. Sie begreifen, dass das *Vorhandensein* von Konflikten eine Gemeinschaft ebenso wenig als ungeistlich definiert, wie das *Fehlen* von Konflikten ein Beweis dafür wäre, dass eine Gemeinschaft geistlich ist. Der Unterschied zwischen einer geistlichen und einer ungeistlichen Gemeinschaft besteht nicht im Vorhanden- oder Nichtvorhandensein von Konflikten, sondern darin, welche Einstellung wir dazu haben und wie wir damit umgehen. Wo ein Konflikt als Gelegenheit begriffen wird, die geistlichen Ressourcen in noch größerem Maße auszuloten, sind die Grundlagen für eine geistliche Gemeinschaft gelegt.

In jeder Beziehung lauern unterschwellig Konflikte, die jederzeit aufbrechen können. Es bedarf nur eines Auslösers dazu. Selbstsüchtige Leidenschaften, die Streit erzeugen, wenn sie entfesselt werden, sind in jedem von uns vorhanden und schwelen unmittelbar unter unserer vorzeigbaren Oberfläche. Dazu gehören unsere Tendenz, auf Nummer sicher zu gehen, Bequemlichkeit oder Aufmerksamkeit zu fordern, uns mehr auf unsere Verletzungen zu konzentrieren als nach Gelegenheiten Ausschau zu halten, wo wir geben können, oder die sofortige und völlige Befriedigung unserer Bedürfnisse zu verlangen, die Gott uns nicht immer gibt.

In geistlichen Gemeinschaften begegnet man diesen Leidenschaften durch das Angenommenwerden von einem geistlichen Freund. Ein solcher Freund sieht unsere Leidenschaften, hasst sie und kann sie rügen; er mag dadurch verletzt sein und dies äußern. Der Freund oder die Freundin blickt jedoch durch die Hässlichkeit all jener Streit auslösenden und egoistischen Motive hindurch und erkennt dahinter das von Gott dorthin platzierte Gute und Heile.

Wo es angebracht erscheint, werden diese schlechten Leidenschaften mit der Weisheit eines geistlichen Mentors erforscht, und zwar nicht, um sie zu ändern, sondern um ihre subtilen Ausprägungen und ihre schreckliche Macht zu erkennen und um die

Gnade zu feiern, die sie sowohl vergibt als auch durch etwas Besseres ersetzt. Das ist, was in *geistlicher* Gemeinschaft geschieht.

In einer ungeistlichen Gemeinschaft geht man mit egoistischen Neigungen ganz anders um. Ohne die göttlichen Ressourcen, die wir zur Bewältigung von Konflikten benötigen und die uns zu Vergebung und Liebe befreien, haben wir keine entsprechenden Mittel für den Umgang mit Konflikten. Treten Konflikte auf, können wir uns nicht entspannen; wir können nicht umhin, sowohl die anderen als auch uns selbst zu verachten, es gelingt uns nicht, vergangene Bitterkeit und Selbstschutz zu überwinden und zu Barmherzigkeit und Freiheit zu gelangen.

Wir sind im Umgang mit Konflikten genauso hilflos wie ein Mann, der mit einem Euro ein Haus erwerben möchte. Wie ihm fehlen auch uns die notwendigen Mittel. Wir haben kein Dach über dem Kopf und streiten uns mit zehn anderen um einen freien Platz auf der Parkbank oder um die Wärme einer Decke, die wir gefunden haben. Es *gibt* Konflikte. Eheleute streiten, Gemeindeleitungsteams können sich nicht einigen, Freunde enttäuschen und verraten einander. Wir müssen etwas tun.

In einer ungeistlichen Gemeinschaft verbergen wir Konflikte hinter *Gemeinsamkeiten*. Wir kanalisieren sie um in eine *Zusammenarbeit* an lohnenden Projekten, wo hässliche Begierden zu lobenswertem Eifer werden. Wir lindern den verspürten Schmerz des Konflikts, indem wir einander *Trost* spenden, um Druck herauszunehmen. Erweist sich der Konflikt als besonders schwer, arbeiten wir unsere Probleme mit Hilfe von *Seelsorge* durch. Oder wir geben dem Druck zur *Anpassung* nach und versuchen unsere Widerlichkeit einzudämmen, indem wir erneut Besserung geloben.

Was wir jedoch eigentlich brauchen, sind geistliche Freunde, *zerbrochene* Menschen, die uns die Geborgenheit bieten, sodass wir selbst Zerbruch zulassen können, *fürsorgliche* Menschen, die wollen, dass wir leben und dass wir gut leben können, *gebende* Menschen, die das Leben, das sie von Gott empfangen haben, in uns hineingießen, Menschen mit *Vision*, die erkennen, wie uns der Geist in das Bild Christi umgestaltet. Ohne solche Menschen geben wir uns mit so viel weniger zufrieden.

Wir geben uns aber oft mit ungeistlicher Gemeinschaft zufrieden, mit *Beziehungen,* die auf *Gemeinsamkeiten*, *Zusammenarbeit* oder *gegenseitiger Tröstung* beruhen. All das sind falsche Imitate geistlicher Freundschaft. Wenn diese nicht mehr dazu taugen, den Konflikt in den Griff zu bekommen und hässliche Leidenschaften in uns zu unterdrücken, flüchten wir uns in *seelsorgerliche Beziehungen* oder in Beziehungen, die auf *Anpassung* beruhen, als Ersatz für geistliche Begleitung. Zum Teil verhalten wir uns so, weil wir keinen finden, der uns geistlich begleitet, zum andern, weil wir nicht erkannt haben, dass geistliche Begleitung das ist, was wir wirklich brauchen.

Die Situation stellt sich folgendermaßen dar:

Geistliche Gemeinschaft	Ungeistliche Gemeinschaft
KONFLIKTBELASTETEN BEZIEHUNGEN begegnet man mit	KONFLIKTBELASTETE BEZIEHUNGEN werden „gelöst" durch
GEISTLICHER FREUNDSCHAFT (Fürsorge für die Seele)	BEZIEHUNGEN, die auf GEMEINSAMKEITEN, ZUSAMMENARBEIT oder TROST
und, bei Bedarf, mit GEISTLICHER BEGLEITUNG (Heilung der Seele)	und, bei Bedarf, auf BERATUNG oder ANPASSUNG gegründet sind
Kennzeichen: VERTRAUEN AUF DEN GEIST (auf Gott hören mittels Wort und Geist)	Kennzeichen: VERTRAUEN AUF DAS FLEISCH (zur Lösung werden alle verfügbaren Mittel herangezogen)

Die in der rechten Spalte aufgeführten fünf Beziehungsarten stellen unzulängliche Versuche zur Lösung von unvermeidbaren Konflikten dar. Sie sind deshalb unzulänglich, weil sie darin versagen, das Leben des Geistes in Anspruch zu nehmen, das in jedem Christen vorhanden ist. In unserer Kultur sind sie weitgehend an die Stelle von *geistlicher Freundschaft* und von *geistlicher Begleitung* getreten, also an die Stelle jener Beziehungen, die auf die Ressourcen des

Geistes angewiesen sind und allein in der Lage sind, uns durch Konflikte hindurch zu geistlicher Gemeinschaft zu führen.

Soll sich im Leib Christi da und dort geistliche Gemeinschaft entwickeln, ist es erforderlich, dass Konflikte in zweifacher Weise gesehen werden: Erstens als eine Gelegenheit, damit geistliche Freundschaft aufblühen und die grundlegende Arbeit der „Fürsorge für die Seele" leisten kann. Zweites als ein Anlass dafür, dass geistliche Begleiter aufstehen und ihre ebenso wichtige Arbeit der Heilung der Seele ausüben können.

Wir bewegen uns von geistlicher Gemeinschaft hin zu ungeistliche Gemeinschaft, wenn wir als Reaktion auf konfliktbelastete Beziehungen

- den Konflikt unter einem Deckmantel vermeintlicher *Gemeinsamkeiten* und übereinstimmender Interessen verbergen;
- bei einem Projekt *zusammenarbeiten*, das uns weiterhin unsere egoistischen Interessen verfolgen lässt;
- lediglich *Trost* (Erleichterung) suchen;
- einen *Berater* (oder Therapeuten) hinzuziehen und ihn beauftragen, die Ursache unseres Konflikts zu identifizieren, in der Hoffnung, dass dadurch die verursachenden Leidenschaften abgeschwächt werden können;
- unsere Anstrengungen verdoppeln, uns moralischen Lebensstandards *anzupassen.*

Mich dürstet nach geistlicher Gemeinschaft. Ich befinde mich auf einer Etappe meiner Reise, in der ich erweckt worden bin zu einer tiefen Freude an Anbetung und zu einer schlichten Abhängigkeit, jeden Tag von Christus Nahrung zu empfangen im Gebet, in der Stille, in der Meditation und im Abendmahl. Wenn sich in der Seele geistliches Leben regt, so drängt dieses wesensmäßig immer nach außen. Wahres Leben hat seinen eigenen Fluss. Es sehnt sich danach, demselben Leben in einer anderen Person zu begegnen und es mit ihr zu teilen.

Normalerweise bete ich vor einem Seminar mit dem Veranstalter. Vor meinem letzten Seminar habe ich bei meinem Gastgeber übernachtet. Wir sind beide sehr früh zum Gebet aufgestanden und ich lud Frank ein, mit mir das Abendmahl zu feiern. Nie empfanden wir unsere Bruderschaft intensiver. Wir teilten ein gemeinsames Leben.

Ich wünsche mir geistliche Gemeinschaft in allen ihren Facetten: Gebet, Meditation, Geschichten erzählen, spielen, einander praktisch helfen, in Krisen einander unterstützen, miteinander essen, weinen und lachen, normale Dinge tun. Was all dies geistlich macht, ist der Geist. Egal, was wir miteinander erleben – gewöhnliche Dinge oder erhebende Anbetung –, bleibt Jesus Christus unsere Verbindung. Die Kraft Christi ist da – sie fließt hin und her zwischen uns – und erzeugt Geborgenheit, Vision, Weisheit und Berührung.

Leider ist so vieles an unserer Gemeinschaft ungeistlich. Vielleicht kann uns eine vertiefende Betrachtung der ungeistlichen Gemeinschaft und der fünf Beziehungsarten, die sie gewöhnlich kennzeichnen, helfen, die Gemeinschaft, in der wir uns befinden, zu identifizieren. Wenn wir entdecken, dass wir uns in geistlicher Gemeinschaft befinden, werden wir uns dankbar und eifrig danach ausstrecken, umso mehr zu lieben. Wird uns dagegen bewusst, dass unsere Beziehungen eher ungeistlicher Natur sind, wird vielleicht unser Durst nach dem, was der Geist wirkt – entsprechend dem, was Jesus kurz vor seinem Tod betete: „... damit sie eins seien" – stark genug werden, dass wir bereit sind, den nötigen Preis zu bezahlen.

Im nächsten Kapitel gehe ich folgender Frage nach: Wodurch wird ungeistliche Gemeinschaft ungeistlich? Außerdem befasse ich mich mit den fünf Beziehungsarten, die wir manchmal für geistlich halten.

Fragen zur Vertiefung und zum Gespräch

- In einer ungeistlichen Gemeinschaft neigen wir eher dazu, unsere Probleme entweder zu verbergen oder zur Schau zu stellen (vgl. die ersten drei Absätze des Kapitels). Wohin tendieren Sie im Moment bzw. haben Sie früher tendiert? Erläutern Sie Ihre Einstellung und beschreiben Sie kurz, inwiefern dies mit der jeweiligen Gemeinschaft zusammenhängt bzw. zusammenhing.

- Maggie Ross beschreibt das geistliche Leben als wachsende Erkenntnis, dass jene Einsamkeit in Wirklichkeit ein Hungern nach Gott ist. Haben Sie dies in Ihrem eigenen Leben schon einmal feststellen können? Wenn Sie jetzt an einsame Zeiten zurückdenken: Können Sie erkennen, dass Sie in Wirklichkeit Sehnsucht nach Gott hatten? Was haben Sie in Bezug auf Ihre Einsamkeit getan bzw. – falls Sie sich zurzeit einsam fühlen – was tun Sie im Moment? Wenn man Einsamkeit als „Sehnsucht nach Gott" definiert: Welches „Gegenmittel" bietet sich an?
- Maggie Ross deutet an, dass echte Beziehungen zueinander (was Dr. Crabb „Verbundenheit" oder „geistliche Gemeinschaft" nennt) ohne tiefe und dauerhafte Gemeinschaft mit Gott nicht möglich sind. Was unternehmen Sie selbst – oder was könnten Sie unternehmen –, um „tiefe und dauerhafte Gemeinschaft mit Gott" zu erleben? Was würden Sie *am liebsten* tun? Versuchen Sie, dies genau zu definieren.
- Menschliche Beziehungen stoßen unweigerlich auf Konflikte. Einzig die Ressourcen des Geistes können durch all die Schwierigkeiten in echte Beziehungen hineinführen. Wann haben Sie selbst einen Konflikt als Gelegenheit erkannt, noch mehr die Ressourcen des Geistes in Anspruch zu nehmen? Beschreiben Sie diese Ressourcen und wie sie Ihnen im Konflikt geholfen haben. Haben Sie je erlebt, dass ein Konflikt dazu führte, dass sich eine geistliche Freundschaft entwickelte? Beschreiben Sie diesen Freund und welche Art von „Seelsorge" (Fürsorge für die Seele) er Ihnen angeboten hat. Gab es auch schon einmal einen Konflikt, der eine Gelegenheit gewesen wäre, sich an einen geistlichen Mentor zu wenden, um von ihm Unterstützung zu bekommen? Was hätte das bewirken können?
- In jeder menschlichen Beziehung ist Konflikt latent vorhanden. Es bedarf nur eines Auslösers, wobei unsere Sünde, unsere selbstsüchtigen Neigungen und alle Arten von Zerbruch als Auslöser dienen können. Wann – wenn überhaupt – haben Sie erlebt, dass ein Freund die hässliche und selbstsüchtige Seite an Ihnen gesehen und angenommen hat, sie aber nicht entschuldigt hat, jemand, der weiß, was Zerbrochenheit bedeutet, der sich um Ihr Wohlergehen sorgt und das Leben, das er von Gott

erhalten hat in Sie investiert? Waren Sie umgekehrt selbst schon einmal in der Situation, einem anderen so barmherzig zu begegnen? Wie wirkt sich eine solche Zuneigung auf die andere Person aus?

- Ohne göttliche Ressourcen können wir diese Art von Annahme, um die es hier geht, weder schenken noch selbst erfahren. Stattdessen verbergen wir Konflikte hinter *Gemeinsamkeiten*. Wir kanalisieren sie um in eine *Zusammenarbeit* an lohnenden Projekten, oder wir lindern den verspürten Schmerz, indem wir einander *Trost* spenden. Erweist sich der Konflikte als besonders schwer, arbeiten wir unsere Probleme mit Hilfe von *Seelsorge* durch. Oder wir geben dem Druck zur *Anpassung* nach und versuchen unsere Widerlichkeit einzudämmen, indem wir erneut Besserung geloben. Betrachten Sie noch einmal die Tabelle auf Seite 79. Ordnen Sie Ihre bestehenden Beziehungen den fünf Kategorien zu, die Sie in der rechten Spalte finden (und die wir entwickelt haben, um Konflikte zu lösen). Schauen Sie sich nun Ihre Auflistung an und fragen Sie sich, ob Sie sich nach mehr sehnen und wie dieses „mehr" aussehen könnte?

Ohne tiefer in Gottes Gegenwart einzutauchen, kann niemand den anderen erkennen oder erkannt werden. Was wir für unsere zwischenmenschlichen Verbindungen benötigen, muss uns vom Geist geschenkt werden. Beziehungen nähren sich nur aus der Hingabe zu ihm, so wie Maria sich ihm hingab, um den Sohn Gottes zu empfangen. Geistliche Gemeinschaft hängt von geistlichen Quellen ab, aber ein großer Teil der Zeit, die wir in Gemeinschaft verbringen, ist ungeistlich. Im nächsten Kapitel geht Dr. Crabb der Frage nach, was ungeistliche Gemeinschaft ungeistlich macht, und wirft einen genaueren Blick auf die fünf Arten von Beziehungen, die wir oft fälschlicherweise für geistlich halten.

KAPITEL 6

Warum ungeistliche Gemeinschaft ungeistlich ist

Unser Leben ist voller Zerbruch: kaputte Beziehungen, Wortbrüche, enttäuschte Erwartungen. Wie kann man mit dieser Situation leben, ohne darüber verbittert und voller Groll zu werden, außer dass man immer wieder in Gottes treue Gegenwart zurückkehrt?

Henri Nouwen

Gemeinschaft ist ein schmerzlicher Ort, ein Ort, an dem das Ego stirbt. In der Gemeinschaft opfern wir unsere Unabhängigkeit und die scheinbare Sicherheit, die uns die Abkapselung von anderen verspricht. Wir können diesen Schmerz nur dann aushalten, wenn wir sicher sind, dass das Leben in Gemeinschaft unsere Antwort auf einen Ruf Gottes ist. Fehlt uns diese Gewissheit, werden wir zu einem Leben in Gemeinschaft nicht fähig sein.

Jean Vanier

Ein triftiger Grund für dieses Buch ist meine wachsende Überzeugung, dass jede wesentliche Veränderung eines Menschen davon abhängt, ob es ihm gelingt, eine bestimmte Art von Beziehung zu erleben. Auf einer Reise machte ein Freund von mir unlängst einen Abstecher, um mich für einen Abend zu besuchen. Ein Jahr zuvor waren wir zwei Tage zusammen in den Rocky Mountains gewesen. An diesem Abend verbrachten wir wieder eine gute Zeit miteinander.

Vor wenigen Minuten habe ich mit ihm telefoniert. Wir tauschten uns über unsere jüngste Begegnung aus. Ich bemerkte, dass der gemeinsame Abend größtenteils von einer gewissen Leichtigkeit geprägt gewesen war. Ich hatte nicht versucht zu „helfen", ich hatte mich nicht sonderlich angestrengt, gleichwohl ich im Stillen dem Heiligen Geist vertraut hatte, meine Gedanken und meine Gefühle zu lenken und das weiterzugeben, was Leben enthält.

Mein Freund hatte von einem Problem berichtet, das ihn seit einiger Zeit unangenehm beschäftigt und aufwühlt: Häufig ärgert er sich über Freunde und Kollegen, und dann lässt er seinen Ärger entweder raus oder er versucht ihn zu unterdrücken. Ich erinnere mich an seine Worte: „Ich bin mir ziemlich sicher, dass es etwas mit meinem Vater zu tun hat; bis auf den heutigen Tag kann er es nicht lassen, mir Ratschläge zu erteilen, als hätte ich kein Hirn im Kopf. Aber darüber habe ich mir schon genügend Gedanken gemacht. Mir fehlt einfach die Kraft, weiter darüber zu reden."

Ich bot ihm weder eine Analyse noch irgendwelche Ratschläge an. Während wir hinknieten und unseren gemeinsamen Abend im Gebet beendeten, bat ich Gott, die Irritationen aufzulösen und die Schönheit seines geduldigen Herzens freizulegen. Jetzt, vor wenigen Minuten am Telefon, sagte mir mein Freund, dass die Worte meines Gebets ihm nachgegangen seien. Wenn er sich seitdem mal wieder ärgert, wird ihm bewusst, dass er eigentlich *will,* dass sich sein Ärger legt und er geduldig wird. Und es geschieht tatsächlich.

Im Rückblick erkenne ich keinen besonders klugen oder professionellen Beitrag meinerseits in unserem Gespräch, wohl aber die Wirkung des Geistes. Ich hatte meinen Freund mitsamt seinem Ärger angenommen. Dabei hatte ich nicht versucht, sein Problem durch die Analyse irgendwelcher zugrunde liegender Dynamiken oder mithilfe von therapeutischen Winkelzügen zu lösen. Ich glaubte an ihn und an die Kraft von Gottes Geist, das freizusetzen, was nach meiner Überzeugung bereits in seinem Herzen schlummerte. Vielleicht war etwas aus mir herausgekommen, das in seinem Leben Wirkung zeigte. Aber es gab keinen Druck, alles geschah in Freiheit – in der Freiheit, das zu werden, was er bereits ist. Es ist entweder das eine oder das andere: Druck oder Freiheit. Beides kann nicht nebeneinander existieren.

Seit gut hundert Jahren gehen wir davon aus, dass emotionale Probleme – wie z. B. unvernünftige und chronische Gereiztheit – auf „psychische Störungen" zurückzuführen sind. Um solche Störungen zu *beheben*, braucht es einen ausgewiesenen *Experten*, vergleichbar etwa einem Chirurgen, der genau weiß, wonach er in einem von Symptomen gezeichneten Körper zu suchen hat, und wie das, was krank ist, entfernt werden kann. So haben wir bisher gedacht.

Einige Menschen, zu denen auch ich gehöre, gelangen heute zu einer ganz anderen Meinung, und psychologische Studien scheinen zunehmend in diese Richtung zu weisen.[1] Jemand, der eine *gute Beziehung* zum Klienten aufbaut („gut" verlangt hier freilich nach einer Definition), ist wesentlich besser in der Lage, eine sinnvolle Veränderung zu fördern als ein ausgebildeter Profi, der einen Patienten einfach anhand ausgeklügelter klinischer Methoden, die auf gut durchdachten Theorien aus Pathologie, Diagnose und Behandlungsmethodik beruhen, „therapiert".

Zu dieser Überzeugung bin ich gelangt, weil ich glaube, dass die Ursache aller nichtmedizinischen, menschlichen Probleme in Wahrheit geistlicher Natur ist: eine Trennung von Gott, die eine Trennung von sich selbst und von anderen zur Folge hat. Diese Trennung besteht in der Entschlossenheit, sich angesichts einer enttäuschenden und manchmal aggressiven Welt um sich selbst zu kümmern. Wir ziehen den Schluss, dass es niemand gibt, der wirklich unser Bestes will. Das ist *Unglaube*.

Die Entschlossenheit, für sich selbst zu sorgen (sprich: *Rebellion*) zerstört die Gemeinschaft mit Gott und anderen und ist eine Verletzung unserer schöpfungsmäßigen Bestimmung, Gebende zu sein (das ist der Bruch mit uns selbst). Schlimmer noch: Sie schneidet uns von jenen Ressourcen ab, die wir zum Leben dringend benötigen und die wir von Gott und anderen Menschen nur dann

---

[1] Vgl C. H. Patterson und Suzanne Hidore, *Successful Psychotherapy: A Caring, Loving Relationship.* Northvale: Jason Aranson, 1997, Kap. 1.

empfangen können, wenn wir auf offene, verletzbare und vertrauensvolle Weise mit ihnen verbunden sind.

Wir glauben einfach nicht an einen Gott, der von seinem Wesen her so gut ist, dass sein Vorsatz, ganz er selbst zu sein, gleichbedeutend ist mit seinem Vorsatz, sehr gut zu uns zu sein. Wenn er uns sagt, dass es ihm um seine eigene Ehre geht und dass er sich verherrlicht, indem er offenbart, wer er ist, können wir ganz entspannt sein. Das ist einem wohlhabenden, großzügigen Vater vergleichbar, der sich vorgenommen hat, seinen wahren Charakter zu zeigen. Wir wissen, dass wir viel zu erwarten haben, vorausgesetzt natürlich, wir sind seine Erben.

Wenn Jean Vanier behauptet, Gemeinschaft sei der Ort, an dem das Ego stirbt, dann verstehe ich ihn dahingehend, dass *unser Vorsatz, keinem völlig zu vertrauen*, sterben muss und durch eine aktive Bereitschaft, das Beste, was andere uns bieten können, anzunehmen und im Gegenzug das Beste, das in uns steckt, weiterzugeben, ersetzt werden muss. Das kann nur geschehen, wo Menschen sich geliebt fühlen, wo sie sich *sicher* genug fühlen, zu ihrer Abhängigkeit zu stehen, wo sie genug *Vertrauen* haben, das zu genießen, was andere ihnen geben, und wo sie *mutig* genug sind, einander so zu begegnen, wie sie wirklich sind.

Das birgt freilich ein Risiko. Eine gute Bekannte von mir schenkte einem Mann ihr Herz, der sich danach von ihr zurückzog. Am Ende verließ er sie. Seitdem tut sie sich außerordentlich schwer mit der Vorstellung, je wieder ihr Herz zu verschenken. Die Versuchung, sich auf eine rein physische Beziehung zu einem Mann einzulassen, der auch nicht mehr im Sinn hat als körperliche Liebe, wiegt schwer. Benötigt meine Bekannte nun Therapie, um ihre Situation aufzuarbeiten? Oder könnten ihr einige wenige geistliche Freunde nicht wesentlich besser helfen, die sie mit ihrer Verunsicherung, ihrem Groll und ihrer Angst annehmen und ruhig an dem Glauben festhalten, dass noch etwas anderes in ihrem Herzen schlummert? Vielleicht wäre auch ein geistlicher Mentor hilfreich, der sie behutsam auf das starke Verlangen ihres Fleisches hinweisen könnte, das durch die erlittene Ablehnung genährt worden ist?

Ich vermag nicht zu erkennen, wie ihr ein Therapeut im traditionellen Sinn des Wortes helfen könnte. Es fällt mir inzwischen schwer, einen Sinn darin zu sehen, Psychotherapeuten und Seelsorger auszubilden. Der Magisterstudiengang in Seelsorge, für den ich einen Lehrauftrag habe, hat sich auf ein Modell der geistlichen Formation für persönliche Veränderung verlegt. Unser Hauptaugenmerk richtet sich nunmehr darauf, Studierende zu geistlichen Freunden und geistlichen Begleitern heranzubilden. Es ist wohl nicht übertrieben, wenn ich vermute, dass die Therapeuten womöglich deshalb so viel zu tun haben, weil es an geistlichen Freunden und Begleitern fehlt.

In ihrem Buch *Successful Psychotherapy: A Caring, Loving Relationship* [Erfolgreiche Therapie: eine fürsorgende, liebevolle Beziehung] geben die Psychologen C. H. Patterson und Suzanne Hidore zu, dass sich die Psychotherapie derzeit in einem chaotischen Zustand befindet. Ihr vorgeschlagener Lösungsansatz verdient es, genauer beachtet zu werden. Professionelle Therapeuten – so die Autoren – sollten sich von der Hoffnung verabschieden, konkrete diagnostizierbare Störungen zu identifizieren, um diese daraufhin mit speziellen technischen Behandlungsstrategien zu beheben. Stattdessen sollten sie sich auf die verblüffend einfache, jedoch äußerst tiefgründige Idee konzentrieren, nach der das Wesentliche einer jeden erfolgreichen Therapie Liebe ist. Die Autoren gehen dabei so weit, zu sagen, man hätte ihrem Buch auch den Titel *Psychotherapie: gekaufte Liebe* geben können.[2]

Ich stimme von ganzem Herzen zu, dass der Erfolg von Therapeuten (und viele sind erfolgreich) auf ihre Liebe (im Sinne persönlicher Zuwendung) zum Patienten zurückzuführen ist, und nicht auf ihren Sachverstand. Ich störe mich freilich an der Vorstellung, Liebe sei *käuflich*. Das kommt mir vor wie ein Widerspruch in sich. Was man kaufen oder sich auf anderem Wege aneignen kann, kann niemals Liebe sein. Es mag sich um ein überzeugendes Imitat handeln, das zeitlich begrenzt eine vergleichbare Wirkung erzielen mag. Doch nur echte, nicht-käufliche Liebe bewirkt in der menschlichen Seele das, was geschehen muss.

Patterson und Hidore zitieren Jerome Frank, eine Koryphäe auf dem Gebiet der Therapie-Forschung: „Der Erfolg einer Therapie hängt wesentlich von der Fähigkeit des Therapeuten ab, dem

[2] Ebd., XV, 1-22.

Patienten überzeugend zu vermitteln, dass er ihm wirklich zugetan ist, ihm tatsächlich helfen kann und dabei keine anderweitigen Absichten hegt."[3]

Doch was soll diese therapeutische Beziehung heilen? Die Ursachen für psychologische Probleme und innere Konflikte haben mit unsrer Beziehung zu Gott zu tun. Handelt es sich um eine schlechte, von Feindseligkeit, Argwohn und Misstrauen geprägte Beziehung, dann fühlen wir uns zornig, ängstlich und alleingelassen und sind deshalb verzweifelt entschlossen, uns in einer unsicheren Welt abzusichern. Aber genau das gelingt uns nicht.

Wenn es aber das ist, was der therapeutischen Aufmerksamkeit bedarf, und wenn Aufmerksamkeit, die therapeutische Wirkung hat, eine von Liebe, Weisheit und Integrität geprägte Beziehung ist, dann besteht eine erfolgreiche Therapie aus einer Beziehung, die eine geistliche Gemeinschaft zur Verfügung stellen kann, weil sie dazu auf einzigartige und absichtliche Weise begabt ist. Warum suchen wir dann Hilfe von „Experten"?

Geistliche Menschen lieben. Sie besitzen die Weisheit zu erkennen, was das Wirken des Geistes blockiert, und sie suchen nicht ihren eigenen Vorteil. Sie leben mit dem Ziel, das Reich Gottes auszubreiten, um ihn dadurch zu verherrlichen. Geistliche Gemeinschaft ist jedoch selten. Deswegen gibt es die Profis. Und statt zu erkennen, dass unser Mangel an geistlicher Gemeinschaft ein riesiges Problem darstellt, dem man begegnen muss, haben wir versucht, unsere Probleme in einer ungeistlichen Gemeinschaft zu lösen. Was wir Menschen in einem Konflikt dann bieten, sind Beziehungen, die sich auf Gemeinsamkeiten, Zusammenarbeit, Trost, Seelsorge oder Anpassung gründen.

Allen Problemfeldern, ob Essstörungen, dissoziativen Persönlichkeitsstörungen, Wutausbrüchen oder gelegentlichen Ausflügen in die Pornographie, liegt ein stolzer, nach Unabhängigkeit strebender Geist zugrunde, der die törichte Reaktion auf unsere panische Angst vor Einsamkeit darstellt. Es ist ein schlechter Geist, der nur durch einen guten Geist ersetzt werden kann. Wenn wir diese Tatsache besser verstehen, wird vielleicht unser Wunsch,

[3] Ebd., 13.

Gemeinde als das zu begreifen, was sie wirklich sein sollte, nämlich „geistliche Gemeinschaft", neu belebt.

Vielleicht machen wir uns auf die Suche, irgendwo in dieser komplizierten Welt ein Stück sichere Gemeinschaft zu finden, und kehren doch immer wieder zu Gottes beständiger Gegenwart in unserem Leben zurück. Vielleicht vernehmen wir durch Streit und Schmerz hindurch Gottes Ruf an uns, so lange in Gemeinschaft zu verharren, bis wir einander geistliche Freunde und Begleiter geworden sind.

Sehen wir uns nun einmal die *von Konflikten belastete Gemeinschaft* an, die uns alle betrifft, um danach kurz auf die fünf Beziehungsarten einzugehen, welche uns die ungeistliche Gemeinschaft als Lösung vorgaukelt.

Konfliktbelastete Gemeinschaft

Wenn ich nun auf Konflikte zu sprechen komme, möchte ich eines deutlich machen: Ein Konflikt ist ein Problem, mit dem nur eine geistliche Gemeinschaft auf rechte Weise umgehen kann. Hören wir zunächst auf den Apostel Jakobus, der – vom Geist inspiriert – die Ursache messerscharf auf den Punkt bringt:

> *Woher kommen die Auseinandersetzungen unter euch, woher die Streitigkeiten? Kommen sie nicht daher, dass in euch selbst ein Kampf tobt? Eure eigensüchtigen Wünsche führen einen regelrechten Krieg gegen das, was Gott von euch möchte! Ihr tut alles, um eure Gier zu stillen, und steht doch mit leeren Händen da. Ihr seid bereit, über Leichen zu gehen, ihr seid erfüllt von Neid und Eifersucht, aber nichts davon bringt euch euren Zielen näher. Ihr streitet und kämpft, und trotzdem bekommt ihr nicht, was ihr wollt, weil ihr euch mit euren Anliegen nicht an Gott wendet* (Jak 4,1-2; NGÜ).

Konflikte entstehen überall dort, wo Menschen unterschiedliche, miteinander konkurrierende Vorstellungen verfolgen, bei denen es um als zutiefst persönlich empfundene Dinge geht.

Ich war noch nie davon überzeugt, etwas wirklich gut zu können. Um vor, während und nach einem Gespräch auch nur einigermaßen entspannt zu sein, muss ich zutiefst davon überzeugt sein, dass ich das, was ich zu sagen habe, vom Geist empfangen habe. Wenn ich beim Schach verliere (was häufig vorkommt), schießt es mir durch den Kopf: *Das ist ein Sport für Denker. Du bist nicht der Klügste.* Auf dem Nährboden der Angst keimt ein zutiefst persönliches Ziel: anerkannt und bestätigt zu werden. Und damit entsteht ein Milieu, in dem Konflikt gedeiht.

Ich weiß nicht genau, woher diese Neigung rührt. Meine Eltern lieben mich und sind stolz auf mich und haben mich in all meinen Vorhaben stets unterstützt. Trotzdem fehlt es mir an Selbstsicherheit. Vielleicht liegen die Wurzeln tiefer in meiner Vergangenheit als zunächst vermutet. Ich könnte es mir vorstellen. Wenn wir unsere Biographie nach den Ursachen für unsere Kämpfe durchforsten, gehen wir meist nicht weit genug zurück. Wir müssen nämlich bis zu unserer Zeugung zurück.

Wir treten alle mit einer schweren Vorbelastung ins Leben: Wir trauen keinem; wir neigen grundsätzlich dazu, uns vom Leben zu holen, was wir brauchen, während wir uns zugleich vor all seinen Enttäuschungen und Bedrohungen schützen. Das kommt mir wie ein großes Handicap vor, wo wir doch auf echte Gemeinschaft angelegt sind. Anders sieht es die Soziologin Ashley Montagu:

> Meine eigene Deutung der Forschungsergebnisse führt mich zu dem Schluss, dass der Mensch als gut geboren wird. Von Geburt an ist er darauf angelegt, seine Anlagen zum Guten zu entfalten ... Alles verfügbare Beweismaterial, das kompetente Forscher zusammengetragen haben, deutet darauf hin, dass der Mensch ohne jede Spur von Aggressivität auf die Welt kommt.[4]

Sind wir das Produkt eines evolutionären Zufalls und können somit einen Individualismus nach dem Prinzip des „Überlebens des Stärkeren" rechtfertigen, kann die Notwendigkeit, unser Potenzial zu entwickeln, wohl als Anpassungsprozess gesehen werden. Wurden wir dagegen von einem in drei Personen existierenden Gott auf geistliche Gemeinschaft hin geschaffen, dann ist meine Selbstverwirklichung, wenn sie mein Hauptantrieb ist, in der Tat als aggressiv zu bezeichnen, vollzieht sie sich doch auf deine Kosten. Ich stufe meine Bedürfnisse höher ein als deine, mein Fort-

---

[4] Zit. nach Patterson und Hidore, *Successful Psychotherapy*, 26.

schritt ist mir wichtiger als dein Vorankommen. In einer grundsätzlich auf Beziehungen angelegten Welt kann diese Sicht nur schwer als etwas anderes als Selbstbezogenheit verstanden werden.

Die Psychologin Charlotte Buhler hat herausgefunden, dass es „Indizien dafür gibt, dass das Baby sich zunächst grundsätzlich der ‚Wirklichkeit' mit einer positiven Erwartung der guten Dinge, die da kommen, nähert. Erst wenn diese Wirklichkeit sich als feindselig oder überwältigend erweist, reagiert es mit Rückzug und Verteidigung."[5]

Die Wirklichkeit, auf die das Baby stößt, ist jedoch eine gute, stellt sie doch das Baby zufrieden. Und das entspricht unserer gewöhnlichen Definition von „gut": Gut ist, was uns unmittelbar ein gutes Gefühl gibt. Wenn die Wirklichkeit uns jedoch nicht zufriedenstellt und kein gutes Gefühl in uns auslöst, wird eine schlummernde Leidenschaft geweckt: Statt dass wir uns an die Welt hingeben, fangen wir an, uns vor der Welt zu schützen. Diese Leidenschaft ist meines Erachtens ein ernsthaftes Hindernis für die Entwicklung von guten Beziehungen nach trinitarischem Vorbild.

Und Abraham Maslow, der durch seine „Bedürfnispyramide" bekannt ist, behauptet: „Hass, Eifersucht, Feindseligkeit und so weiter sind erworbene Verhaltensweisen."[6] Nachdem sie diese anerkannten Autoritäten zitiert haben, kommen Patterson und Hidore zu dem Schluss, dass es „keinen Aggressionsinstinkt gibt, der ohne Provokation beziehungsweise unabhängig von Umständen ausgelöst wird."[7]

Eine wachsende Zahl von Psychologen, insbesondere derer, die der dritten großen psychologischen Bewegung (der Human-Potential-Bewegung – im Gegensatz zu den ersten beiden großen Bewegungen, der Psychoanalyse und des Behaviorismus) zuzurechnen sind, glauben, dass der menschliche Drang nach Selbstverwirklichung dessen Hauptantrieb ausmacht. Dies wird als die menschliche Grundtendenz definiert, sich selbst zu erhalten und zu entfalten.

---

[5] Ebd.

[6] Vgl. ebd.

[7] Ebd.

Ich denke, das stimmt. Ich glaube, dass wir von Natur aus danach trachten, uns selbst zu schützen und zu entwickeln. Freilich stellt uns dies vor ein Problem. Diese Psychologen glauben, das sei gut, während ich hingegen denke, dass das schlecht ist.

Wenn Gott uns geschaffen hat und wenn er gut ist, dann stellt sich doch die Frage, wieso unsere fundamentale Leidenschaft nicht darin besteht, Gott zu feiern, ihn nachzuahmen, ihn zu erkennen und ihn durch die Art unserer Beziehungen als das liebevollste Wesen auf der Welt zu offenbaren. Wieso sind wir dann so sehr damit beschäftigt, uns um uns selbst zu kümmern? Wenn Gott existiert und der ist, der er zu sein behauptet, dann ist unser primärer Hang zur Selbstverwirklichung ein Indiz dafür, dass mit der Natur des Menschen etwas fundamental schiefgegangen ist. Das ist nicht ehrenwert, sondern gibt Anlass zur Sorge.

Eine biblische Theologie vom Sündenfall stimmt dem zu: Der Mensch trachtet danach, sich selbst zu verwirklichen; er ist auf seine Selbstverwirklichung, seine eigene Sicherheit und Bedeutung bedacht. Diese Tatsache stellt uns vor ein schreckliches Dilemma: In einem trinitarischen Universum, in dem eine auf andere fokussierte Beziehung die höchste Realität darstellt, nimmt sich der Drang, zuerst sich selbst zu verwirklichen, egoistisch aus und entspricht nicht dem, wie es sein sollte.

Wenn ich zu einer Gruppe gehe, achte ich sehr darauf, wie die Menschen auf mich reagieren. Es fällt mir schwer, daran zu glauben, dass ich erwünscht und geliebt bin. Verspüre ich dagegen die wohlwollende Zuneigung einer Person in diesem Kreis, dann zieht es mich unwillkürlich zu ihr hin. Werde ich jedoch kritisiert oder nimmt man mich nicht zur Kenntnis, zerbricht etwas in mir und ich reagiere entweder zornig oder defensiv.

Zweifellos könnte man diese Neigung auf eine Vielzahl peinlicher Erlebnisse in der Kindheit zurückführen, wie z. B. Stottern oder dass ich mich sozial ausgegrenzt fühlte, weil ich als Christ unter weitgehend säkularen Klassenkameraden nicht auf Kinderpartys eingeladen wurde. Solche Erfahrungen haben jedoch meine Selbstbezogenheit lediglich *geformt*; sie haben sie *nicht ins Leben gerufen*. Eine Analyse meiner prägenden kindlichen Erlebnisse könnte dazu dienen, meine Sorge um meine eigene Person in fruchtbarere Bahnen zu lenken und mir helfen, meine „gesellschaftlichen Ängste" zu kurieren. Doch fehlt jeder Analyse die Kraft, das Für-sich-selbst-Sorgen in ein Für-andere-Sorgen umzuwandeln. Dazu bräuchte es stärkere Mittel aus einer anderen Quelle, es bräuchte das Geschenk einer neuen Natur.

Wir alle tragen gewisse tiefe Verletzungen in uns: lebendige Erinnerungen an peinliche Momente, als unser Selbstwertgefühl in den Keller ging. Solche Erlebnisse haben uns gelehrt, „Leben" mit jenen Erfahrungen gleichzusetzen, die uns ein Gefühl des Selbstwertes vermitteln. Hingegen meinen wir mit „Tod" alles, was uns um unseren Selbstwert bringt. Anhand dieses Wissens um Leben und Tod, um Gutes und Böses, leben wir für uns selbst, und die Gemeinschaft bleibt auf der Strecke.

In der achten Klasse fing ich bei einem Basketballspiel einmal den Ball, rannte in die falsche Richtung auf den gegnerischen Korb zu und traf hinein. Ein demütigendes Erlebnis. Das war der Tod. Leben, beschloss ich daraufhin, bedeutet, nie einen Fehler zu machen, immer erfolgreich zu sein und Beifall zu ernten. Würde es mir gelingen? Fortan war ich ständig darauf bedacht, dumme Fehler zu vermeiden. Es war sehr anstrengend, alles richtig zu machen.

Letzte Woche habe ich mich in einer Seelsorge-Vorlesung mit einer Studentin angeregt über ein Problem unterhalten, das sie beschäftigte. Sechzig Studierende sahen uns dabei zu. Da kam mir ein besonders kluger und geistreicher Gedanke. Ich sprach ihn sogleich aus. Warum? Etwa um die Studentin zu segnen? Nein, sondern um im richtigen Korb zu punkten. Ich genoss das anerkennende Gemurmel der Zuschauer: „Woher kommen ihm solche Einsichten? Der ist wirklich gut!"

In der Folge passierten zwei Dinge. Erstens schwor ich einen Konflikt herauf. Über den einen Student, der später meine Vorgehensweise in Frage stellte, ärgerte ich mich gehörig. Zweitens kehrte die von mir in das Gespräch eingebrachte Energie auf mich zurück und erwischte mich kalt wie ein Bumerang. Obwohl meine Äußerungen der Studentin gegenüber tatsächlich sehr scharfsinnig waren, war von mir keine Liebe auf die Studentin übergegangen. Meiner Bemerkung fehlte die Kraft, ihr Leben zu verändern, aber das hatte ich ja auch nicht beabsichtigt.

Solange Selbstverwirklichung, die Befriedigung unserer Bedürfnisse, die Entfaltung unseres Potenzials und die Abschirmung gegen weiteres Verletztwerden unsere Hauptantriebsfedern bilden, lauert Konflikt. Wenn unsere Motive unmittelbar mit den selbstbezogenen Motiven anderer kollidieren, bricht ein Konflikt auf. Und wie reagieren wir darauf? In der modernen Welt setzen wir zur Beilegung von Streit fünf Arten von Beziehung ein, von denen keine jedoch der geistlichen Gemeinschaft zugerechnet werden kann.

Beziehungen, die auf Gemeinsamkeiten gegründet sind

Es ist gut und legitim, sich an dem zu erfreuen, was einen anderen Menschen angenehm macht. Nicht gut ist dagegen, wenn wir aus Angst vor einem möglichen Interessenkonflikt auf Distanz zu anderen gehen bzw. wenn wir ein gutes Verhältnis zu jemand wahren wollen, indem wir ihm nicht zu nahe kommen. Das ist eine Schutzhöflichkeit und keine echte Sympathie.

Ich möchte aber nicht dahingehend missverstanden werden, als sollte man Konflikte heraufbeschwören, indem man immer alles sagt, was man gerade denkt. Bis wir im Himmel sind, können wir nie uneingeschränkt alles sein, was wir sind. Vielmehr geht es mir darum, dass wir für sich anbahnende Konflikte sensibel werden und uns bewusst machen, dass ihre Ursachen möglicherweise in uns selbst zu suchen sind. Vielleicht gehen wir gerade unserer Neigung zur Selbsterhaltung und Selbstverwirklichung nach und versäumen darüber die Gelegenheit, das auszudrücken, was auf einer tieferen Ebene in uns als geistlichen Menschen steckt.

Gemeinsamkeiten sind kein Heilmittel für Konflikte, sie kaschieren diese nur.

Beziehungen, die auf Zusammenarbeit gegründet sind

Manchmal entwickelt sich aus Gemeinsamkeiten eine Zusammenarbeit. Gemeinsam arbeiten wir an Projekten, die uns erlauben, unsere eigennützigen Vorhaben in scheinbar Gutes umzusetzen.

Ich kenne eine Ältestenschaft, die ihre Hauptaufgabe darin sieht, die Gemeindeangelegenheiten zu regeln. Zwar sprechen die

Ältesten von ihrer Verantwortung, Hirten der Herde zu sein, widmen sich diesem Auftrag aber kaum. Beim Gemeindemanagement (eine wichtige Arbeit) treten sicher konkurrierende Ansichten auf, wie man etwas am besten handhabt. Doch im Falle dieser Ältestenschaft sind die Ziele und Vorstellungen selten wirklich persönlicher Natur. Würden sie ihren Hirtendienst ernster nehmen und sich persönlich mehr um die Leute kümmern, dann würden vermutlich Dinge in ihnen ans Licht kommen, bei denen mehr auf dem Spiel steht. Würden sie beispielsweise einem Ehepaar seelsorgerlich helfen, könnte das die Ältesten veranlassen, sich mit den Konflikten in ihrer eigenen Ehe näher zu befassen. Und wenn sie ihren Dienst gewissenhaft versehen, wird das der Fall sein.

Die Konzentration auf das Management ist für diese Ältesten eine sichere Sache, durch die sie dennoch „Gutes" tun können. Dadurch meiden sie Konflikte, zumindest solche, die zu ihrer Bewältigung überfließende Gnade benötigen würden.

Beziehungen, die auf Trost gegründet sind

C. S. Lewis sagte einmal einer Gruppe von Universitätsabgängern in Cambridge, es gäbe für sie keine größere Versuchung, als der Wunsch, sich später einmal mit einem speziellen, engen Zirkel von vertrauten Freunden zu umgeben, der andere ausschließt.

Wenn ich mich mit jemand streite, dann finde ich es tröstlich, jemanden zu finden, der diese Person auch nicht mag. Damit haben wir einen inneren Zirkel geschaffen, eine Gemeinschaft von zwei Menschen, die die andere Person ausschließt. Etwas tief in uns fühlt sich in unserer Abneigung gegen diese Person gerechtfertigt und getröstet in der Gemeinschaft mit einem Gleichgesinnten. Wir erleben ein Zugehörigkeitsgefühl, das uns suggeriert: Wir gehören *hierhin* und nicht *dorthin*. Bestärkt werden wir in unserem Gefühl der Zugehörigkeit dadurch, dass wir unsere Zeit mit solchen zubringen, die auch nicht dorthin gehören.

Eine offensichtlichere Form von Beziehung, die auf Trost gegründet ist, entwickelt sich, wenn ein Freund oder eine Freundin es sich zur Aufgabe macht, uns zu helfen, uns besser über uns zu fühlen. Dies wird dann zu seiner bzw. ihrer höchsten Priorität. Eine solche Verhaltensweise steht aber völlig im Widerspruch zu

Jesu Erwiderung an Petrus, als dieser ihm falschen Trost spenden wollte. Jesus nannte ihn „Satan" und forderte ihn auf, hinter ihn zu gehen. Gelegentlich sagen Pastoren ihren Gemeinden Dinge, wonach den Leuten „die Ohren jucken". Auch Prostituierte erfüllen jeden Wunsch ihrer Freier. Ein großer Unterschied besteht da nicht: Beide Male geht es um Trost und Befriedigung.

Beziehungen, die auf Beratung gegründet sind

Jahrelang habe ich als Seelsorger hart daran gearbeitet, Menschen zu „enträtseln". Warum hat dieses junge Mädchen plötzlich zu essen aufgehört? Welcher Zusammenhang besteht zwischen frühkindlichem Missbrauch und einer multipler Persönlichkeit? Könnte es sein, dass die Sexsucht meines Klienten auf ein gestörtes Verhältnis zu seinem Vater zurückzuführen ist, sodass es ihm heute nicht gelingt, in einer sexuell reifen Weise mit seiner Frau zu verkehren? Wie kann ich helfen? Was ist die wirksamste Behandlung, die ich ihm als bezahlter Profi geben kann?

Das sind die Fragen, die Seelsorger und Therapeuten am häufigsten stellen. Ich vermute aber, dass es die falschen sind.

Ursachenforschung und das Arbeiten mit psychologischen Dynamiken, die einem dysfunktionalen Hintergrund entspringen, stellen den Versuch dar, eigennützige Tendenzen in konstruktivere Bahnen zu lenken. Aus Sicht der Bibel ist das wenig mehr als der Versuch, das Fleisch umzustrukturieren oder gesellschaftsfähiger zu machen. Seelsorger, die die natürlichen Kräfte in einer Person nutzen, um eine gesündere Lebensweise zu fördern, versäumen es, die zur Verfügung stehende übernatürliche Kraft des Geistes zu nutzen, die Gott in ihrer Seele deponiert hat.

Die so erzielten Fortschritte sind nicht durch die Kraft des Geistes gewirkt. Sie führen die Person nicht näher zu Christus hin und fördern nicht die geistliche Reife. Auch wird die Person dadurch nicht befähigt, sich in einer geistlichen Gemeinschaft einzubringen.

Beziehungen, die auf Anpassung gegründet sind

Wie viele andere habe auch ich den starken Druck verspürt, gewissen Maßstäben zu entsprechen. Ich weiß zwar, dass mein Heil nicht auf meiner Vollkommenheit beruht – es ist ja Christi Vollkommenheit, die mir meinen Platz im Himmel sichert. Trotzdem habe ich oft den Eindruck (und zwar zu Recht), ich sollte vieles besser machen. Ich weiß wohl, dass die Rechtfertigung ein Geschenk ist, aber die Heiligung scheint etwas zu sein, das man sich erarbeiten muss. So sehen es viele Christen.

Beziehungen, die auf Anpassung gegründet sind, beruhen auf einer solchen Annahme. Man erinnert uns an Gelegenheiten, wo wir biblische Prinzipien in unserem Leben anwenden können, damit wir uns mehr anstrengen, es besser zu machen. Unter biblischer Seelsorge versteht man dabei oft nicht viel mehr, als dass man die Geschichte einer Person anhört, feststellt, wo gegen die biblische Moral verstoßen wurde, und dann den Gesetzesübertreter auffordert, sein Verhalten den biblischen Standards anzupassen.

Beziehung, wie ich sie beschreibe, spielt dabei keine große Rolle. Der Klient soll Verantwortung für sein Handeln übernehmen, man betet mit ihm, ermutigt ihn zu geistlichen Übungen, beschäftigt sich dabei aber nicht mit den eigenen Beweggründen als Seelsorger oder ob der Klient sich sicher vor Verurteilungen und geliebt genug weiß, um Gottes Singen über ihm zu hören. Anpassung – es „richtig machen" – ist der Schlüssel. Die Freisetzung geistlicher Leidenschaft spielt dabei keine Rolle.

Das Entstehen geistlicher Gemeinschaften, in denen geistliche Freunde und geistliche Begleiter sich mit Menschen *verbinden*, ist mein Anliegen. Ich sehne mich nach Gemeinschaften, in denen sich Menschen so *sicher* fühlen, dass sie Zerbruch zulassen können, in denen eine *Vision* dessen, was der Geist im Leben der Menschen bewirken möchte, die Menschen trägt, selbst wenn sie davon noch weit entfernt sein sollten; in denen *Weisheit* von Gott erkennt, was der Geist gerade tut und was ihn blockiert; in denen buchstäblich das Leben Christi aus einer Person heraus und in eine andere hineinfließt, um bei ihr dieses Leben freizusetzen, sodass sie eine *Berührung* von Gott erlebt.

Was mir als Antwort auf Konflikte vorschwebt, sind Beziehungen, die verbinden, anstelle von Beziehungen, die auf Gemeinsamkeiten, Zusammenarbeit, Trost, Beratung oder Anpassung gegründet sind. Solche Gemeinschaft habe ich geschmeckt. Ihr Geschmack ist süß.

Lassen Sie uns jedoch Bonhoeffers Mahnung beherzigen, wonach wir nicht die *Vorstellung* von Gemeinschaft lieben sollen, sondern unsere Brüder und Schwestern. Und wir werden einander auf rechte Weise lieben, wenn wir sowohl verstanden haben, worin unsere Kämpfe bestehen, als auch was Jesus Christus *für* uns und *in* uns getan hat und unseretwegen noch tun will.

In Teil 2 versuche ich dieses Verständnis zu vertiefen. Wir werden sehen, dass wir immer wieder in Gottes treue Gegenwart zurückkehren müssen, wenn wir an dem, was der Geist in unserem Leben bewirken will, teilhaben wollen. Und ich hoffe, wir werden auch erkennen, dass Gott uns zu geistlicher Gemeinschaft mit sich und mit seinem Volk berufen hat. Das ist keine Option, sondern ein Gebot. Aber mehr als das ist es das größte Vorrecht und die schönste Freude, die uns je angeboten worden ist.

Fragen zur Vertiefung und zum Gespräch

- Werfen Sie noch einmal einen Blick auf Dr. Crabbs Bericht über sein Gespräch mit seinem Freund. Beschreiben Sie die Vorgehensweise von Dr. Crabb. Was können Sie daraus lernen, wie sich Dr. Crabb seinem Freund gegenüber verhielt, und aus dem, wie sein Freund darauf reagierte? In welcher Ihrer Beziehungen könnten Sie diesem Beispiel folgen und Gebet anbieten, statt zu analysieren, Ratschläge zu geben oder zu versuchen, die Situation in den Griff zu bekommen?
- Dr. Crabb ist der Ansicht, dass allen menschlichen Problemen, die nicht medizinischer Art sind, geistliche Probleme zugrunde liegen. Sie sind zurückzuführen auf den Verlust der Beziehung zu Gott, was wiederum zur Entfremdung zu anderen Menschen und zu uns selbst führt. Dieser Beziehungsbruch besteht in einer Ent-

schlossenheit, angesichts einer enttäuschenden und bisweilen aggressiven Umwelt, seine Geschicke selbst in die Hand zu nehmen, weil wir nicht glauben können, dass jemand da ist, der unser Bestes will. Das ist Unglaube. Die Entschlossenheit, für sich selbst zu sorgen (sprich: Rebellion) zerstört die Gemeinschaft mit Gott und anderen und ist eine Verletzung unserer schöpfungsgemäßen Bestimmung, Gebende zu sein (das ist der Bruch mit uns selbst). Deckt sich diese Diagnose mit Ihren persönlichen Kämpfen in der Vergangenheit und Gegenwart? Trifft die Diagnose auf andere zu, die Sie kennen? Trifft sie auf jemanden zu, der in eine Scheidung involviert ist? Auf einen pornosüchtigen Menschen? Auf jemand, der in seiner Kindheit in seiner Familie sexuell missbraucht worden ist? Erläutern Sie, weshalb Sie in den einzelnen Fällen mit „ja" oder „nein" gestimmt haben.

- In der Gemeinschaft müssen wir unsere Entschlossenheit, niemandem ganz zu vertrauen, aufgeben und durch eine aktive Bereitschaft, das Beste, was andere uns bieten können, anzunehmen und im Gegenzug das Beste, das in uns steckt, weiterzugeben, ersetzen. Das kann nur geschehen, wo Menschen sich geliebt und sicher fühlen, wo sie vertrauen und mutig sind – und dennoch ist es ein Risiko. Haben Sie es jemals riskiert, sich einem anderen Menschen vorbehaltlos bzw. zumindest stärker zu erkennen zu geben? Wenn ja, was ist dabei geschehen? Was haben Sie dabei über sich selbst erfahren? Über Gott? Über Gemeinschaft? Falls Sie es nicht getan haben: Was hat Sie daran gehindert?
- Denken Sie noch einmal über das Thema „Konfliktbelastete Gemeinschaft" nach, insbesondere über die Kommentare von Jakobus, Ashley Montagu, Charlotte Buhler, Abraham Maslow und Dr. Crabb. Was ist für Sie dabei besonders wichtig? Welcher Begründung für das Vorhandensein von Konflikten können Sie am ehesten zustimmen? Weshalb? Ist der Drang nach Selbstverwirklichung Ihrer Meinung nach gut oder schlecht? Erläutern Sie Ihre Einstellung.
- Wenn unsere Ziele mit den selbstsüchtigen Zielen anderer Menschen unmittelbar konkurrieren, kommt es zum Konflikt. In solchen Fällen versuchen wir, mit dem Konflikt mittels einer der

fünf behandelten Beziehungsarten umzugehen, von denen jedoch keine in eine geistliche Gemeinschaft gehört. Sehen Sie sich die Beschreibungen dieser Beziehungsarten noch einmal an. Welche Schwäche(n) erkennen Sie in den jeweiligen Beziehungen? Anders formuliert: Inwiefern widersprechen diese Beziehungsarten Ihrer eigenen Vorstellung von geistlicher, biblischer Gemeinschaft?

- Die fünf letzten Absätze in diesem Kapitel vermitteln Vision und Hoffnung. Was spricht Sie hier am meisten an? Was ist für Sie dabei die größte Herausforderung?

Die Psychologen C. H. Patterson und Suzanne Hidore behaupten, erfolgreiche Psychotherapie sei wesenhaft Liebe. Dr. Crabb verwehrt sich allerdings gegen eine therapeutisch instrumentalisierte „gekaufte Liebe". Wir haben uns an die Experten gewandt, weil geistliche Gemeinschaft nur schwer zu finden ist. Zur Konfliktbewältigung bieten wir an: Beziehungen auf Gemeinsamkeit, Zusammenarbeit, Trost, Seelsorge und Anpassung. Gibt es eine bessere Lösung?

TEIL 2

Ein Weg, unsere Konflikte zu verstehen

KAPITEL 7

Zwei Räume

Das christliche Leben ist anders: schwieriger und leichter zugleich. Christus sagt: „Gib mir alles. Ich möchte nicht so und so viel von deiner Zeit oder deinem Geld oder deiner Arbeit. Ich möchte dich. Ich bin nicht gekommen, dein natürliches Ich zu quälen, sondern es zu töten. Halbe Sachen taugen nicht. Ich möchte nicht da und dort einen Ast absägen, sondern den ganzen Baum gefällt haben. Händige mir dein ganzes natürliches Ich aus, mit allen seinen Wünschen, denen, die dir unschuldig, und denen, die dir böse erscheinen – den ganzen Komplex. Ich werde dir ein neues Ich schenken. Ja, genau genommen schenke ich mich dir; mein Wille wird dann dein Wille sein."

C. S. Lewis

Bis zum Beginn des Seminars waren es noch fünfzehn Minuten. Seit einer Dreiviertelstunde hatten wir Gott mit Liedern und Musik angebetet. Es war Freitagabend, 19.45 Uhr. Um 20 Uhr sollte mein Vortrag beginnen.

Ich hörte auf zu singen, um auf eine innere Eingebung zu hören. Es war ein Gebet.

„Herr", hörte ich mich selber sagen, „wenn diese Botschaft über das Sich-miteinander-Verbinden und über eine neue Qualität von Gemeinschaft von dir ist, dann muss ich das wissen. Sollte es sich dagegen um eine meiner eigenen Einfälle handeln, damit ich beim Älterwerden etwas zum Nachdenken und Erzählen habe, dann will ich's streichen. Wenn das aber wirklich von dir ist, dann brauche ich zweifelsfreie Gewissheit. Und ..." Ich zögerte; der nächste Gedanke, der mir in den Sinn kam, schien mir gewagt. „... ich möchte es noch dieses Wochenende wissen."

Ich betete lautlos. Niemand außer Gott konnte mich hören.

In dem großen Saal hatten sich fast alle zum Lobpreis erhoben. Weil ich gleich zwei Stunden lang würde stehen müssen, war ich sitzen geblieben. Der Stuhl zu meiner Rechten in der ersten Reihe war frei.

Wenige Augenblicke nachdem ich mein Gebet beendet hatte, setzte sich ein mir unbekannter Mann auf den Stuhl.

„Darf ich kurz mit Ihnen sprechen?", fragte er.

Ich nickte fragend, aber auch etwas gereizt. Schließlich betete ich gerade und war im Begriff, zwei Stunden lang vor einer großen Menschenmenge zu sprechen. Der Mann kam mir ein wenig unhöflich vor.

Er sagte mir seinen Namen und fuhr fort: „Ich gehöre zum Pastorenteam dieser Gemeinde. Ich bin Ihnen noch nie begegnet, aber Sie liegen mir seit dem Tag, an dem wir Sie eingeladen haben, auf dem Herzen. Ich glaube, dass ich Ihnen etwas mitteilen soll. Ich wollte eigentlich bis zum Ende des Abends warten, doch jetzt habe ich den Eindruck, als sollte ich es Ihnen gleich sagen. Es dauert nicht lange."

Ich nickte wieder, diesmal etwas freundlicher.

„Ich spüre, dass Sie eine Bestätigung von Gott suchen, ob die neue Richtung, die Sie in Ihrem Dienst eingeschlagen haben, von ihm kommt. Ich spüre auch, dass Sie es schon dieses Wochenende wissen wollen. Ich glaube, Gott hat Sie tatsächlich zu dem berufen, was Sie derzeit tun, und er möchte, dass ich Ihnen sage, dass Sie dieses Wochenende Ihre Bestätigung bekommen werden."

Ein paar Worte noch, dann verschwand er wieder.

Ich erzähle das nicht, um Sie davon zu überzeugen, dass ich einen Ruf von Gott bekommen habe. Ich halte diese Begebenheit fest, weil die Worte dieses Mannes einen Bereich meines Herzens berührten, der nur selten von Worten erreicht wird. Seitdem frage ich mich, wie oft die Worte, die ich spreche, aus jenen weitgehend ungenutzten Tiefen meines Wesens kommen?

Ich zweifle nicht daran: Was dieser Mann mir sagte, kam aus seinem neuen Ich, das ihm Christus gegeben hatte, und darum erreichten diese Worte auch das neue Ich in mir. Wir begegneten uns auf der tiefsten Ebene unseres Seins, dort, wo der Geist Christi gerne wohnen möchte.

Was meinte Jesus damit, er und sein Vater würden kommen und in uns wohnen (vgl. Joh 14,23)? Stellen Sie sich Ihre Seele doch einmal als eine Wohnung mit zwei Zimmern vor.

Das eine Zimmer haben Sie selbst eingerichtet. Ein Leben lang haben Sie Sofas gekauft, Lampen angebracht sowie Bilder an die Wände gehängt. Es ist ein behaglicher Raum geworden. Er entspricht ganz Ihrem Geschmack. Ihre Mittel waren zwar begrenzt, doch haben Sie das Beste daraus gemacht. Es ist nun ein Ort, wo Sie entspannen und sich zuhause fühlen können; es ist zwar nicht alles perfekt, bietet aber den Komfort der Vertrautheit, und Sie als Eigentümer sind stolz darauf. Die eingedrückten Sofakissen haben sich den Konturen Ihres Körpers angepasst, den Lichtschalter finden Sie ohne Hinzuschauen und in der Regel erinnern Sie sich sogar, wo Sie die Fernbedienung für den Fernseher haben liegen lassen.

Doch dann, wenn Sie die Füße hochlegen und es sich in diesem Zimmer bequem machen – *gerade dann* –, fühlen Sie sich merkwürdig einsam. Irgendwie beschleicht Sie dieser seltsame Eindruck, als müsse es noch ein anderes Zimmer geben, das noch besser zu Ihnen passt, zu dessen Einrichtung Sie zwar nichts beigetragen haben. Es ist ein Ort, an dem Sie sich womöglich vorübergehend nicht so wohl fühlen, an dem Sie sich aber dennoch gerne aufhalten würden.

Sie versuchen den Gedanken abzuschütteln, beschließen stattdessen all das Positive aufzuzählen, das Sie jetzt schon genießen: Ihre Freunde und Familie, Ihre Gemeinde, Ihre Arbeit, Urlaub und Freizeitaktivitäten sowie Ihren geistlichen Dienst. Doch die Vorstellung von einem anderen Raum lässt Ihnen keine Ruhe. Eine unheimliche Faszination geht von ihm aus, etwa wie damals vom Dachboden in Opas altem Haus – bevor Sie ihn entdeckten und sich später dort versteckten.

Mehr als einmal sind Sie von Ihrem vertrauten Sessel aufgestanden und haben jenen anderen Raum gesucht. Aber er ist schwer zu finden. Sie erinnern sich, wie Sie das erste Mal dessen Türklinke berührten. Sie fühlten sich schwach, die Türklinke lag schwer in Ihrer Hand wie ein Zentnerbrocken. Sie verspürten Angst, wussten aber nicht wovor. Es war leichter, in Ihr *eigenes* Zimmer zurückzukehren, wo die Tür immer offen steht.

Nennen wir das erste Zimmer den *unteren Raum* und das zweite den *oberen Raum*. Denken Sie aber daran, dass die räumlichen Bezeichnungen „oben" und „unten" irreführend sein können. Das fremde Zimmer, der *obere Raum*, liegt in Wirklichkeit in der Mitte; er gehört mehr zu „Ihnen" als das Ihnen vertraute Zimmer, das in der Nähe der Mitte ist und nur scheinbar definiert, wer Sie sind. In Wirklichkeit tut er das nicht. Der *untere Raum* ist Ihre *niedere* Natur.

Der *obere Raum* dagegen ist das neue Ich, das Christus jedem, der ihn darum bittet, schenkt. Es steht für eine höhere, bessere Natur, die ihre Energie unmittelbar aus Christus selbst schöpft. Freilich kann man die Vorstellung von den beiden Naturen überziehen und sich dabei wie ein Zuschauer bei einem Ringkampf vorkommen, bei dem der Gute den Bösen herausfordert. Das ist nicht meine Absicht. Vielmehr denke ich an das, wovon Madame Guyon in ihrem Buch *Experiencing the Depths of Christ* (dt. „Die Tiefen Christi erfahren") schreibt. Darin lädt sie uns ein, einen besseren Wohnraum zu beziehen, einen Raum, den wir in uns selbst entdecken, wenn wir lernen, was es heißt, *den Herrn anzuschauen*.

> Es ist wirklich ganz einfach: Lesen Sie zunächst einen Abschnitt aus der Bibel. Sobald Sie dann die Gegenwart des Herrn empfinden ... hat die Bibelstelle ihren Zweck erfüllt: Sie hat Ihre Gedanken zur Ruhe gebracht; sie hat Sie zu Ihm gebracht.[1]

Etwas später zitiert Madame Guyon den Kirchenvater Augustinus, der sich einst beklagte, er hätte am Anfang seines Christseins zu viel Zeit darauf verschwendet, den Herrn außerhalb von sich zu suchen statt in seinem Inneren.[2]

---

[1] Zit. in Richard Foster, *Devotional Classics.* London: Hodder & Stoughton, 1993, 478.
[2] Ebd., 479.

Freilich ist die Vorstellung von den beiden Räumen nicht neu. Seit Jahrhunderten haben uns die geistlichen Lehrer der Kirche (etwa Augustinus oder Teresa von Avila) von einem anderen Raum erzählt, von einem Bleiben in Christus, das wie das Betreten eines anderen, eines oberen Raumes ist. Es ist der Ort, den Christus in unseren Seelen bereitet hat und in dem er uns zur Begegnung mit ihm erwartet. Die Worte des Paulus „Christus in euch" sind weder nur sinnbildlich gemeint noch ein Ausdruck zur Erzeugung angenehmer Emotionen. Sie sind Wirklichkeit, Tatsache, unverschnörkelte Wahrheit. Freilich handelt es sich nicht um den physischen Leib Christi, der in uns ist, sondern um seinen Geist.

Kürzlich ist eine gute Freundin meiner Frau verstorben. Rachael ging zur Beisetzung. Ihr Mann hat sie sehr geliebt. Jetzt wird er alleine ins Bett gehen, wird alleine am Küchentisch sitzen. Vielleicht wird er immer noch etwas von ihrer Gegenwart verspüren, aber es wird nicht mehr so sein wie früher. Sie ist nicht mehr da.

Aber als Jesus in den Himmel zurückkehrte, hinterließ er uns mehr als eine Erinnerung, mehr als die Nachwirkung einer verstorbenen Person. Er sagte uns, es wäre besser für uns, wenn er uns verließe, denn dann würde sein Geist – jene Kraft, die ihn während seiner irdischen Tage erfüllte, in uns hineinkommen. Und der Geist Christi, eine wirkliche Person, würde nicht nur in uns hineinkommen, er würde sogar Teil von uns werden – das Tiefste, Wahrste unseres Seins.

Nunmehr gibt es zwei Räume in uns: den von uns geschaffenen Raum, in dem unser natürliches Ich gedeiht, und den neuen, vom Heiligen Geist geschaffenen Raum, in dem unser natürliches Ich erstickt und unser neues Ich aufblüht. Lassen Sie mich beschreiben, was ich mit dem „natürlichen Ich" meine.

Als im Bilde Gottes geschaffene Wesen sehnen wir uns nach Beziehung, nach gegenseitigem Geben und Empfangen. Das ist weder moralisch, noch unmoralisch, sondern ist ein Fakt, gleichwie die Tatsache, dass Wasser nass und Staub trocken ist.

Die ethische Frage tritt erst in dem Augenblick auf, in dem wir uns als sture, unabhängige und auf unser eigenes Wohl bedachte Wesen wahrnehmen, die ihr Leben selber in den Griff bekommen wollen. Wie wir bereits gesehen haben, halten Psychologen diesen

Trieb zur Selbstverwirklichung für durchaus ehrbar, geht es doch um den Erhalt und die Förderung unseres eigenen Wohlergehens.

Die Bibel dagegen nennt dies das *Fleisch* und sagt, es müsse sterben.

Wir sind also Wesen, die das Bild Gottes auf fleischliche Weise tragen. Als solche sind wir in die Welt gekommen und erleben nun die Freuden und Traurigkeiten dieser Welt. Wir versuchen, auf die beste und sicherste Art in einer von Gegensätzen bestimmten Welt zurechtzukommen: In ihr gibt es nebeneinander weiße Sandstrände und schmutzige Ghettos, üppige Büffets und leere Kühlschränke, Hochzeitsfeiern und Scheidungsprozesse, die Promotionsfeier der Tochter und die Einweisung des Sohnes in die Drogenentzugsanstalt.

Wir verletzen uns, wir lachen, wir machen uns Sorgen. Wir singen und schreien und versuchen uns so gut es eben geht durchzuschlagen, und bemühen uns dabei, so viele Glücksmomente wie möglich zu ergattern.

Zu diesem Bild gibt es noch ein weiteres Element: Wir haben ein Gewissen. Wir entstellen es, treten es mit Füßen, ignorieren es, modernisieren es und verstoßen dagegen, aber immer noch halten wir einiges für richtig und anderes für falsch. Wir mögen zwar mit den Achseln zucken, wenn ein hoher Politiker, dem wir nie persönlich begegnen werden, eine Affäre hat; etwas ganz anderes ist es dagegen, wenn *unser* Ehepartner fremdgeht. Das Wörtchen *falsch* lässt sich nicht aus unserem Wortschatz streichen.

Dieses Wort kehrt stets zurück, um uns zu richten. Der Gruppentherapeut Irving Yalom pflegt das „Streng-geheim-Spiel" mit den Klienten in seinen Gruppen zu spielen: Er bittet sie, das von sich, was sie *am allerwenigsten* einem anderen anvertrauen würden, auf anonyme Zettel zu schreiben, die er dann einsammeln lässt. Das meistgenannte höchste Geheimnis ist das Eingeständnis: „Ich fühle mich völlig wertlos. Niemand würde mich wollen, wenn er wüsste, wie ich wirklich bin." Mich überrascht das nicht. Antwort Nummer zwei hat mich allerdings überrascht: „Ich liebe keinen so, wie ich sollte."

Woher kommt das Wort *sollte?* Selbst in unserer postmodernen Welt gelingt es uns nicht, das Gesetz Gottes aus unseren Herzen zu löschen. Wir sind genauso gewiss darauf angelegt zu lieben wie Gänse zum Schnattern und Kühe zum Muhen. Die Vorstellung von ethischer Verpflichtung, dieses *sollte,* ist untilgbar in uns. Wir sollten unsere Versprechen halten, und ganz gewiss sollten Leute halten, was sie *uns* versprochen haben. Wir sollten fremdes Eigentum achten. Keiner sollte sich in ein fremdes Auto setzen und davonfahren.

Folgendes Mobiliar gehört zur Einrichtung des unteren Raumes:

1. Wir sehnen uns nach guten Beziehungen.
2. Wir kümmern uns um unsere eigenen Bedürfnisse.
3. Die Welt frustriert und befriedigt uns zugleich – mal mehr, mal weniger; dabei lernen wir, was uns an der Welt gefällt, und streben das an.
4. Wir sind uns einer ethischen Ordnung bewusst, die uns sagt, was wir auf unserer Jagd nach Glück tun oder lassen sollen.

So leben wir im ersten Raum. Gott hält sich dort nicht auf – zumindest nehmen wir ihn dort nicht wahr oder wir ignorieren ihn. Doch dort ist es, wo die meisten von uns leben.

Daneben gibt es einen zweiten Raum, einen anderen Ort, eine andere Weise zu leben. Jedes menschliche Herz ahnt, dass es noch mehr gibt. Die primitiven Menschen in Platons Höhlengleichnis hielten die Welt, in der sie lebten, für die Wirklichkeit, obwohl sie nie einen Vogel gesehen, nie den Duft einer Blume gerochen, nie einen Sonnenuntergang bewundert hatten. Als man ihnen erzählte, dass sie in einer Höhle lebten und dass es draußen eine helle bunte Welt gab, gerieten sie in Panik und töteten den Boten. Sie wussten, dass es mehr gab, doch hatten sie Angst davor.

C. S. Lewis sagte einmal: Wenn wir in uns Sehnsüchte entdecken, die sich durch nichts auf dieser Welt erfüllen lassen, sollten wir uns wirklich fragen, ob wir nicht für eine andere Welt geschaffen worden sind. Und es gibt sie: die Sehnsüchte. Gott hat die Ewigkeit in unsere Herzen gelegt. Autos, Sex, Macht und Errungenschaften sind niemals groß genug, das Loch zu stopfen. Wir sehnen uns danach, von etwas Größerem ergriffen zu werden, als es das Leben im unteren Raum je bieten könnte.

Auch in Menschen, die noch nicht mit Christus verbunden sind, gibt es diesen besseren Raum, doch er ist noch finster (ich spreche von der ewigen Seele in jedem Menschen). Der Anschluss an die Elektrizität fehlt noch. Das Zimmer ist noch nicht eingerichtet. Die Tür zu diesem oberen Zimmer ist noch verriegelt – und kann nur von innen aufgeschlossen werden. Drinnen befindet sich lediglich eine tote Seele. Was als Wohnzimmer gedacht war, ist zur Totenkammer geworden.

Wenn allerdings der Geist die Seele auferweckt und sie mit neuem Leben erfüllt, dann erstrahlt der Raum in hellem Glanz. Das Feuer im Kamin lodert und knistert, das eiskalte Herz taut auf und Lebensfreude durchdringt den Raum.

Menschen sehnen sich nach Gemeinschaft. Im oberen Raum gibt es sie bereits. Keiner *fordert* dort Beziehung, da alle, die dort leben, bereits Gemeinschaft haben und wissen, dass sie sie eines Tages in ihrer ganzen Fülle erfahren und ewig ihre Freuden genießen werden. Die Menschen im oberen Raum plagen sich nicht mit den Rätseln herum, die das Leben aufgibt: Sie ziehen es vor, das Leben zu leben statt es zu analysieren. Sie sind sich keiner zerbrechlichen Sache in ihrem Inneren bewusst, die zu schützen wäre. Auch sind sie von dem zwingenden Drang befreit, sich selbst zu finden. Sie sind schon gefunden worden. Weil die Speisekammer voll ist, besteht ihr größter Wunsch darin, noch einen Platz am Esstisch zu decken und jemanden einzuladen, das frohe Fest mit ihnen zu genießen.

Die Welt außerhalb des oberen Raumes hat noch ihre weißen Strände und schmutzigen Ghettos. Aus dem Blickwinkel des oberen Raumes wirken sie jedoch wie Schatten. Neue Autos und Krebsoperation, prächtige Enkelkinder und schreckliche Ablehnung – alle diese Dinge gibt es freilich noch, doch sind sie allesamt zweitrangig. Die erstrangigen Dinge befinden sich alle im oberen Raum.

Verlässt man den oberen Raum, gewinnen die Schatten an Substanz. Zweitrangiges rückt an die erste Stelle, und der Mensch, der, als er sich noch im oberen Raum aufhielt, noch „fest" war, mutiert unversehens zum Gespenst. Den oberen Raum verlassen, bedeutet immer, den unteren Raum zu betreten und wieder zu versuchen, die Herausforderungen des Lebens in den Griff zu bekommen, und mit jedem Tag verliert man an Substanz und gleicht mehr einem Gespenst als einer „festen" Person.

Während ich diese beiden Räume beschreibe, wird mir bewusst, wie oft ich mich im unteren Raum aufhalte und wie viele Einflüsse mich dort behalten wollen. Predigten, die mir erklären, wie man das Leben meistert oder die ersehnte Erfüllung finden kann, indem man dieses oder jenes tut, richten sich an den falschen Raum. Und ich bin töricht genug, sie zu genießen. Bestseller sind in der Regel Anleitungen zur Selbsthilfe: *Du* schaffst es; du *schaffst* es! Egal, von wem die Botschaften kommen, ob von Selbsthilfe-Gurus oder Pastoren, die meisten von uns verschlingen sie.

Die Mehrheit der Menschen halten sich im unteren Raum auf. Deshalb lassen sich die Botschaften, die die Bewohner der unteren Räume bevorzugen, besser vermarkten. Sie lassen sich verkaufen. Im unteren Raum lässt es sich – auch über längere Zeit – ganz gut aushalten. Zerbruch und radikales Vertrauen genießen dort keine besondere Wertschätzung. Schließlich bestreitet man sein Leben erfolgreich mit den eigenen Ressourcen.

Viele Christen genießen die Freundschaften im Kreis von Leuten, mit denen sie sich gut verstehen. Wir arbeiten mit Gleichgesinnten zusammen, um für gute Zwecke Spenden zu sammeln und die Kranken mit warmen Mahlzeiten zu versorgen. Läuft es einmal nicht so glatt, dann trösten wir uns mit einigen wenigen bewährten Mitteln: Vielleicht mit einem Bier, einem Fußballspiel, einem Erotikfilm oder einem attraktiven Gottesdienst. Wird das Leben zu verwirrend oder schmerzhaft, ist stets ein Seelsorger zur Hand, der wieder Mut macht. Plagt uns dagegen das Gewissen, weil wir verantwortungslos und fehlerhaft gehandelt haben, bitten wir vielleicht einige anständige Freunde, uns bei der Anpassung an höhere Maßstäbe zu helfen.

Das verstehen die meisten Menschen unter Leben. Aber es ist genau das, was ich bereits als ungeistliche Gemeinschaft bezeichnet habe. Es scheint irgendwie zu funktionieren. Wir fühlen uns wohl und verspüren kein starkes Bedürfnis nach Veränderung. Allerdings geschieht etwas in unserer Kultur: Das Ende der Moderne, ein wiedererwachendes Interesse an Spiritualität, gekoppelt mit einer größeren Verletzlichkeit, was unsere Ernüchterung und Enttäuschung in Bezug auf das Leben angeht, lassen uns aufhorchen und fragen, ob es vielleicht einen anderen Raum gibt.

Im Eingangszitat zu Kapitel 5 deutet Henri Nouwen darauf hin, dass wir uns in vielen einsamen Momenten wohl schon alle gefragt haben, ob es in dieser von Wettbewerb beherrschten, ständig etwas von uns fordernden Welt einen Winkel gibt, wo man sich sicher fühlen kann, sich zu entspannen, sich zu öffnen und zu geben. Wenn es ihn gibt, wenn ein anderer Raum existiert, dann ist es jede Suche durch die Kompliziertheiten und Kämpfe menschlicher Beziehungen hindurch wert, diesen zu finden. Das waren Nouwens Gedanken. Ehrliche Menschen stimmen dem zu.

Die Menschen werden sich bewusst, dass es diesen Raum geben muss, diesen sicheren Winkel, diesen Ort, an dem man sich entspannen und tiefen Frieden erleben kann. Wir geben inzwischen zu: In dem Raum, den wir so lange als unser Zuhause betrachtet haben, gibt es kein echtes Leben, keine echte Gemeinschaft und auch keine echte Freude.

Mein Freund Charlie hat es vor zwei Tagen bei einer Tasse Kaffee so ausgedrückt: „Ich hab' den ganzen Lärm satt. Ich kann nicht einmal mehr mein eigenes Herz schlagen hören. Gerade bin ich in die Stadt zurückgeflogen. Da überkam es mich: Die Flughäfen mit ihren unendlichen Sitzreihen, all den wichtigen Leuten, den unverständlichen Ansagen über Lautsprecher (die wenigstens für einige Sekunden die nervtötende Hintergrundmusik unterbrechen) sind alle schrecklich laut. Aber mein ganzes Leben ist voller Lärm. Ich muss einen Ort der Ruhe finden." Charlie ist auf der Suche nach dem oberen Raum. Unsere hektische Betriebsamkeit ist in Wirklichkeit der Durst nach himmlischer Stille, genauso wie unsere Einsamkeit im Grunde Sehnsucht nach Gott ist. Wir möchten gern in einem anderen Raum sein.

Als die Jünger Jesus fragten, wo er das Passahmahl feiern wolle, sagte er: *„Wenn ihr in die Stadt hinein kommt, trefft ihr einen Menschen, der einen Krug mit Wasser trägt. In das Haus, in das er geht, folgt ihm nach. Richtet dem Hausherrn aus: Der Meister lässt fragen, wo sich die Herberge befindet, in der er mit seinen Jüngern das Passahmahl essen kann. Dann wird er euch einen großen, mit Polstern ausgelegten Saal zeigen. Dort bereitet das Mahl zu"* (Lk 22,10-12).

Ein Mann mit einem Wasserkrug musste auffallen: In den Tagen Jesu war das die Aufgabe der Frauen. Unter Tausenden, die nur

Zuckerwatte anbieten, fällt auch heute ein Wasserträger auf. Durstige Menschen werden dem Wasserträger folgen.

Das ist ein gutes Bild für den Heiligen Geist, der uns an den Ort der Begegnung mit Jesus führt, und auch für Menschen, die der Geist erfüllt, für geistliche Freunde und geistliche Begleiter, die uns zum oberen Raum mitnehmen können. In meinem Herz befinden sich zwei Räume. Der Mann, der mich beim Vortrag ansprach, war so ein Wasserträger, der mich zum oberen Zimmer führte. Seine Worte galten dem oberen Raum, und ich wusste, dass es diesen gibt.

Wenn wir nur Worte hören, die an den unteren Raum gerichtet sind, und wenn wir uns dort aufhalten, werden wir uns wie Bewohner jenes Raumes verhalten. Wir werden …

- unseren Geschlechtstrieb nicht in den Griff bekommen;
- offen sein für Kontakte mit bösen Geistern;
- unser Glück an Menschen, Orten und Dingen festmachen, statt an Gott. Und wenn sie nicht halten, was wir uns versprochen haben, werden wir am Boden zerstört sein;
- nicht in vertrauten Beziehungen leben können aufgrund von Eifersucht, Spannungen, Jähzorn sowie exklusiven inneren Zirkeln und Gruppen, die andere ausschließen;
- Impulsen nachgehen, die uns für den Augenblick gute Gefühle verheißen, ungeachtet ihrer langfristigen Folgen.

Wenn wir andererseits auf geistliche Freunde und Begleiter achten, die uns zum oberen Raum führen und dort mit uns reden, und wenn wir lange genug in diesem Raum bleiben, um mit Jesus eine Mahlzeit einzunehmen, werden wir …

- den Wunsch verspüren, andere Menschen zu segnen, statt sie zu benutzen;
- eine unerschütterliche Freude entdecken, die auch die niederschmetterndsten Enttäuschungen überdauert;
- eine geduldige Freundlichkeit verspüren, die unseren Ärger über andere sanft beiseiteschiebt;

- uns in der Gegenwart derer, die uns früher eingeschüchtert haben, als erfüllte und heile Menschen erleben.[3]

Meine Frau Rachael und ich haben das vergangene Wochenende bei guten Freunden verbracht. Als wir uns verabschiedeten, sagte Sheila, unsere Gastgeberin: „Ich wünschte, jemand könnte mich stark machen."

Ich kenne Sheila gut. Ihr unteres Zimmer ist voll schmerzlicher Erinnerungen an ihre Eltern: der Vater war Alkoholiker, die Mutter klammerte. Um den letzten Rest an Selbstachtung zu wahren, hat sie gelernt, sich anzupassen. Manchmal äußert sich ihr Groll über erlittene Demütigungen in ihren Versuchen, andere zu beherrschen, von anderen wahr- und ernst genommen zu werden.

Ich habe für Sheila gebetet. Wenn ich sie seelsorgerlich beraten würde, würde ich nicht viel Zeit auf die Erforschung ihres unteren Raumes verschwenden. Ich würde auch keine Zeit darauf verwenden, die Einrichtung durch scharfsinnige Analysen und einfühlsame Ratschläge umzustellen. Um stark zu werden, braucht Sheila keine psychologischen Reparaturen. Sie muss lediglich von einem Raum in den anderen umziehen.

Gestern habe ich ihr einen Brief geschrieben. Ich habe ihn noch nicht abgeschickt, und ich weiß auch nicht, ob er sie anspricht oder nicht. Ich hoffe, dass es ihm gelingt. Der Brief könnte sie zu weiteren Schritten auf einer langen Reise ermutigen. Hier ist ein Ausschnitt aus dem Brief; leicht verändert, um die Vertraulichkeit nicht zu verletzen.

> Nach unserem Besuch bedauere ich nur eines: Ich habe deinen Wunsch danach gehört, dass dich jemand stark macht. Ich wünschte, Rachael und ich hätten viele Stunden gehabt, mit dir nachzudenken, zu reden, zu beten und dein gemeinsames Leben mit Gary zu feiern. Gegenüber Rachael und mir verströmst du Wärme. Das spüren wir. Und ich glaube, sie fließt aus einem Ort in dir, der bereits stark und gut ist. Nur hast du noch nicht gelernt, dort zu verharren.
>
> Eine Möglichkeit, die Verbindung mit deinem neuen Herzen zu halten sowie mit der ganzen Kraft, die dort darauf wartet, frei-

[3] Vgl. Gal 5,16-23.

gesetzt und genossen zu werden, ist, dass du den Heiligen Geist bittest, dir täglich dein neues Herz bewusst zu machen und die Blockaden auszuräumen, die dich daran hindern, das zu entfalten, was bereits dort ist, nämlich ein Raum voll des Lebens, das du dir so sehnlichst wünschst.

Bitte ihn einmal am Tag in Form einer Art Liturgie, z. B. indem du dich jedes Mal fünf Minuten lang am selben Ort hinkniest, dass er dir seine Stärke bewusst macht. Halte danach – bevor du dein Tagewerk beginnst – in einem Tagebuch fest, was dir beim Meditieren über ein Wort der Heiligen Schrift in den Sinn gekommen ist.

Jemand hat einmal geschrieben – und ich stimme dem zu –, dass man in der Gemeinschaft mit Gott alles sehen und hören kann, was man benötigt, um in aller Stille sein Leben in andere investieren zu können. Deine Familie wird durch das beschenkt, was du von Gott empfangen hast. Eigentlich sollte ein Festmahl veranstaltet werden, um die Wirklichkeit Christi in dir zu feiern. Durch dieses Fest würde ich gerne leiten.

Ich habe den größten Teil meines Berufslebens damit zugebracht, herauszufinden, weshalb der untere Raum bei vielen Menschen so schlecht eingerichtet ist. Ich möchte den Rest meines Lebens in Gemeinschaft darauf verwenden, mich daran erfreuen, wie der Heilige Geist die Möbel in den oberen Räumen der Menschen arrangiert. Es müssen aber zwei Dinge geschehen, damit wir die Räume wechseln können, damit der Geist durch sein Wort zu uns reden kann, damit wir die Gemeinschaft mit Christus genießen und die Gegenwart des Vaters verspüren können und danach aus jenem Raum heraus in unsere schwierigen Lebensumstände hineinsprechen können:

Erstens (die Reihenfolge ist nicht immer dieselbe): Mithilfe unserer geistlichen Gemeinschaft sowie durch Meditation über Gottes Wort und leidenschaftliches Gebet sollten wir unseren unteren Raum als das begreifen, was er ist:

- der Versuch, das Leben ohne Gott zu managen;
- der Entschluss, dem Selbstschutz und der Selbstverwirklichung vor allem anderen den Vorrang einzuräumen;

- ein zorniger Hass gegen Gott, der einen stolzen, arroganten Geist der Unabhängigkeit gegen Gott schürt;
- die feste Entschlossenheit, uns auf solche Ressourcen zu verlassen, mit denen wir das Leben im Griff behalten und glücklich werden können.

Uns muss deutlich werden, wie wir das insbesondere in unseren Beziehungen praktizieren, damit wir das ganze Paket an Gott zur Vernichtung aushändigen können.

Zweitens müssen wir uns einer Gemeinde anschließen, Teil einer Gemeinschaft von Menschen werden, die miteinander zu Gott hin unterwegs sind. Wir müssen Zeit mit geistlichen Freunden zubringen, um diese kennenzulernen und von ihnen erkannt zu werden. Gelegentlich werden wir einen reiferen Bruder bzw. eine reifere Schwester (geistliche Begleiter) bitten, uns geistlich zu begleiten. Und auch wir müssen lernen, für andere geistliche Freunde zu sein – für einige vielleicht auch geistliche Begleiter.

Während ich dies schreibe, werde ich plötzlich überwältigt von der Vorstellung, was in unserem Leben geschehen könnte, wenn wir diese beiden Dinge beherzigen würden. Gewiss: Es würde Zeit brauchen, doch das Ergebnis wäre schier unvorstellbar.

In den nächsten beiden Kapiteln beschreibe ich den unteren Raum näher. Ich möchte zeigen, was dieser Raum wirklich ist, und ich hoffe, dass wir eine starke Sehnsucht verspüren, einen Wasserträger zu finden, der uns zu unserem oberen Raum führen kann.

Ich weiß, dass der untere Raum ein hässlicher Ort voller Dämonen und Finsternis ist. Sich dessen bewusst zu werden, kann entmutigend sein. Bevor ich Sie bitte, diesen Raum mit mir zu erforschen, möchte ich dieses Kapitel beschließen, indem ich eine Frau ihren oberen Raum beschreiben lasse.

Cheryl ist eine zutiefst geistliche Frau; ich würde sie als angehende Mystikerin bezeichnen. Wie die übrigen von uns, ist auch Cheryl mit inneren, zuweilen heftigen Kämpfen vertraut. Allerdings entdeckt sie oft den Wasserträger, mit dessen Hilfe sie den Weg in den oberen Raum findet, der genau auf sie zugeschnitten ist. Ich habe sie gebeten, mir den Raum zu beschreiben.

Cheryls Raum

Dieser Raum – er ist so weich. Es gibt keine Ecken und Kanten, alles ist abgerundet und in zartes Hellblau getaucht. Alles ist hell, warm und sauber. Es ist ein Ort, der dafür gemacht ist, hineingeboren zu werden.
Ich sehe mich dort, doch womit ich bekleidet bin, ist schwer vorstellbar. Und doch bin ich bekleidet, bekleidet mit nichts, was die Aufmerksamkeit von dem Raum ablenken oder in Kontrast dazu treten könnte. Man kann eher sagen, dass ich mit dem Raum verschmelze, weil ich etwas so Herrliches anhabe, dass man mich kaum bemerkt.
Ich genieße den Raum so sehr, dass mein Wesen nicht von ihm getrennt sein kann. Und doch bin ich da, der Raum ist da, und das Licht ist da. Ohne das Licht wäre nichts.
Und ja, ich wünschte mir, dass Besucher kommen; ich würde sie gerne in meinem Raum willkommen heißen. Ja, es wäre wirklich eine große Freude, einen Gast begrüßen zu dürfen, um ihn die Sanftheit und Wärme dieses Raumes spüren zu lassen. Er könnte sich setzen und einfach sein. Er könnte zuschauen, wie sich die transparenten Vorhänge heben und teilen, um durch das wunderschönste Fenster, das man je gesehen hat, herrliche Reinheit hereinströmen zu lassen.
Lass dich von der Frische liebkosen und sei gereinigt! Sie ist weich und ruhig; lass sie herein und lass dich von ihr treiben. Deine Augen werden köstliche Dinge sehen. Du wirst Ruhe und Frieden finden.
Du wirst die Wahrheit des Lichts erkennen sowie die Kraft, die diesen Raum am Leben erhält, und du wirst Vertrauen kennen. Du wirst versucht sein, von mir zu trinken, aber ich bin weder die Quelle noch die Substanz. Die Substanz kommt von dem, der meine Seele liebt. Hier begegnen wir uns, und du bist willkommen.

Unter dem Duft und dem nachwirkenden Eindruck dieses oberen Raumes wenden wir uns nun dem anderen Raum zu.

Fragen zur Vertiefung und zum Gespräch

- Sehen Sie sich noch einmal die Darstellung der beiden Räume an. Versuchen Sie, diese beiden Räume kurz mit eigenen Worten zu beschreiben. Warum sind die Ausdrücke „oberer" und „unterer" Raum für unsere Zwecke geeignet, wenngleich sie nicht räumlich zu verstehen sind? Versuchen Sie anhand der Darstellung der beiden Räume anzugeben, inwiefern Sie als Bewohner des unteren Raumes leben. Welche Aspekte des oberen Raumes finden Sie am attraktivsten?
- Die Inneneinrichtung des unteren Raumes beschreibt Dr. Crabb wie folgt: (1) Wir sehnen uns nach guten Beziehungen. (2) Wir kümmern uns um unsere eigenen Bedürfnisse. (3) Die Welt frustriert und befriedigt uns zugleich – mal mehr, mal weniger; dabei lernen wir, was uns an der Welt gefällt, und streben das an. (4) Wir sind uns einer ethischen Ordnung bewusst, die uns sagt, was wir auf unserer Jagd nach Glück tun oder lassen sollen. Im unteren Raum finden sich meist auch schmerzliche Erinnerungen. Denken Sie etwa an Sheila, deren Vater Alkoholiker war und deren Mutter klammerte. Wie viel Prozent Ihrer Zeit verbringen Sie selbst im unteren Raum? Welche Einflüsse versuchen Sie in diesem Raum zu halten? Welche schmerzlichen Erinnerungen halten Sie dort fest? Inwiefern versuchen Sie, Gott zu diesem Raum einfach nur hinzuzufügen? Wie viel Erfolg ist Ihnen dabei beschieden?
- C. S. Lewis hat einmal gesagt: Wenn wir in uns selbst Sehnsüchte entdecken, die nichts auf dieser Welt stillen kann, dann sollten wir uns fragen, ob wir am Ende nicht für eine andere Welt geschaffen sind. Kennen auch Sie solche Sehnsüchte? Beschreiben Sie einen solchen Augenblick. Was lässt uns die Beschreibung von Lewis über die beiden Räume vermuten?
- Obschon der Kellerraum seine Bewohner manchmal unzufrieden lässt, leben viele Menschen lange Zeit darin recht glücklich. Zerbrochenheit und vorbehaltloses Vertrauen bedeuten ihnen nichts, weil sie Ressourcen haben, mit denen sie das Leben ganz gut in den Griff zu bekommen. Die ungeistliche Gemeinschaft in Form von kameradschaftlichen Beziehungen, Gemeinsamkei-

ten, gegenseitigem Trost, therapeutischer Seelsorge und anpassungsbedingten Beziehungen scheint zu funktionieren. Haben Sie jemals zugeben müssen, dass wahres Leben, wahre Gemeinschaft und echte Freude im unteren Raum, in dem Sie schon recht lange zuhause sind, nicht verfügbar sind? Welche Umstände und Einsichten haben zu diesem Eingeständnis geführt?

- Lesen Sie noch einmal den Brief von Dr. Crabb an Sheila und stellen Sie sich vor, er wäre an Sie adressiert. Inwiefern könnte dieser Brief Sie ermutigen? Welche Punkte davon möchten Sie selbst anwenden?

Es müssen zwei Dinge geschehen, damit wir die Räume wechseln können, damit der Geist durch sein Wort zu uns reden kann, damit wir die Gemeinschaft mit Christus genießen und die Gegenwart des Vaters verspüren können und danach aus jenem Raum heraus in unsere schwierigen Lebensumstände hineinsprechen können: Erstens müssen wir unseren unteren Raum als das begreifen, was er ist, und zweitens müssen wir Teil einer Gemeinschaft von Menschen werden, die miteinander zu Gott hin unterwegs sind. In den nächsten beiden Kapiteln beschreibt Dr. Crabb den unteren Raum. Er möchte Ihnen die Augen öffnen für das, was dieser Raum ist, und er wünscht sich, dass Sie in gespannter Erwartung einen „Wasserträger" finden, der Sie zu Ihrem oberen Raum führt.

KAPITEL 8

Es *gibt* den unteren Raum

> Die Größe und das Elend des Menschen sind so sichtlich, dass notwendig die wahre Religion uns lehren muss: wie in ihm ein großer Keim von Größe und zugleich ein großer Keim von Elend liegt.
>
> Blaise Pascal

Es gab Augenblicke, in denen ich mich ernstlich gefragt habe, ob mein Glaube überleben wird. Vor einigen Monaten, inmitten quälender Anfechtungen, bei denen kein Gebet zu helfen schien, schrie ich aus Leibeskräften: „Gott, ich weiß, dass du gut bist. Ich *glaube* das. Es fällt mir im Moment aber ziemlich schwer zu erkennen, wofür du heute, wofür du jetzt gut bist, wo alles so schrecklich ist."

Vergangene Nacht hat mir ein enger Freund erzählt, wie es sich anfühlt, wenn man seinen Vater, der nur noch Unzusammenhängendes murmelt, im Rollstuhl ins Pflegeheim schiebt; wenn man den übel nach Urin riechenden Flur entlang zu dem kleinen Zimmer geht, das jetzt sein Zuhause ist. Als mir mein Freund seine Not schilderte, schrie ich innerlich auf: „Gott, wo bist du? Bitte, tu doch ein Wunder! Du hast die Macht, *gebrauche sie doch!*"

Nicht jeder bettelarme Mensch bekommt in letzter Minute aus heiterem Himmel einen Umschlag mit Geldscheinen zugesteckt – manchmal flattert stattdessen eine weitere Rechnung ins Haus.

Nicht jeder findet Linderung in seinem körperlichen Schmerz. Nicht jedem Trauernden werden die Tränen aus den Augen gewischt.

Ein einziges Mal stand ich wirklich in der Gefahr, meinen Glauben über Bord zu werfen. Es schien unausweichlich und sogar notwendig. Ich kann mich aber noch erinnern, was mich, zumindest aus meiner Sicht, davon abhielt. Drei Menschen kamen mir in den Sinn: Ihre Gesichter und ihr Leben waren alles, woran ich damals denken konnte. Wollte ich jetzt den Glauben verleugnen und dabei ein Mindestmaß an Selbstachtung bewahren, dann hätte ich jeden Einzelnen aufsuchen müssen, um ihnen ins Gesicht zu sagen, dass sie einer Täuschung erlegen sind.

Ich habe es nicht fertiggebracht.

Ich habe weder gesehen, wie sich das Rote Meer teilte, noch habe ich erlebt, dass die Sonne stehengeblieben ist, und noch nie ist ein Mensch vor meinen Augen aus dem Sarg auferstanden. Aber ich habe gesehen, wie die Mächte des Elends in beträchtlichem Maße von den Mächten wahrer Größe überwunden wurden. Ich *weiß*, dass ich es im Leben dieser drei Menschen gesehen habe.

Jeder von ihnen steht *fest*. Das ist wohl der beste Ausdruck dafür. Sie haben extrem gelitten. Sie haben Entwürdigendes und Herzzerreißendes über sich ergehen lassen müssen; sodass ihre tönernen Füße dabei zum Vorschein kamen. Zwei dieser Menschen kenne ich gut genug, um die Folgen ihres Elends immer noch zu sehen.

Dennoch strahlen sie ein Leben aus, das unzerstörbar und unverdorben scheint, festes und nicht gespenstisches Leben. Es ist ein Leben, das mich anzieht. Es gefällt mir. Ich möchte es haben. Ich kann mir dieses Leben jedoch ohne das Evangelium von Jesus Christus nicht erklären. Dass ich heute noch glaube, verdanke ich zum Großteil ihnen. Der wahre Glaube hat mich den „großen Keim von Größe" durch das Zeugnis dieser drei Menschen gelehrt.

Ohne zuvor den „großen Keim von Elend" ein Stück weit verstanden und in uns selbst entdeckt zu haben, werden wir von seinem Gegenteil unbeeindruckt bleiben. Das Leben von Leuten, wie den erwähnten drei Freunden, wird uns dann nicht als besonderes Wunder vorkommen. Und wir werden dann ebenso wenig nach dieser Größe suchen, wie ein Armer nach Gold sucht. Wir werden sie nicht über alles begehren; wir werden ihr nicht von ganzem Herzen, mit allem Verstand und aller Kraft nachjagen.

Wir müssen das Elend – unser eigenes Elend – erkannt haben, bevor wir wissen, was wahre Größe ist und sie leidenschaftlich begehren können. Wir dürfen das Elend nicht nur als etwas Vergangenes sehen, das nur durch die Erinnerung lebendig erhalten wird, sondern müssen uns ehrlich eingestehen, dass es immer noch existent ist.

Wenn ich jetzt zu Papier bringe, was mit uns nicht in Ordnung ist, kommen mir tausend Dinge in den Sinn, die mir sagen, dass alles, was nicht in Ordnung ist, die Gemeinschaft verdirbt oder zumindest trübt. Das ist die hauptsächliche Folge. Bevor wir nicht den widerspenstigen Komplex an inneren Kräften ausgemacht haben, dessen größte Auswirkung die Zerstörung von Beziehungen ist, werden wir das Kernproblem des Menschen nicht diagnostiziert haben. Wir müssen erkennen, dass dieser Komplex so hoffnungslos verderbt ist, dass er nur ganz und gar aufgegeben und schonungslos ersetzt, aber niemals repariert werden kann. Bevor uns nicht klar ist, dass dieser Ersatz durch Ressourcen außerhalb von uns kommen muss, haben wir den Ernst der Lage nicht wirklich erkannt. Alles, was mit uns im Argen liegt, macht geistliche Gemeinschaft unmöglich.

Vor wenigen Tagen klagte mir ein Freund beim gemeinsamen Mittagessen, sein Auto bräuchte neue Reifen, doch fehle ihm die Zeit, sich nach dem besten Angebot umzuschauen. Am selben Morgen hatte ich die Nachricht von meinem Arzt bekommen, ich solle mich zu weiteren Blutuntersuchungen bei ihm melden. Die nächsten zehn Tage werde ich sechs Tage unterwegs sein, noch dazu stehe ich mit einem Buch (diesem) unter Termindruck. Zwanzig Anrufe und über dreißig Briefen die sich auf meinem Schreibtisch stapeln, habe ich noch zu beantworten. Während ich mit ihm sprach, schoss es mir durch den Kopf: *Hoffentlich bekommst du morgen auf dem Weg zur Arbeit einen Platten!*

Beherrscht und mit gespieltem Interesse antwortete ich: „Ich kaufe meine Reifen immer bei Firestone in der Belleview-Straße westlich von Wadsworth. Der Service dort ist gut und die Preise fair." Ich war nicht bei der Sache, meine Worte klangen unbeteiligt, als ich lediglich Informationen abspulte. Wir standen vom

Mittagstisch auf, gaben uns zum Abschied die Hand, doch verspürte ich dabei keinerlei Verbundenheit.

So verläuft Gemeinschaft im unteren Raum. Der Keim des Elends war am Werk. Es gab keinerlei Indizien dafür, dass eine bessere Kraft in mir war bzw. aus mir herauskam. Keiner, der gerade mit seinem Glauben kämpft und Zeuge unseres Gesprächs geworden wäre, hätte Gott darüber gelobt.

Ein weiteres Beispiel: Ein enger Freund sagte mir letzte Woche am Telefon, er und seine Frau machten sich wegen ihrer Tochter im Teenager-Alter Sorgen. Sie hatten sie in einem Netz von Lügen ertappt. Das macht ihnen schwer zu schaffen. „Larry", hatte er mit zitternder Stimme gesagt, „ich werde nie vergessen, was du mir vor wenigen Monaten gesagt hast, als wir uns um unseren ältesten Sohn Sorgen machten." Er erinnerte mich an eine hilfreiche Bemerkung, die ich gemacht hatte. „Dein Gedanke damals ist mir seitdem dutzende Male durch den Kopf gegangen und hat mich jedesmal mit Hoffnung erfüllt. Du ahnst nicht, wie viel mir das bedeutet hat."

Als ich zu beten begann, wurde mir bewusst, wie sich in mir zwei Dinge regten: zum einen eine tiefe Liebe zu meinem Freund und dessen Familie, zum andern der Wunsch, wieder etwas Bedeutsames zu sagen. Mein Gebet fiel zu lange aus, wartete ich doch darauf, dass der Heilige Geist mich zu einem vollmächtigen Wort inspirieren und dabei etwas von seiner Ehre mit mir teilen würde. Schließlich beendete ich mein Gebet. Unser Gespräch war zu Ende, wir versicherten einander unsere echte, unverfälschte Liebe und legten die Hörer auf. Zwischen uns hatte sich etwas Gutes, Lebendiges ereignet, doch auf meiner Seite blieb ein schaler Nachgeschmack zurück. Unsere Verbindung war irgendwie eine Mischung aus der Energie der Gemeinschaft im oberen und der im unteren Raum gewesen. So ist es wohl immer.

Wollen wir geistliche Gemeinschaft entwickeln, wo das heilende Leben Christi aus uns herausströmt und anderen die Kraft gibt, ihr Verlangen nach Selbstverwirklichung zugunsten einer Begegnung mit Christus aufzugeben, dann müssen wir verstehen, was sonst noch aus uns herauskommt – und müssen es zu hassen lernen. Die meisten von uns glauben gar nicht, dass ein großer Keim des Elends in uns steckt. Wir wollen nicht wahrhaben, dass es einen unteren Raum in unseren Herzen gibt, der ausschließlich mit bösen Leidenschaften möbliert ist.

Gegen Ende des Amtsenthebungsverfahrens gegen US-Präsident Bill Clinton sagte ein Kenner der Präsidentschaft: „Es ist wichtig, dass Menschen einen guten Charakter haben. In der wirklichen Welt jedoch besitzt keiner von uns einen vollkommenen Charakter."

Ein Professor meinte einmal Folgendes: „Im Märchen wissen wir, wer die Helden und wer die Schurken sind: Rotkäppchen ist unschuldig und der Wolf ist böse. Im echten Leben sind die Charaktere komplexer."

Ein dritter Beobachter, ein Historiker, hat das Offensichtliche so zusammengefasst: „Vielleicht werden ethische und moralische Fragen relativiert, wenn Menschen in ihrem Privatleben glücklich sind."[1]

Typisch für das Denken im unteren Raum ist die Leugnung desselben. Keiner von uns ist ausschließlich gut oder böse. Wir sind vielschichtig. Und macht das denn wirklich etwas aus, wenn alles glatt läuft? Wir alle sind keine perfekten Helden, aber wir können immer noch das Leben genießen. Zwar gibt es auch einige Bösewichter, doch die wenigsten machen uns Stress. Solange Mahmud Ahmadinedschad im Iran bleibt und weder mein Einkommen noch mein Tennisspiel beeinträchtigt, können mir seine üblen Machenschaften egal sein.

Dass es das Böse gibt, ist kaum zu leugnen: Die Zeitungen haben kürzlich von einem grauenhaften Verbrechen in Texas berichtet. Drei weiße Männer haben einen Schwarzen fünf Kilometer hinter ihrem Pickup-Wagen hergezogen. In den Abendnachrichten hieß es, der Anführer habe ein dramatisches „Exempel statuieren" wollen, um Anhänger für seine neue „Vorherrschaft der Weißen"-Gruppe zu gewinnen.

Es ist nicht lange her, da haben zwei Jungen, der eine siebzehn, der andere achtzehn, mit Schusswaffen und Granaten die Columbine High School betreten. Bevor sie sich selbst umbrachten, töteten sie zwölf ihrer Mitschüler und einen Lehrer. Mehr als zwanzig

---

[1] Alle drei Zitate aus *A New Tale for Presidents' Day* in *USA Today* vom 12. Februar 1999, 5A.

andere wurden verletzt, einige davon lebensgefährlich. Das war das schlimmste Massaker in einer High School in der Geschichte unseres Landes. Die Stadt Denver, und mit ihr die ganze Nation, wird noch auf Jahre hin an den Nachwirkungen zu tragen haben.

Es ist wichtig, dass wir verstehen, wie Wesen, die im Bilde eines liebenden, barmherzigen und beziehungsorientierten Gottes erschaffen wurden, in solch tiefes Elend versinken können. Und wir müssen die Mittel ausfindig machen, die er uns zur Verfügung stellt, um die Seele zu jener Größe zurückzuführen, die vielleicht noch in unserer Vorstellung, aber nur selten in unserem Alltag existiert.

Nun möchte ich für einen Augenblick die Tür zum unteren Raum öffnen, hineingehen und beschreiben, was ich dort sehe. Leider wird es in etwa so sein, wie wenn man in das städtische Abwassersystem hinuntersteigt und knietief durch fürchterlich stinkenden Unrat watet. Es ist der Gestank, der entsteht, wenn drei Männer einen Mitmenschen fünf Kilometer weit hinter ihrem Pickup über den Asphalt ziehen; es ist der Gestank, der entsteht, wenn zwei Amokläufer das Feuer auf ihre Mitschüler eröffnen; es ist der Gestank, der entsteht, wenn man einem Freund einen Platten wünscht.

Lassen Sie mich noch einmal zurückkommen auf Pascals Andeutung, was Gott uns vielleicht sagen will. Es ist ein längeres Zitat, aber wert, gelesen zu werden. Vielleicht hilft es uns, die Vorstellung loszuwerden, wonach das Elend ein Indiz sei für unser Kompliziertheit oder für eine psychische Störung, und dass Größe durch gute Ausbildung, staatliche Maßnahmen, wirtschaftlichen Fortschritt oder – bei Bedarf – durch Therapie machbar sei. Pascal lässt Gott sagen:

> Ich bin es, der dich geschaffen hat und der allein dich lehren kann, wer du bist. Du bist jetzt nicht mehr in dem Stande, in welchem ich dich geschaffen habe. Ich schuf den Menschen heilig, unschuldig, vollkommen. Ich erfüllte ihn mit Licht und Vernunft. Ich offenbarte ihm meine Ehre und meine Wunder. Das Auge des Menschen sah dazumal die Herrlichkeit Gottes. Er war nicht in der Finsternis, die ihn blind macht, noch hatte er die Sterblichkeit und das Elend, die ihn quälen.

> Aber er hat so viel Ehre nicht tragen können, ohne in Übermut zu fallen. Er wollte sich zum Mittelpunkt von sich selbst machen und unabhängig sein von meiner Hilfe. Er entzog sich meiner Herrschaft, und da er sich mir gleichstellte, aus Verlangen seine Glückseligkeit in sich selbst zu finden, da habe ich ihn sich selbst überlassen. [2]

Pascal fügt erklärend hinzu:

> Das ist der Zustand, in welchem die Menschen jetzt sind. Ihnen bleibt ein mächtiger Trieb nach Glück von ihrer ersten Natur [Ich vermute, Pascal bezieht sich auf die Natur Adams und Evas vor dem Biss in die Frucht], und sie sind versunken im Elend ihrer Blindheit und ihrer Begierde, das ihre zweite Natur geworden ist [was ich den unteren Raum nenne].[3]

Wenn wir nicht alle Hoffnung auf Wiederherstellung echter, geistlicher Gemeinschaft aufgeben wollen, wenn wir die Gemeinde aus der Belanglosigkeit ihrer selbstgemachten Programme und menschengefälligen Unterhaltung herausreißen wollen, dann müssen wir die verlorengegangene Vorstellung eines durch und durch bösen unteren Raumes in jedem einzelnen Herzen zurückgewinnen und diesen auch bei uns selbst erkennen. Es gilt, die für den Umgang miteinander schädlichen Elemente zu verwerfen.

Diese Vorstellung ist im achtzehnten und neunzehnten Jahrhundert verlorengegangen, als man meinte, eine radikal pessimistische Einschätzung der Sünde stünde der wachsenden Begeisterung für den aufkeimenden Fortschrittsglauben im Wege. Um (im Sinne der Aufklärung) das Vertrauen in unsere Fähigkeit, sämtliche menschlichen Probleme lösen zu können, nicht zu erschüttern, wurde die Vorstellung von einer hoffnungslos korrumpierten sündigen Natur preisgegeben. An ihre Stelle trat ein Verständnis von Moral, das sich reduzieren ließ auf das Vermeiden freiwilliger und bewusster Übertretungen bekannter Gesetze. Auf diese Weise, so glaubte man, ließe sich menschliches Verhalten steuern.

---

[2] Pascal, Pensees, 5. Die wahre Religion bewiesen durch die Widersprüche im Menschen und durch die Erbsünde.

[3] Ebd.

Die Lösung setzte sich zusammen aus Unterweisungen in Sittlichkeit, besseren Lebenschancen und Eigenverantwortung des Einzelnen. Dallas Willard nennt das „Sünden-Management". Fortan glaubte man, auf die Kraft des Geistes, der von innen heraus Veränderung wirkt, verzichten zu können.

Hier wird ein wichtiges Prinzip deutlich: *Sobald man die Sünde vom Boden aufhebt und zu etwas erhebt, das weniger tief ist als Elend, wird im Gegenzug die Tugend herabgeholt und zu etwas Geringerem als Größe erniedrigt.* Einen guten Charakter zeichnete nicht länger aus, dass ein Mensch in der Anbetung Gottes verankert war, also in enger Verbindung mit Gott stand und diesen in Demut, zerbrochenem Herzen und Gehorsam verherrlichte. Guter Charakter zeichnete sich fortan durch wenig mehr aus als gesellschaftliche Verantwortlichkeit und die Weigerung, Schlechtes zu tun. Es bedurfte nicht mehr des Heiligen Geistes, um mit dem Bösen fertig zu werden oder Tugendhaftigkeit zu entwickeln. Eine gute Ausbildung und kulturelle Schranken würden dazu völlig ausreichen.

Irgendwann betrat Sigmund Freud mit teuflisch anmutender Raffinesse die Bühne. Inzwischen war die Kirche der sie umgebenden Kultur in deren Überzeugung gefolgt, Sünde sei kaum mehr als das freiwillige Übertreten von Gesetzen durch ansonsten anständige Bürger. Nun präsentierte Freud seine Sicht des menschlichen Dilemmas.

Er tauchte tief in die menschliche Psyche ein und entdeckte in ihr ein nach außen unsichtbares Labyrinth dunkler Kräfte, die hinter unseren sichtbaren Problemen am Wirken sind. Freud theoretisierte über einen unteren Raum, säkularisierte diesen, befreite ihn vom moralischen Gestank und nannte ihn „Es". Diesem schrieb er Kräfte zu, die – unkontrolliert – zu allerlei psychischen (nicht aber geistlichen!) Problemen führen können.

Das Ergebnis war katastrophal. Während die Kirche damit beschäftigt war, die Menschen an biblisch begründete sittliche Maßstäbe anzugleichen (vgl. das Aufkommen des amerikanischen Fundamentalismus in den 1930er Jahren), machten es sich die säkularen Analytiker unseres problematischen Innenlebens zur Aufgabe, Seelen zu heilen.

In neuerer Zeit haben große Teile der Kirche einen Wechsel vollzogen: Statt moralische Anpassung zu propagieren, bietet man nun Inspiration dafür, wie man das Leben voll auskosten kann. Doch weder der eine noch der andere Ansatz geht auf das Elend im unteren Raum überzeugend ein. Psychotherapeuten behandeln die inneren Konflikte weiterhin nach einem entchristlichten Therapiemodell des menschlichen Versagens und der inneren Kämpfe. Der untere Raum des moralischen Elends wird einfach wegtheoretisiert.

Solange wir nicht wieder zu einer wirklich christlichen Einschätzung der Ursachen von Essstörungen, multiplen Persönlichkeiten, sexuellen Süchten und Beziehungskonflikten zurückkehren, wird man den Wert geistlicher Gemeinschaft nicht erkennen. Gemeinden werden den Menschen weiterhin oberflächlich zu heilen suchen – durch Moralismus, inspirierende Darstellungen wichtiger Wahrheiten und eine Fülle hilfreicher Aktivitäten. „Schwierige" Fälle, also solche, die auf diese Methoden nicht ansprechen, werden an die Fachleute zur professionellen Behandlung verwiesen. Geistliche Gemeinschaft bleibt dieser Sichtweise zufolge weiterhin den Mönchen und Mystikern vorbehalten und wird nicht als Berufung für alle Christen gesehen. Auch in Zukunft werden wir die Mystiker für eigentümliche Leute halten, die auf Säulen sitzen oder sich in Höhlen verkriechen.

Neben einer realistischen Einschätzung des tiefen moralischen Elends müssen wir in der Gemeinde auch ein klares Verständnis des allgemeinen Priestertums aller Gläubigen zurückgewinnen. Wir sind alle Priesterinnen und Priester, wir alle haben unmittelbaren Kontakt zu Gott und dürfen uns ihm nähern, und wir alle haben das Leben des Geistes in uns, das darauf wartet, in andere hineingegossen zu werden. Und es ist dieses Leben, das die Seele zu heilen vermag. Als Gottes Gemeinde, die unterwegs ist zu ihm, verfügen wir über sämtliche Ressourcen, die wir benötigen, um vorwärts zu gehen. Wir müssen nur zu einer Gemeinschaft werden, als ein eng verbundener Leib zusammenwachsen, echte Beziehungen miteinander eingehen.

Ich möchte nun einen Ansatz vorstellen, wie wir sowohl über unser Elend nachdenken können – und dadurch eine klare Sicht von der Sünde zurückgewinnen können –, als auch über unsere

Größe – was uns motivieren kann, ein priesterliches Leben zu führen. Wir befinden uns nun im unteren Raum und wollen uns dort gründlich umsehen. Es ist wichtig, dass wir diesen Raum, der in jedem von uns ist, genau anschauen, und nachdem wir ihn gesehen haben, ihn hassen, schließlich verlassen und der Zerstörung übergeben.

Fragen zur Vertiefung und zum Gespräch

- Dr. Crabb eröffnet dieses Kapitel mit der vielleicht überraschenden Feststellung: „Es gab Augenblicke, in denen ich mich ernstlich gefragt habe, ob mein Glaube überlebt." In welchen Lebenssituationen wurde Ihr Vertrauen in Gott erschüttert? Was hat Sie trotz Schmerz und Verwirrung beim Glauben gehalten? Was hat Sie – falls Sie vorübergehend vom Glauben abgefallen sind – wieder zurückgebracht?
- Drei Menschen, die den „großen Keim des Elends" mithilfe des „großen Keims des Großen" (Blaise Pascal) überwunden haben, haben Dr. Crabb geholfen, im Glauben verankert zu bleiben. Gibt es jemand in Ihrem Leben, der Entwürdigung oder Leid erfahren hat, wodurch seine tönernen Füße sichtbar wurden, und der dennoch ein scheinbar unzerstörbares und unverfälschtes Leben ausstrahlt? Welchen Zusammenhang erkennen Sie zwischen unvorstellbar großen Anfechtungen und unwiderstehlichem Glauben an Jesus?
- Wir dürfen unser eigenes Elend nicht nur als etwas Vergangenes betrachten, sondern auch als gegenwärtige Realität. Warum übersehen wir unser Elend geflissentlich, sowohl als Einzelne als auch in der Gemeinschaft? Warum sträuben wir uns hartnäckig, unser Elend zuzugeben? Warum spielen wir es herunter oder ignorieren es sogar? Suchen Sie nach fünf oder sechs Antworten auf diese drei Fragen.
- Lesen Sie noch einmal das Pascal-Zitat durch. Es stellt einen weiteren Schritt dar, endlich die Vorstellung zu überwinden, das Elend sei Ausdruck menschlicher Komplexität (statt Gottlosigkeit und Bosheit) oder psychischer Störungen (im Gegensatz zu Sünde), und dass Größe ein machbares Produkt aus guter

Ausbildung, wirtschaftlichen Vorteilen oder – im Bedarfsfall – Therapie darstellt. Führen Sie dann als nächsten Schritt, Ihr Elend einzugestehen, eine Verhaltensweise oder eine Aussage aus Ihrem Leben an, die ein Beispiel für die Vermischung von Kräften aus dem unteren und oberen Raum darstellt (vgl. Dr. Crabbs Beispiel, S. 126).

- Dr. Crabb gibt einen Überblick darüber, wie sich die Moralvorstellungen in den letzten Jahrhunderten durch kulturelle Einflüsse verändert haben. Was fanden Sie daran neu, auffällig und/oder beunruhigend?

Unsere Konflikte zerstören Beziehungen und machen geistliche Gemeinschaft unmöglich. Solange wir nicht wieder zu einer wirklich christlichen Einschätzung der Ursachen von Essstörungen, multiplen Persönlichkeiten, sexuellen Süchten und Beziehungskonflikten zurückkehren, wird man den Wert geistlicher Gemeinschaft nicht erkennen. Neben einer realistischen Einschätzung des tiefen moralischen Elends müssen wir in der Gemeinde auch ein klares Verständnis des allgemeinen Priestertums aller Gläubigen zurückgewinnen. Wir sind alle Priesterinnen und Priester, wir alle haben unmittelbaren Kontakt zu Gott und dürfen uns ihm nähern, und wir alle haben das Leben des Geistes in uns, das darauf wartet, in andere hineingegossen zu werden. Und es ist dieses Leben, das die Seele zu heilen vermag.

KAPITEL 9

Die Ausstattung des unteren Raums

> Er hat mich mit einer Eigenschaft der Puritaner konfrontiert, die ich fast schon vergessen hatte: Für ihn besteht ein wesentliches Symptom des wiedergeborenen Lebens im ständigen Erschrecken über unsere angeborene und (offenbar) unabänderliche Verderbtheit. Ein echter Christ hat den Gestank der Jauchegrube stets in der Nase.
>
> C. S. Lewis [über den presbyterianischen Pastor Alexander Whyte, 19. Jh.]

Am 27. August 1996, drei Wochen vor seinem plötzlichen Tod, findet sich folgender Eintrag in Henri Nouwens Tagebuch:

> Wir, die wir geistliche Führung ausüben, leben oft selbst nicht nach unserer Predigt und Lehre. Es ist nicht einfach, die Heuchelei völlig zu vermeiden, da wir oft Dinge von uns geben, die wir selbst nicht leben. Ich ermahne Menschen oft zu einem Leben, das zu führen ich selbst nicht völlig imstande bin. [Und dann fügt er hinzu:] Mehr und mehr werde ich mir bewusst, dass das beste Heilmittel gegen Heuchelei Gemeinschaft ist. Heuchelei rührt weniger daher, nicht meinen Worten gemäß zu leben als vielmehr daher, diese Unfähigkeit nicht offen zu bekennen.[1]

---

[1] Henri Nouwen, *Sabbatical Journey*. New York: Crossroad, 1998, 219-220.

Wie jeder von uns, so *konnte* auch Nouwen *nicht* alles sein, was er sein sollte.

In letzter Zeit denke ich über C. S. Lewis' Metapher von den „Gespenstern" und den „festen" Menschen in *Die große Scheidung*[2] nach. Darin erzählt er folgende Geschichte: Ein paar Gespenster aus der Hölle steigen in einen Bus, um die Außenbezirke des Himmels zu besuchen. Sie treffen dort auf einen Engel, der ihnen erklärt, dass sie auf die falschen Dinge gesetzt hätten, um heil (ganz) zu werden. Um die himmlische Umgebung jedoch genießen zu können, müssten sie zuvor *feste* Wesen werden – und dazu müssten sie zuerst alles aufgeben, worauf sie bisher fälschlicherweise vertraut hätten. Diejenigen, die sich weigerten, blieben ein Gespenst.

Um ein „fester" Mensch zu werden, muss ich alle Götzen aufgeben, von denen ich mir Leben verspreche. Solche Götzen können ein Sohn oder eine Tochter sein, meine Karriere, mein Ruf, eine besondere Beziehung (aktuell oder von früher) oder ein oberflächlicher Lebensstil, der mir hilft Konflikte zu vermeiden.

Diese Götzen helfen nicht weiter. Statt mich ganz zu machen, lassen sie mich leer und gespensterhaft. Allerdings muss ich zuerst davon *überzeugt* sein, bevor ich die Götzen aufgeben werde. Und der einzige Weg, dass ich einsichtig werde, ist, dass man mich überzeugt, dass die Götzen mir nicht geben können, wonach ich mich am meisten sehne. Nun lautet die schmerzliche Wahrheit jedoch, dass ich nur durch Leiden überzeugt werde, und zwar ein Leiden, das mich erkennen lässt, dass jene Götter die durch das Leid freigelegten Bereiche meines Herzens nicht verändert haben. Deshalb muss ich leiden.

Wenn ich leide, kann ich mich besser konzentrieren. Mir wird klar, dass ein neues Auto zwar schön sein mag – und sein Erwerb berechtigt –, doch wird es den Hunger meiner Seele nicht stillen. Leiden richtet meine Aufmerksamkeit auf das, wonach sich meine Seele am Tiefsten sehnt – und damit auf Gott. Ich lerne auf ihn zu vertrauen. Doch selbst während ich dies schreibe, spreche ich Dinge aus, die größer sind als ich. In diesem ganzen Buch rufe ich Sie zu einem Leben, das ich selber noch nicht ganz leben kann.

---

[2] Clive St. Lewis, *Die große Scheidung*. Einsiedeln: Johannes Verlag, 2008.

Ich erinnere mich, wie ich einmal für eine andere Person ein Gespenst war. Dabei wurde mir bewusst: Wenn man sich an ein Gespenst anlehnt, fallen beide um.

Vor einigen Jahren war die Tochter eines Freundes von mir gerade von zuhause weggelaufen, seine Frau hatte eine Affäre gestanden, und seine Mutter war gestorben – alles im Zeitraum von einer Woche.

Er rief an und fragte mich, ob ich einige Zeit mit ihm verbringen könnte. Einen Tag nach dem Anruf flog er nach Colorado und wir verbrachten fast eine Woche zusammen. Wir nahmen uns dabei Zeit zum Spielen, wir sahen uns zwei Filme an, besuchten eine Automobilausstellung und aßen einige Steaks zusammen

Dieser Mann hatte mich einige Jahre vor diesen tragischen Ereignissen geringfügig beleidigt, aber wir hatten nie darüber gesprochen. Ich bezweifle, dass ihm je bewusst war, wie ich mich damals gefühlt habe, und ich schämte mich meiner törichten Überempfindlichkeit. Doch während wir uns unterhielten, konnte ich den bohrenden Drang nicht abschütteln, ihn darauf aufmerksam zu machen, er habe seine Tochter vernachlässigt, seiner Frau gegenüber versagt und würde nun mit dem Tod seiner Mutter nicht richtig umgehen. *Woher kam dieser Drang?* Selbst als wir miteinander weinten, kam ich mir niederträchtig vor. Ein kleiner Teil konnte nicht völlig widerstehen, diesen Mann zu verletzen.

Wir redeten miteinander, und ich tat mein Bestes, ihn zu ermutigen, hauptsächlich indem ich mir einfach Zeit für ihn nahm und weniger mit guten Ratschlägen. Ich versuchte zu unterstützen, was der Geist in dieser schweren Zeit in ihm wirkte. Schließlich kehrte er nach Hause zurück und wir verloren uns aus den Augen.

Erst kürzlich plante ich eine kleine Reise in seine Gegend und arrangierte einen Besuch bei ihm. Wir trafen uns zum Mittagessen, und nach etwas Smalltalk sagte er: „Weißt du, eigentlich möchte ich dir gar nicht erzählen, wie es mir geht. Als wir vor einigen Jahren die Woche miteinander verbrachten, fühlte ich mich von dir kritisiert. Ich fühle mich in deiner Gegenwart nicht gerade sicher."

Warum kam sich Henri Nouwen am Ende seines Lebens so viel kleiner vor als seine Botschaft? Warum fühle auch ich mich kleiner als meine? Oder zugespitzter formuliert: Warum *bin* ich kleiner?

Was stimmt bei uns allen nicht, dass wir wie vertrauensunwürdige Gespenster in einer Welt leben, die sich nach festen Menschen sehnt?

Lassen Sie mich diese Frage zunächst so beantworten: Was mit Lewis und Nouwen nicht stimmte, das stimmt auch mit Ihnen und mir nicht, und es ist das Gleiche, was mit Hitler und Stalin nicht stimmte.

Ich nenne es den unteren Raum, Lewis sagt dazu „Jauchegrube", die Bibel nennt es das *Fleisch*. „Das Neue Testament fasst das ganze System der Sünde unter dem Begriff *sarx* (Fleisch) zusammen und bezeichnet damit die gefallene menschliche Natur, die nicht unter dem erneuernden Einfluss und der Herrschaft des Heiligen Geistes steht."[3] Lesen Sie, wie Richard Lovelace folgenden Ausschnitt aus Jonathan Edwards[4] Predigt *Men Naturally God's Enemies* (dt. *Menschen: die natürlichen Feinde Gottes*) hervorhebt:

> Obschon die meisten Menschen den Anschein ratlosen Suchens nach der Wahrheit erwecken und dabei aufrichtig nach Gott zu fragen scheinen, ist die Wahrheit eine andere: Wenn sie nicht vom Geist bewegt werden, sind sie von einem natürlichen Widerwillen gegen den wahren Gott erfüllt, von einem *unbeherrschbaren* (meine Hervorhebung) Verlangen, seine Gebote zu übertreten, und der Neigung, über ihn zu Gericht zu sitzen, sofern sie ihn überhaupt zur Kenntnis nehmen. Da seine Absichten mit ihren Plänen ständig über Kreuz liegen, hassen sie ihn tatsächlich mehr als jedes endliche Ding – was am deutlichsten in ihrem Umgang mit seinem Sohn zutage tritt. Freilich ist ihnen diese Feindschaft selten bewusst, wird sie doch bei jeder Gelegenheit verdrängt durch ihren Unglauben, durch das Schaffen angenehmer, aber falscher Gottesbilder, durch das Gefühl der Distanz zu ihm, durch ihre Angst vor Strafe oder durch ihr fehlendes Bewusstsein für die Größe ihrer Schuld.[5]

---

[3] Richard Lovelace, *Dynamics of Spiritual Life*. Downers Grove: InterVarsity Press, 1979, 89.

[4] Berühmter amerikanischer Theologe und Prediger (1703-1758).

[5] Ebd., 86.

Stellen Sie sich vor, Sie müssten aus solchen Menschen eine Gemeinschaft bilden. Genau das versuchen wir, seit Adam und Eva sich bemüht haben, eine Familie zu bilden: Weder gelang es damals noch gelingt es heute.

Es ist sehr leicht aus den Augen zu verlieren (oder manchmal gar nie zu sehen), wie schlecht wir im Grunde sind. Haben wir erst einmal den wunderbaren Raum entdeckt, den Gottes Geist in uns geschaffen hat, jenen hellen, von Licht, Gesang und Liebe erfüllten Raum, gerät darüber leicht die anhaltende Macht des bösen Raums in Vergessenheit, der immer noch da ist. Dadurch können wir uns über uns selbst besser fühlen. Wir wiegen uns in der Vorstellung, wir seien anständige Leute, freilich mit der einen oder anderen Macke behaftet, vielleicht sogar auf tönernen Füßen stehend – doch wirklich *Böses* vermögen wir nicht an uns zu erkennen.

Der Innenarchitekt des unteren Raumes liebt nichts mehr als das. Wenn wir die Jauchegrube in uns nicht riechen können, wird sie uns weniger stören. Wir werden womöglich in ihr baden und sie am Ende für eigentlich sauberes Wasser halten.

Allerdings steckt in jedem von uns ein unterer Raum, und der ist *schlecht*. Auch wenn wir im duftenden Ambiente des oberen Raumes ehrlich versuchen, einander zu begegnen, entfährt uns allzu oft ein Wort aus dem unteren Raum, der die Stimmung kaputt macht, die Gemeinschaft ins Ungeistliche kippt und aus unseren festen Körpern Gespenster macht. Und wenn es dann zu Konflikten kommt, verstecken wir uns hinter Gemeinsamkeiten, arbeiten gemeinsam an verdienstvollen Projekten, erwarten uns Zuspruch und Trost von Freunden oder – wenn der Konflikt ernst genug ist – begeben wir uns in Seelsorge oder beugen uns dem Druck, uns anzupassen.

Zu schnell greifen wir nach Lösungen, ohne das eigentliche Problem richtig erkannt zu haben. Eine klare Beschreibung des Problems kann uns helfen, die Unzulänglichkeit unserer Lösungsansätze zu erkennen. Vielleicht wird in der Folge unser Interesse an Gottes radikaler – selbst von vielen Christen ignorierter – Lösung geweckt.

Teresa von Avila sagt, unser Problem gleiche „Schlangen, Vipern und giftigen Kreaturen", die in den Außenbezirken jener herrlichen Burg unserer neugeschaffenen Seele umherschleichen.[6] Sie rät uns, unsere Reise zu Gott damit zu beginnen, dass wir eine Selbsterkenntnis entwickeln, die uns demütigt. Ich glaube, sie meint damit, wir sollten uns die Schlangen im unteren Raum genau ansehen und uns dadurch so sehr vor ihnen fürchten, dass wir uns schnellstens in den oberen Raum flüchten, den sie „die sieben Wohnungen" nennt.

C. S. Lewis führt das einen Schritt weiter: Er unterscheidet zwei Arten von Schlangen und damit zwei Kategorien von Sünden, die aus jeweils unterschiedlichen verderbten Orten in uns hervorkriechen. Ich nenne sie die Sünden des Erdgeschosses und des Kellers. Lewis schreibt:

> Die Sünden des Fleisches sind schlimm, aber es sind nicht die schlimmsten. Die schlimmsten Lüste sind alle rein geistiger Art; die Lust daran, andere ins Unrecht zu setzen, herumzukommandieren und andere von oben herab zu behandeln, anderen den Spaß zu verderben oder sie zu verleumden, sich an der Macht zu berauschen und Hassorgien zu feiern. Denn zwei Mächte im Menschen versuchen, ihn von seiner eigentlichen Bestimmung abzuhalten: das Animalische und das Teuflische. Das Teuflische ist das Schlimmere von beiden. Deshalb kann ein kalter, selbstgerechter Heuchler, der regelmäßig zur Kirche geht, der Hölle näher sein als eine Hure.[7]

Die *teilweise* Zerbrochenheit, zu der die Konfrontation mit den Sünden im Erdgeschoss führt, befreit uns nicht zur Teilnahme an geistlicher Gemeinschaft. Dazu bedarf es freilich des *tiefen* Zerbruchs, wie er entsteht, wenn wir förmlich spüren, wie die Schlangen über unsere nackten Füße kriechen, während wir im Keller stehen und der Gestank der inneren Jauchegrube in unsere Nase zieht.

Wenn wir über die Sünden des Erdgeschosses Buße tun, ohne unsere Kellersünden zu verabscheuen, werden wir auf unserem Weg zur Reifung kaum Fortschritte erzielen. Wir werden zu

---

[6] Teresa von Avila, *Interior Castle.* New York: Doubleday, 1989, 40-41 (Vgl dt. Die Seelenburg der heiligen Teresia von Jesu. München: Kösel, 1997).

[7] C. S. Lewis, *Pardon, ich bin Christ.* Basel: Brunnen-Verlag, 1977, 99.

selbstgerechten Heuchlern, die zwar regelmäßig in die Kirche gehen, zu geistlicher Gemeinschaft aber nie etwas beitragen.

Erlauben Sie mir eine persönliche Veranschaulichung dazu. Gerade sitze ich im Flugzeug. Noch befinden wir uns am Flugsteig in Chicago; gleich heben wir ab Richtung Denver. Heute Morgen war ich noch in Milwaukee, wo ich gestern ein Seminar über geistliche Gemeinschaft abhielt.

Das Seminar verlief gut; der Geist hat gewirkt.

Ich habe über die Jahre gelernt, nach einer guten geistlichen Erfahrung auf der Hut zu sein. Danach neige ich nämlich dazu, Versuchungen gegenüber anfälliger zu sein als sonst. Ein Pastor hat mir einmal erzählt, dass er nach einer besonders kraftvollen Predigt den Wunsch verspüre, jemanden einen schmutzigen Witz zu erzählen. Ich weiß, was er meint.

Nachdem mich mein neuer Freund John heute Morgen zum Flughafen von Milwaukee gebracht hatte, blieben mir noch zwanzig Minuten Zeit, bis ich an Bord gehen konnte. Mit einer ordentlichen Portion Kaffee vom Frühstück im Magen konnte ich ohne Probleme am Starbucks-Café vorbeigehen und steuerte gezielt die Buchhandlung an. Ich war angenehm überrascht: Es war ein gut sortiertes Antiquariat mit günstigen Preisen. So etwas hatte ich in einem Flughafen noch nie gesehen. Das Schild „klassische Belletristik“ fiel mir sofort auf, und ich ging zu dem entsprechenden Gang.

Ich fühlte mich wie ein Schokoladesüchtiger bei Ghiradelli's am Kai von San Francisco. Ich weidete mich am Anblick der Werke von Dickens, Dorothy Sayers und O'Henry.

Doch dann geschah es: Als ich das oberste Regal nach weiteren Schätzen durchforstete, erblickte ich ein anderes Schild ganz in der Nähe: „Erotika“.

Es war eine reflexartige Bewegung. Mein animalisches Ich drängte mich dorthin zu gehen.

Etwa zwanzig Sekunden lang war mein Geschmack für Dickens gestorben. Ich wusste zwar, dass dieses Verlangen falsch war. Aber es war ein Drängen, das aus dem Erdgeschoss kam, und als ich damit kämpfte, war ich teilweise zerbrochen. Ich traf die bewusste, aber schwierige Entscheidung, meine Augen wieder auf die weniger reizvollen klassischen Titel zu richten. Dabei entdeckte ich Walker Percys *The Thanatos-Syndrome*, erwarb es für drei Dollar fünfundneunzig und eilte zu meinem Flugsteig, wie damals Joseph vor Potiphars Frau flüchtete.

Als ich das Flugzeug bestieg, fühlte ich mich nicht etwa dankbar, sondern *stolz*. Viele Männer, darunter vielleicht sogar einige Pastoren, hätten nachgegeben und über die Erotika jedes Zeitgefühl verloren und ihren Flieger verpasst. Mit Genugtuung schlug ich Percys Buch auf und begann zu lesen, während das Flugzeug in Richtung Chicago abhob.

Ich war in den Ring gestiegen und hatte mein animalisches Ich k.o. geschlagen. Das war gut. Was ich nicht gesehen hatte, war, dass mein diabolisches Ich am Ring saß und teuflisch grinste. In diesem Moment war ich ein Gespenst, das sich an *Stolz* labte. Die Leere blieb. Ich dachte, ich hätte aufgrund meiner edlen Gesinnung in der nächsten Vorlesung von meinen Studenten etwas mehr Respekt verdient – oder von meiner Frau oder meinen Freunden eine Extraportion Wertschätzung.

Die Schlangen krochen an mir empor, der Gestank der Jauchegrube stieg auf, und ich war der Meinung, ich hätte gerade Eau de Cologne aufgetragen. In jener Verfassung blieb mir jeder Beitrag zu geistlicher Gemeinschaft versagt. Die Kellersünden verspritzten ihr Gift.

Doch was genau sind „Kellersünden"?

Zunächst eine Warnung: Während ich über die Inneneinrichtung unseres untersten Kellers schreibe, bitte ich Sie, beim Lesen dieser Zeilen die harte Arbeit auf sich zu nehmen, das Gelesene auf sich persönlich zu beziehen. Wir haben keinen Gewinn davon, beim Bösen nur an die Probleme anderer zu denken. Es wird uns nichts helfen, wenn wir die Ausführungen nur als neugierige Seelenforscher betrachten, als allgemeine Beobachter der Menschen und aus teilnahmsloser akademischer Distanz zu dem, was in uns einen Brechreiz auslösen sollte.

Es gibt, denke ich, *vier Einrichtungsgegenstände* in unserem unteren Raum, vier voneinander unterscheidbare Leidenschaften, die jeweils eine Korrumpierung von etwas Gutem darstellen. Ich zähle sie zunächst auf und bespreche sie danach.

Die vier Innenausstattungen unseres unteren Raumes

1. Das entstellte *Gottesbild*, das uns mit *Ich-Sucht* erfüllt.
2. Die korrumpierten *Ressourcen*, die uns als Menschen anvertraut wurden und die uns jetzt mit dem *Drang* erfüllen, *zu bestimmen und zu kontrollieren*.
3. Angenehme und leidvolle *Lebenserfahrungen*, die wir dadurch verzerren, dass wir darauf mit der *Leidenschaft* reagieren, *Leben* (= Genüsse, die wir noch einmal erleben müssen) *und Tod* (= zu vermeidender Schmerz) *zu definieren*.
4. Wir haben Gottes heiliges Gesetz, das uns gegeben wurde, um uns unsere Not vor Augen zu halten, verkehrt; nunmehr entfacht es in uns eine *Leidenschaft, uns zu beweisen und anzustrengen*, die uns schier in den Wahnsinn treibt.

Innenausstattung Nr. 1: Die Ich-Sucht

(Das entstellte Gottesbild)

Als Erstes begegnen wir im unteren Raum einem Verlangen nach Beziehung, das allerdings zu etwas gänzlich Selbstbezogenem verdreht worden ist und meiner Meinung nach das Herz des diabolischen Ichs darstellt. C. S. Lewis hat in Bezug auf seine sterbende Frau einmal geklagt: „All mein Gerede von Liebe zu dir ist bloße fleischliche Rhetorik. Ich habe seit meiner Geburt keinen einzigen selbstlosen Gedanken gehabt. Ich bin durch und durch selbstsüchtig."

Gestern Nacht rief mich ein enger Freund an und bat mich, für ihn zu beten. Seine Frau und er hatten gerade erfahren, dass ihr Sohn, ein Einser-Student an einer christlichen Uni und der typische Jugendgruppenleiter, kokainsüchtig ist. Ich konnte den Gedanken nicht völlig unterdrücken: *Zum Glück ist es nicht mein Sohn*. Und so kroch die Schlange an meinem Bein hoch.

Wir bitten, nein, wir *fordern*, dass alles in unserem Leben unseren eigenen Zwecken dient oder zumindest unser Wohlergehen berücksichtigt. Die Kräfte unseres unteren Raumes sind auf radikale und unabänderliche Weise selbstbezogen. Nichts verletzt das trinitarische Beziehungsmuster stärker.

Wenn wir uns tief genug bücken, vernehmen wir vielleicht das Poltern dieser schrecklichen Leidenschaft. In jedem Augenblick, in jeder Beziehung stellen wir Fragen und sagen wir Dinge wie die Folgenden (wenn nicht laut, dann leise):

- Sie hat mich nicht angelächelt, als ich den Raum betrat. Ist sie mir böse? Sie kann schon ziemlich hochnäsig sein.
- Warum ruft er nicht an? Ich habe schon drei Nachrichten hinterlassen. Na schön, es kümmert sich ja ohnehin niemand um mich.
- Er kommt nie zu Besuch.
- Was für gebildete Leute hier auf der Party! Ich behalte meine Ansichten lieber für mich.
- Und du meinst, dir ging's schlecht? Willst du mal hören, was ich durchgemacht habe?
- Ich kann nicht glauben, dass du mir das antust. Weißt du eigentlich, wie schwer du mir das Leben machst?

Unsere Kultur hat uns davon überzeugt, dass dieses Poltern nicht unser Egoismus ist, der sich da meldet, sondern unsere Unsicherheit, und dass Leute, die so denken und reden, eher psychologische Hilfe brauchen als geistliche Erneuerung. Aber dies sind Indizien für unsere persönliche Verderbtheit, nicht für eine schlechte Erziehung oder mangelnde Selbstachtung.

Wir tragen immer noch das Bild Gottes. Wir sehnen uns nach Gemeinschaft, nach innigen Beziehungen zu anderen Menschen, nach Freude am Miteinander. Dieser Wunsch lässt sich nicht unterbinden, denn dazu wurden wir geschaffen. Unsere Wünsche jedoch sind entstellt worden. Wir sind nicht mehr fundamental auf etwas außerhalb von uns bedacht, sondern auf uns selbst fixiert. Unsere *Fähigkeit* zur Gemeinschaft ist einer verzweifelten *Sehnsucht* nach Beziehungen gewichen, die ganz schnell in eine ungehaltene *Forderung* nach Gemeinschaft umschlagen kann: Ich brauche Liebe, also *liebe mich!*

Wir gleichen Kindern, die sich weigern, vom gedeckten Tisch ihres reichen Vaters zu essen, und stattdessen durch die Straßen ziehen: Erst *betteln* wir um Essen, dann *verlangen* wir es, und schließlich *stehlen* wir das Essen von anderen. Das in uns entstellte

Bild Gottes drängt uns mehr als alles andere nach einer Gemeinschaft, in der die anderen sich *uns* gegenüber richtig verhalten.

Das kommt uns vernünftig und richtig vor. Das *Wichtigste*, nämlich Gott und andere zu lieben, ist von dem *Zweitwichtigsten*, nämlich Liebe (was immer wir darunter verstehen) von anderen zu empfangen, verdrängt worden. Selbstverherrlichung, getarnt als Bejahen unserer Sehnsüchte, Setzen unserer Grenzen und Kümmern um uns selbst, ist für uns Priorität Nummer eins geworden.

Innenausstattung Nr. 2: Die Leidenschaft zu bestimmen

(Die Pervertierung unseres von Gott gegebenen Auftrags, treuhänderisch über die Erde zu herrschen)

Die zweite Wirklichkeit, die uns begegnet, wenn wir in den Keller unseres unteren Raumes gehen, ist eine Entschlossenheit, die sich sowohl edel als auch notwendig ausnimmt. Unverrückbar eingebettet in unser natürliches (diabolisches) Ich befindet sich der Vorsatz, dass wir uns auf die uns gegebenen Mittel verlassen, um das Leben nach unserem eigenen Gutdünken zu gestalten.

Ressourcen, die ursprünglich für gute Zwecke bestimmt waren, werden nun für schlechte eingesetzt. Geld wird nicht zur Erhaltung gesunden Lebens und oder für Gemeinschaft fördernde Freizeitaktivitäten ausgegeben, sondern für Dinge, die uns das Gefühl geben, wichtig zu sein. Ich vermute, wir hätten genug Geld, jedes hungerleidende Kind auf dieser Welt satt zu bekommen, wenn es der Werbung nicht gelänge, unsere niederen Triebe so nachhaltig anzusprechen. Wie anders wäre unsere Welt, könnten wir echte Seelennahrung von solchen Speisen unterscheiden, die lediglich unseren Stolz füttern.

Wie jede pervertierte Leidenschaft, nährt sich auch diese aus der großen Lüge, derzufolge keiner so gut für uns sorgt wie wir selbst. Oswald Chambers hat einmal gesagt, die Wurzel aller Sünde sei der Verdacht, Gott sei nicht gut und kümmere sich nicht wirklich um das, was für uns am wichtigsten ist.

Wir verspüren unsere Sehnsucht nach Beziehung, reduzieren diese aber darauf, reflexartig zu fordern, dass andere gut mit uns umgehen. Und weil sich niemand darum kümmert, ob wir richtig geliebt werden oder nicht, kümmern wir uns selber darum, dass wir bekommen, was wir brauchen.

Verletzt uns jemand, dann verlagert sich unsere Priorität. Es geht uns dann in erster Linie nicht mehr darum, zu bekommen was wir wirklich brauchen, sondern darum, uns vor weiteren Verletzungen zu schützen. Manchmal führt der schnellste und effektivste Weg, sich lebendig zu fühlen, über den Hass auf den Menschen, der uns abgewiesen hat. Hass beflügelt. Er zwingt den anderen dazu, mit uns zu rechnen. Man mag uns zwar abweisen, doch bleibt spürbar, dass wir da sind.

Die meiste schöpferische Kraft verwenden wir darauf, *Beziehungsstrategien* zu entwickeln, die uns voranbringen oder schützen. Wir denken uns Strategien aus, wie wir andere dazu bringen können, uns das zu geben, was wir uns wünschen, und die uns gegen andere absichern, falls sie es nicht tun.

Bedenken Sie zum Beispiel, wie sich Humor und Schlagfertigkeit für Ihre Zwecke einsetzen lassen. Die Fähigkeit zu lachen und andere zum Lachen zu bringen ist eine Gabe Gottes. Sie lässt sich aber auch von Ehemännern einsetzen, um von ernsthaften Gesprächen mit ihren Frauen abzulenken und auf diesem Weg Konflikt und Enttäuschung zu vermeiden. Auch Schlagfertigkeit kann auf diese Weise missbraucht werden:

Ehefrau: „Warum hast du mich nicht angerufen und mir gesagt, dass du später nach Hause kommen wirst?"

Ehemann: „Haben wir wirklich ein Vertrauensproblem? Ich mag es nicht, wenn ich dir jeden Tag aufs Neue beweisen muss, dass ich kein schlechter Kerl bin. Ja, ich bin zu spät, und ja, ich habe nicht angerufen. Weißt du, was ich mir wünsche? Ich wünsche mir, dass du dich wenigstens einmal fragst, ob ich möglicherweise deshalb so spät und müde von der Arbeit heimkomme, weil ich meine Familie anständig versorgen möchte. Ist das zu viel verlangt?"

Vor drei Tagen erzählte mir ein Freund, er hätte Angst, mir seine Gedanken über Seelsorge anzuvertrauen. Ich würde manchmal auf seine Gedanken mit einer Haltung reagieren, die ausdrückt:

„Du hast nicht viel anzubieten, jedenfalls mir nicht." Vielleicht ist das sein Problem, doch vermute ich, dass wir uns zu oft im Keller zum Gespräch verabredet haben.

Diese zweite Art der Inneneinrichtung kommt dem am nächsten, was die Bibel mit *Fleisch* bezeichnet, jenes Energiereservoir, das die Knie vor Gott niemals beugen wird und fest entschlossen ist, einen Weg zu finden, das Leben ohne ihn zu erfahren.

Inneneinrichtung Nr. 3 – Die Leidenschaft zu definieren

(Die Verdrehung von „Lebenserfahrungen" in Gelegenheiten, selbst zu entscheiden, wofür wir leben und was wir vermeiden wollen, und damit zu definieren, was Leben und Tod für uns bedeuten)

Die Last der Verantwortung, zu entscheiden, wofür es sich zu leben lohnt, ist für uns einfach zu groß. Jedes Mal entscheiden wir uns falsch.

Gott hat uns bereits gesagt, wir sollten für ihn leben, sein wie er, ihn anderen gegenüber repräsentieren und seine Pläne unterstützen. Wenn wir seine Vorstellungen missachten, dann ziehen wir unsere eigenen Lebenserfahrungen zur Beurteilung von Gut und Böse heran. Was sich gut anfühlt und unser Lebensgefühl stärkt, *ist* (so entscheiden wir) Leben; wir bestimmen, dass es Nahrung für unsere Seelen ist, und wir jagen danach mit derselben Leidenschaft, mit der ein Obdachloser in den Hinterhöfen und Mülleimern edler Restaurants nach Essbarem sucht.

Was sich dagegen schlecht anfühlt und uns schnell unglücklich macht, ist (so entscheiden wir) Tod. Wir entwickeln daraus Strategien zur Vermeidung solcher Erfahrungen. Leid gilt es zu vermeiden oder wenigstens zu minimieren.

Werden wir missbraucht, abgelehnt oder kritisiert, nehmen wir diese negativen Erfahrungen keineswegs zum Anlass, uns umso stärker auf Gott zu verlassen und seinen Charakter inmitten dieser Erfahrungen widerzuspiegeln. Stattdessen nehmen wir sie als Grundlage, um herauszufinden, wie wir am besten leben. Wir *interpretieren* unsere Lebenserfahrungen unter dem Gesichtspunkt, welche Gefühle sie in uns auslösen, und machen sie zur Grundlage wichtiger Entscheidungen. Es ist ein bisschen wie bei einem unverbindlichen Date: Sieh dich um, welche Art von Partner dich glücklich machen könnte. War die Entscheidung schlecht, kannst du immer noch einen Rückzieher machen und es nochmal versuchen.

Kürzlich bat ich meine Studenten in einer Seelsorge-Vorlesung, eine schmerzliche und eine glückliche Erfahrung aufzuschreiben.

Frank erinnerte sich daran, dass ihm sein Vater einmal vorwarf, eine Arbeit nicht richtig gemacht zu haben. Daraufhin schlug der Vater ihn – er war erst zwölf – so stark, dass er bewusstlos wurde.

Ich frage mich, wie Frank wohl Tod definiert. Wir lassen zu, dass schlechte Lebenserfahrungen unsere Vorstellung von Tod definieren, statt dabei nach Gottes Meinung zu fragen. Vielleicht hat sich Frank vorgenommen, niemals wieder zu versagen, oder – wenn ihm jemand bei der Arbeit über die Schulter schaut – nie mehr als Versager *wahrgenommen zu werden*. Diese Erfahrung mag aus Frank einen argwöhnischen Menschen gemacht haben, einen, der wenig anpackt, der beispielsweise davor zurückschreckt, hart an seiner Ehe oder Familie zu arbeiten. Ich frage mich, ob er auch seiner Frau gegenüber ängstlich ist. Es könnte ja sein, dass sie sich einen echten Familienvater wünscht, doch er könnte – zumindest in ihren Augen – versagen, und dann würde sie sich aufregen.

Geistliche Gemeinschaft wäre das nicht.

Ein anderer Student beschrieb den Tag, als er seine Adoptivtochter aus dem Krankenhaus nach Hause brachte, als ein Augenblick großer Freude. Falls er jedoch die Verantwortung auf sich genommen hat, Leben selbst zu definieren, dann könnte jener Moment in eine verhängnisvolle Richtung führen: „Leben bedeutet für mich, gebraucht zu werden. Ich habe dann das Gefühl, stark und wichtig zu sein und gebraucht zu werden."

Seiner Tochter wird vielleicht bange bei der Vorstellung, wie viel Macht sie über Leben und Tod ihres Vaters hat: „Ich kann ihm Leben geben oder entziehen." Irgendwann wird sie diese Macht hassen und sie vielleicht nutzen, entweder, um ihren Vater am Leben zu erhalten, indem sie sich brav gibt, oder um ihn zu ruinieren, indem sie rebelliert.

Weder das eine noch das andere wäre geistliche Gemeinschaft.

Unsere Leidenschaft, Leben und Tod zu definieren, führt jedes Mal in die Irre. Die „Erkenntnis von Gutem und Bösem" war nie unsere Bestimmung.

Bevor wir zur letzten Inneneinrichtung kommen, präsentiere ich Ihnen, was wir bis jetzt haben: eine selbstsüchtige Person, die entschlossen ist, ihren Willen durchzusetzen, und die dabei stets auf das falsche Pferd setzt. Setzten Sie einige solcher Leute zusammen, und Sie werden niemals geistliche Gemeinschaft erleben – niemals.

Was unternimmt Gott? Er sieht sich die ganze Perversion an, er sieht den ganzen Streit, das Gezänk, die gegenseitigen Verleumdungen, und dann sagt er: „Hört auf damit! *So* sollt ihr leben." Und dann erlässt er das Gesetz in Gestalt einer Reihe von Geboten und Richtlinien, die uns – sofern wir uns an sie halten – glücklich machen und uns zu einer geistlichen Gemeinschaft zusammenschweißen. Er kommt am Sinai mit Blitz und Donner.

Aber keiner tut, was er sagt. Einige von uns versuchen es, schaffen es aber nicht. Selbst wenn uns seine Gebote egal sind, haben wir die Flausen im Kopf, es müsse einen besseren Weg geben, dieses Leben zu meistern. Alles, was wir als besser ansehen, versuchen wir zu tun, aber auch das klappt nicht. Am Ende fühlen wir uns alle unter Druck. Wir können die Leidenschaft, Leistung zu bringen, nicht einfach abschütteln. Und damit sind wir bei der letzten Leidenschaft in unserem unteren Raum angelangt.

Inneneinrichtung Nr. 4 – Die Leidenschaft, Leistung zu bringen

(Die Verdrehung der Gebote in den Druck, das Richtige zu tun, statt zuzulassen, dass die Gebote Dankbarkeit für erwiesene Gnade und Liebe hervorbringen, selbst wenn wir versagen)

Bitten Sie einen Menschen, der mit unsäglich schmerzhaften Nierenkoliken im Auto auf dem Weg ins Krankenhaus ist, an einem Stoppschild anzuhalten: Er wird Sie anschreien. Ebenso schreien auch wir Gott an.

- „Wie kannst du von mir verlangen, dass ich zu meinem Mann zurückkehre? Hast du vergessen, wie sehr er mich verletzt hat?"
- „Dankbar sein? Wofür? Mein Sohn braucht eine neue Zahnspange, die ich mir nicht leisten kann, und mein Ex weigert sich zu helfen. Und dafür soll ich dankbar sein?"

- „Wie bitte, ich soll nicht mit meiner Freundin schlafen? Das kann nicht dein Ernst sein. Das Leben ist hart. Ich habe viel Ablehnung erfahren. Diese Frau will mich. Da sage ich nicht nein."

Leider ahnen wir, dass Gott Recht hat, und deswegen können wir unser Gewissen nicht vollständig zum Schweigen bringen. Wie der Prediger, der immer dann mit Nachdruck auf die Kanzel haut, wenn sein Argument schwach ist, so pochen wir zornig darauf, dass wir den Maßstäben anderer nicht entsprechen müssen – insbesondere Gottes Maßstäben.

Wir „heulen auf unseren Lagern" (vgl. Hos. 7,14) und beklagen unsere Schmerzen in der Überzeugung, dass unsere inneren Verletzungen jedes Mittel zu ihrer Linderung rechtfertigen.

Die Wende zum postmodernen Denken ermutigt uns in unserer Haltung. Weite Teile unserer Kultur weisen jeden Druck zur Heiligung von sich, schaffen verbindliche Werte ab und respektieren alles, was dem Einzelnen recht erscheint. Die Postmoderne hat die Relativierung von Wahrheit und Gesetz nicht erfunden, sie hat sie lediglich gesellschaftsfähig gemacht. Inzwischen gilt es als unehrenhaft, allgemeinverbindliche Werte zu propagieren.

Es tobt eine heftige Schlacht. Es ist eine Auseinandersetzung gegen jene irritierenden Reste sittlichen Empfindens, gegen die uns irritierende Angst, dass das, was wir tun, eigentlich Sünde ist. Und wenn jemand – wie Jesus – kommt und uns unser Unrecht vorhält, bringen wir ihn um.

Alles, was ich eben gesagt habe, kann anhand einer Skizze mit Hilfe des bekannten Bildes vom Eisberg zusammengefasst werden. Aus dem Wasser ragen die sichtbaren Probleme, die uns beschäftigen, heraus. Darunter befindet sich der untere Raum, die eigentliche Quelle unserer Probleme. Den Inhalt des unteren Raums können wir als fleischliche Dynamiken bezeichnen.

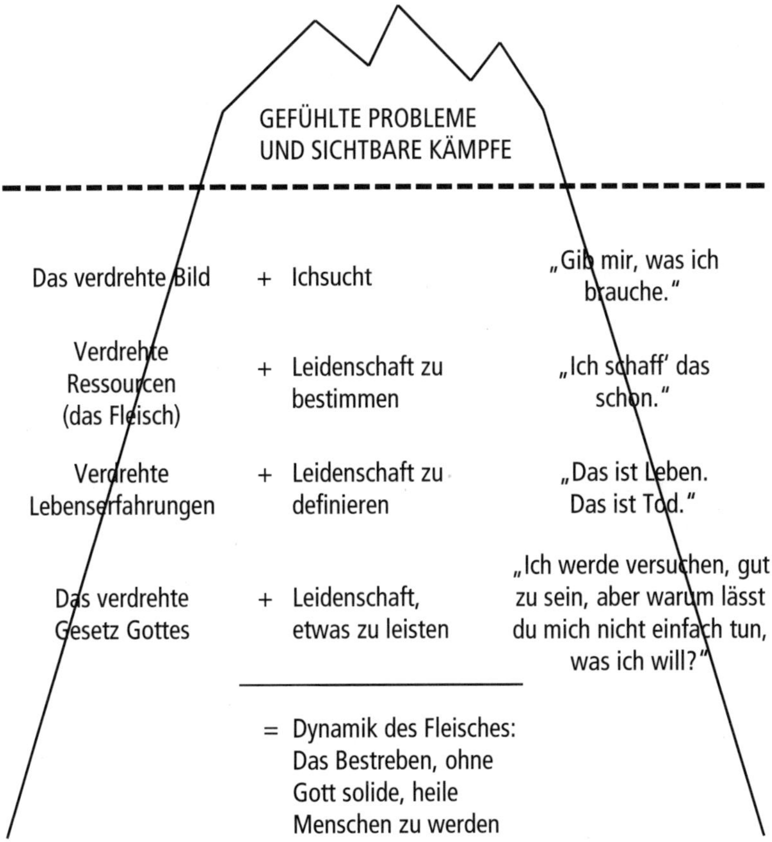

Das ist das Chaos, die stinkende Jauchegrube, die kriechenden Schlangen. Wie soll geistliche Gemeinschaft gelingen, wenn uns solche Leidenschaften beherrschen? Sie gelingt nicht.

Aber Gott hat einen Plan. Und – wie zu erwarten – ist es eine Überraschung, eine richtig gute sogar. Dieser Plan kann uns zu geistlicher Gemeinschaft führen. Im nächsten Kapitel geht es darum.

Fragen zur Vertiefung und zum Gespräch

- C. S. Lewis unterscheidet zwischen „festen" Menschen und Gespenstern. Feste Menschen haben sämtliche Götzen aufgegeben, von denen sie sich Leben versprochen hatten, und diese Preisgabe geschah nicht ohne Schmerzen. Leiden bringt ans Licht, wonach die tiefste Sehnsucht der Seele geht, und verweist den Menschen auf Gott. Dr. Crabb erzählt von einer Begebenheit, in der er selbst wie ein Gespenst gehandelt hat. Wann sind Sie einem solchen Gespenst begegnet, das keinerlei Geborgenheit ausstrahlte? Wann sind Sie selber ein unsicheres Gespenst gewesen? Seien Sie in beiden Fällen konkret und analysieren Sie genau, was ein Gespenst auszeichnet.
- Unterer Raum, Jauchegrube, Fleisch, Schlangen, Kellersünden – jede Beschreibung passt. Wie haben Sie reagiert, als Sie von diesen Aspekten Ihres Ichs erfuhren? Was hat Gott Ihnen durch diese Beschreibungen Ihres Ichs gezeigt?
- Lesen Sie noch einmal die Zitate von Henri Nouwen, C. S. Lewis und Richard Lovelace über Jonathan Edwards. Inwiefern konnten diese Zitate Ihr Verständnis vom unteren Raum erhellen? Welche Formulierungen fanden Sie besonders gelungen oder überzeugend?
- Dr. Crabb erzählt, wie er einmal sein animalisches Ich im Ring besiegte, dabei aber sein diabolisches Ich übersehen hatte, das grinsend am Ring saß und zuschaute: „Die Schlangen krochen an mir empor, der Gestank der Jauchegrube stieg auf, und ich war der Meinung, ich hätte gerade Eau de Cologne aufgetragen." Berichten Sie möglichst konkret von einem vergleichbaren Erlebnis mit Ihren eigenen Kellersünden.
- Überdenken Sie noch einmal die vier Inneneinrichtungen Ihres unteren Raumes. Sehen Sie sich dazu noch einmal die detaillierteren Beschreibungen an.
  - Das entstellte *Gottesbild*, das uns mit *Ich-Sucht* erfüllt.
  - Die korrumpierten *Ressourcen*, die uns als Menschen anvertraut wurden, und die uns jetzt mit dem *Drang* erfüllen, *zu bestimmen und zu kontrollieren*.

- Angenehme und leidvolle *Lebenserfahrungen*, die wir dadurch verzerren, dass wir darauf mit der *Leidenschaft* reagieren, *Leben* (= Genüsse, die wir noch einmal erleben müssen) *und Tod* (= zu vermeidender Schmerz) *zu definieren*.
- Wir haben Gottes heiliges Gesetz, das uns gegeben wurde, um uns unsere Not vor Augen zu halten, verkehrt; nunmehr entfacht es in uns eine *Leidenschaft, uns zu beweisen und anzustrengen*, die uns schier in den Wahnsinn treibt.

- An welche Handlung, Aussage und/oder innere Haltung während der letzten Woche hat Gott Sie (damals oder jetzt) erinnert, als Sie die Beschreibung dieser Inneneinrichtungen gelesen haben? Mit welcher sündigen Leidenschaft haben Sie am härtesten zu kämpfen: Ich-Sucht, Selbstbestimmung, Definition von Leben und Tod oder Leistungstrieb? Erklären Sie mit eigenen Worten, warum der Geruch der Jauchegrube und das Gefühl der an Ihrem Bein emporkriechenden Schlangen wertvoll sind für Ihren eigenen Wandel mit dem Herrn und unverzichtbar für geistliche Gemeinschaft.

Die leidenschaftliche Ich-Sucht („Gib mir was ich brauche"), die Leidenschaft zur Selbstbestimmung („Ich krieg das auf die Reihe"), die Leidenschaft zu definieren („Dies ist Leben, dies ist Tod") und der Leistungstrieb („Ich versuche ja, gut zu sein, aber ich möchte dabei tun, was ich will") – diese nennt Dr. Crabb „fleischliche Kräfte". Sie sind unsere Versuche, feste und heile Menschen zu werden – aber ohne Gott. Diese Kräfte sind die stinkende Jauchegrube und die kriechenden Schlangen. Wie kann geistliche Gemeinschaft gelingen, wenn solche Leidenschaften unser Leben beherrschen? Sie gelingt nicht. Doch Gott hat einen Plan, der uns zur geistlichen Gemeinschaft führen kann …

KAPITEL 10

Es *gibt* den oberen Raum

> Ein Mensch kann weder zu gering von seinem Ich, noch zu groß von seiner Seele denken.
>
> G. K. Chesterton

Kaum etwas fordert von uns einen größeren Glauben als die Überzeugung, dass es in den Christen, mit denen wir zusammen leben, etwas prinzipiell Gutes gibt. Insbesondere in uns. Wir können schrecklich kleinlich und verteidigend sein, stets die eigene Sache in den Vordergrund rücken und durchsetzen. Auch sind wir Meister darin, unsere elenden Absichten als großartige Bemühung zur Förderung des Reiches Gottes auszugeben. Denken Sie nur einmal an die letzte Ausschusssitzung Ihrer Gemeinde, die Sie besucht haben: Hat man wirklich aufeinander *gehört*? War irgendjemand bescheiden genug, den Standpunkt eines anderen genau zu überdenken, um dann die eigene Meinung zu ändern, wo es um Wichtiges ging? Haben Sie es selbst schon einmal getan? Oder ich?

In einer geistlichen Gemeinschaft beteiligen sich die Teilnehmer am Gespräch: Sie teilen etwas mit, ohne einander zu manipulieren, hören vorurteilsfrei zu und entscheiden ohne Eigennutz. Das Fehlen eines echten Dialogs ist ein sicherer Beweis dafür, dass man nicht eigentlich daran glaubt, dass die anderen einem etwas Hörenswertes zu sagen haben. Es ist aber ein noch sicherer Beleg dafür, dass wir selbst – egal was wir denken mögen – nichts Hörenswertes zu sagen haben. Was wir zu sagen haben, trägt selten zur Erbauung bei, sondern meist zu ihrem Gegenteil (vgl. Eph 4,29).

Eine christliche Weltanschauung bietet Grund genug für gegenseitige Achtung und für die Erwartung, von jeder Begegnung mit anderen Trägern von Gottes Ebenbild etwas lernen zu können. Aber nur im Christentum findet sich die klare Basis, einander großen Wert zuzuschreiben.

Christen glauben, dass in jedem Menschen etwas von unschätzbarem Wert steckt. Das nennt die Bibel Seele, eine *ewige* Seele. Dorothy Sayers sagt an einer Stelle, dass die Hölle Gottes größtes Kompliment an den Menschen darstellt. Für Hunde und Katzen gibt es keine Hölle. Doch es gibt sie für *Menschen* – Geschöpfe, deren Fähigkeit zu bewusster Freude zugleich bedeutet, dass sie mit dem Fluch belastet sind, Elend der schlimmsten Art erfahren zu können: Einsamkeit, Selbstverachtung und Ziellosigkeit.

Ob wir tatsächlich (und auf ewig) Freude oder Elend erleben, hängt davon ab, wie wir unsere Seele betrachten und ob wir sie mit Christus oder etwas anderem nähren. Das gilt für alle Menschen. Für *Christen* jedoch ist die Seele nicht nur wertvoll, sondern auch *gut*. Die Seele des Christen ist wiedergeboren und durch das eigentliche Leben, das sich innerhalb der Dreieinigkeit hin und her bewegt, lebendig gemacht worden. Es ist dieses gute *Leben*, das ich den oberen Raum nenne.

Weil es nicht selbstverständlich ist, betrachte ich es als einen großen Triumph, wenn meine Seelsorge-Studierenden, beim Hören auf einen Ratsuchenden, nicht gleich danach fragen, was *falsch*, sondern was *richtig* ist. Ein geistliches Gespräch zeichnet sich vor allem dadurch aus, dass man sich nicht zuallererst auf die Sünde oder psychische Defizite konzentriert, sondern auf das Wirken des Geistes. Was ist gut? Wo befindet sich das Gute? Wir wissen, dass es existiert, womöglich im Verborgenen, doch ist es immer vorhanden. Welche Anzeichen für die schöpferische Tätigkeit des Geistes im Leben von uns allen können wir entdecken? *Das* ist der Fokus von geistlicher Gemeinschaft.

Denken Sie nur an die Teilnehmer ihrer eigenen Kleingruppe. Machen Sie die Runde im Raum: Peggy beherrscht jedes Gespräch mit frommen Phrasen und Banalitäten, dass einem schlecht wird. Ihr Mann verdient außerordentlich gut, ihre Kinder sind gelungen, und – dank einem persönlichen Fitnesstrainer – hat sie eine schlanke Figur. Wenn Susanne, die übergewichtige Frau eines Handwerkers, der Runde mitteilt, dass sie wegen der schlechten schulischen Leistungen ihrer Kinder deprimiert ist, platzt es aus Peggy heraus: „Ach Liebes, du musst sie einfach Jesus überlassen. Er liebt deine Kinder mehr als du es kannst. Es wird schon alles gut, wenn du nur in der Gegenwart von Jesus bleibst."

Markus lächelt viel. Ihm etwas Nachdenkliches zu entlocken ist schwieriger als den Deckel einer kindersicheren Tablettendose aufzubekommen. Er ist sicher der Letzte, dem Sie Ihre sexuellen Versuchungen anvertrauen würden.

Marlene würde die meiste Zeit der Gruppe für sich beanspruchen, wenn man sie nur ließe. Ausgiebig schildert sie ihre inneren Konflikte. Man fragt sich, ob sie je einen guten Tag hat, ob sie jemals glücklich ist. Frank, der offenherzige Zyniker der Gruppe, hat ihr mal empfohlen, doch endlich einmal anzufangen, ihr eigenes Leben zu leben. Seitdem ist die Spannung zwischen den beiden greifbar.

Und dann Martin. Er liebt es, sich über die erzielten Fortschritte in seiner „stillen Zeit" auszulassen. Beim ersten Mal waren Sie beeindruckt, beim zehnten Mal nicht mehr.

Wie, um alles in der Welt, soll aus dieser Gruppe je eine geistliche Gemeinschaft werden? Sollte man als Erstes alle Karten auf den Tisch legen, die Konfliktfelder benennen und für reine Luft sorgen?

„Peggy, du wirkst so oberflächlich auf mich. Es fällt dir so leicht, über die Liebe Jesu zu sprechen. Dein Leben gleicht einer Bilderbuchgeschichte."

„Susanne, du musst dringend fünfzehn Kilo abnehmen!"

„Markus, kam dir jemals schon ein echter Gedanke? Dein höfliches Lächeln geht mir voll auf den Keks."

„Marlene, du bist nicht die Einzige, die Probleme hat! Du bist immer nur mit dir selbst beschäftigt!"

„Frank, von dir geht keinerlei Sanftheit aus. Du wirkst immer zornig und bissig."

„Martin, hör bitte auf, deine Geistlichkeit zur Schau zu tragen. Du bist schließlich kein Säulenheiliger!"

Die Tür zu unseren unteren Räumen zu öffnen und herauszulassen, was sich darin befindet, hat wenig mit gesunder Aufrichtigkeit zu tun. Das ist der falsche Mut.

Couragiert (beherzt), bemerkt Nouwen, kommt von *coeur* (Herz). Demnach bedeutet „Courage zu haben … auf unser Herz zu hören, aus unserem Herzen zu sprechen und von Herzen mitzuteilen."[1] Aber unser Herz hat zwei Kammern, einen unteren und einen oberen Raum. Aus dem unteren Raum heraus zu sprechen fordert *fleischlichen* Mut, Selbstbehauptung und die Freiheit, zu sagen, was man denkt, ohne darauf zu achten, was andere denken. Solcher Mut unterscheidet sich grundsätzlich von geistlicher Courage, dem Sprechen aus dem oberen Raum.

Damit aber Letzteres geschehen kann, müssen wir den oberen Raum in Peggy, Markus, Frank, Marlene und Martin entdecken und auch in uns. Die Glieder einer geistlichen Gemeinschaft sehen einander in der Überzeugung an, dass Gott in jeden etwas Großartiges, Wunderbares hineingelegt hat. Es mag tief verborgen liegen, aber geistliche Kraft kann es sehen, kann es zum Leben erwecken und genießen.

Wenn das geschieht, handelt es sich um ein Wunder, ein *überzeugendes* Wunder. Jesus sagte, die Welt würde ihm glauben, wenn sie dieses Wunder wahrnimmt. Geistliche Gemeinschaft ist immer ein Wunder, das sich freilich nie ohne den Geist ereignet.

Eine gute Ehe, zum Beispiel, ist ein Wunder, das nur Gott zugeschrieben werden kann. Vor geraumer Zeit habe ich den Punkt überschritten, an dem ich mit meiner Frau länger zusammengelebt hatte als mit meinen Eltern. Keiner kennt mich so gut wie meine Frau. Unser größter Kampf – und zugleich unser größter Segen – bestand darin, den oberen Raum im Partner zu sehen. Diese Entdeckung dauert nun schon über dreißig Jahre an und geht immer weiter.

Rachael bietet mir die Geborgenheit der Hoffnung. Ich habe das Vertrauen, dass nichts, was sie bei mir entdeckt, ihr Vertrauen darauf erschüttert, dass ich – dank der Gnade Gottes – grundsätzlich ein guter Mensch bin. Sollte ich jemals fremdgehen, hätte das gravierende Folgen, vielleicht sogar die Scheidung – sollte ich in meiner Sünde verharren. Doch irgendwo in ihrem Herzen würde sie mich dennoch für einen guten Mann halten. Gerade dieses Gute würde eine Affäre so tragisch, so abnorm und grotesk machen. Schweine

[1] Nouwen, *Sabbatical Journey*. 220.

suhlen sich im Dreck. Menschen hingegen nehmen ein Bad. Wenn sich Menschen unter Schweine begeben, stimmt etwas nicht.

Wenn ich überzeugt bin, dass Sie mich für einen guten Menschen halten, werde ich weder zu Überheblichkeit noch zu Arroganz neigen. Ich ruhe. Und aus dieser Ruhe heraus bin ich eher fähig, mein teuflisches Ich zu konfrontieren und dann auch mein himmlisches Ich zu entdecken und zu feiern. Welche Meinung haben wir voneinander, nicht nur, wenn wir uns von unserer besten Seite zeigen, sondern auch dann, wenn wir irritierend und fordernd sind?

Thomas von Kempen schrieb: „Es ist kein Geringes, in Klöstern oder in religiöser Gemeinschaft zu leben."[2] Was er auf das klösterliche Leben bezog, gilt freilich auch für jede Gruppe von Christen, die sich nach tiefer geistlicher Verbundenheit sehnen. Wir sind alle noch sehr unvollkommen, und die Nähe zueinander bringt dies zutage. Distanz jedoch ist keine Lösung. Thomas fügt hinzu: „... die restlose Ertötung der Leidenschaften macht den wahren Ordensmann [religiösen Menschen] aus." Ist das die richtige Lösung? NEIN!, kann ich nur laut erwidern.

Geistliche Menschen töten nicht nur ihre bösen Leidenschaften („Ich gebe meinem Drang, meinen Bruder zu kritisieren, nicht nach!"), sie feiern auch die guten („Ich achte ihn sehr. Das werde ich ihm sagen."). Sie entdecken einen oberen Raum in ihren erlösten Herzen. Dort befinden sich keine Schlangen, nur Blumen, Sonnenuntergänge, majestätische Berge und kühle Quellen lebendigen Wassers.

Es stimmt, dass der Geist oft die Ausstattung unseres unteren Raumes aufzeigt. Das tut er aber nur, damit wir das Wunder Christi würdigen und jenen oberen Raum finden, den er in unseren Herzen eingerichtet hat. Er möchte, dass wir die Kraft unserer göttlichen, heiligen und reinen Leidenschaften spüren, die unser Innerstes beleben.

Es *gibt* diesen oberen Raum, doch glaube ich inzwischen Folgendes: Wenn wir versuchen, die Leidenschaften dieses Raumes zu erfahren, ohne zuvor den üblen Geruch aus dem unteren Raum zu

---

[2] Thomas von Kempen, *Nachfolge Christi.* München: Verlag Ars Sacra, 1960, 47 (Kap. 17).

vernehmen, werden wir bloß *natürliche* Tugend entdecken, jene sozialverträgliche Sünde, die ihren Ursprung immer noch im unteren Raum hat. Wir werden gleichsam von großzügig über Müll aufgetragenem Duftspray getäuscht.

Ich glaube auch, dass mir keiner helfen kann, meinen oberen Raum zu lokalisieren, der nicht zuvor die Gewissheit gewonnen hat, dass es diesen überhaupt gibt. Erst dann fühle ich mich geborgen. Die realistische Einschätzung des Bösen in meinem unteren Raum flößt mir Angst ein. Während ich mit dem Bösen in mir konfrontiert werde, bleibt mein geistlicher Freund entspannt. Denn er sieht etwas anderes. Ich kenne kaum etwas Gewaltigeres als das Beichten schlimmsten Versagens in der Gegenwart eines Freundes, der mit größtem Wohlwollen auf mich blickt.

Vor zwei Tagen hatte ich das Vorrecht, solch ein Freund zu sein. Ein Bekannter hatte mir eine schreckliche Sünde gebeichtet. Danach haben wir nicht nur gemeinsam die Vergebung gefeiert; mehr noch haben wir uns darüber gefreut, dass er nicht wünschte, in seiner Sünde zu verharren. Im Inneren seines Wesens fand er Freude an Gottes Gesetz (vgl. Röm 7,22). Mir ging es wie einem Chirurgen, der vor dem Eingriff beim Blick auf das Röntgenfoto mit Genugtuung feststellt: „Es ist genug gesundes Gewebe vorhanden, um mir eine ausgezeichnete Prognose zu erlauben. Sie benötigen zwar einen Eingriff, doch bald werden Sie bei bester Gesundheit sein."

Je mehr ich mir meiner eigenen Sünde in der Gegenwart einer geistlichen Gemeinschaft bewusst werde, desto mehr erkenne ich Christus, freue mich an ihm und verlange danach, ihn zu erkennen und zu sein wie er. Die Sicherheit, die ich benötige, um zu meiner Bosheit zu stehen, ereignet sich im Beisein eines Menschen, der daran glaubt, dass ich in Christus bin und er in mir. In einem solchen Augenblick kann ich mich allem stellen, ohne Angst haben zu müssen, verstoßen zu werden. Dieser Punkt ist wichtig, und ich möchte ihn veranschaulichen.

Vor einigen Jahren entdeckte ich in mir eine feindselige Einstellung gegen einige Menschen, die so anziehend war wie eine Schwarze Witwe [Giftspinnenart] und mindestens ebenso tödlich wie ihr Gift. Ich flehte zu Gott, mir barmherzig zu sein und einen reinen Geist in mir wieder herzustellen. Ich bat ihn, meine Seele mit so sehr mit Liebe zu erfüllen, dass nichts anderes mehr aus ihr herauskommen würde. Mich verlangte nach jener „austreibenden Kraft einer neuen Liebe", wie es die alten Puritaner nannten.

Als ich meinen inneren Konflikt einem Freund anvertraute, versuchte dieser weder den Wurzeln meiner Aggressionen nachzugehen, noch deren Bedeutung zu analysieren, noch befahl er mir Veränderung. Stattdessen sagte er mir mit Tränen in den Augen: „Durch dich werde ich zu Christus hingezogen. Es ist so unbeschreiblich schön, zu sehen, wie du alles verachtest, was sich zwischen dich und unseren Herrn schiebt." Er sah meinen oberen Raum, das von Bösem durchzogene gesunde Gewebe. Er erkannte, dass das Prinzip der Größe am Wirken war, obwohl das Prinzip des Elends viel sichtbarer war.

Ich habe diese Begebenheit schon einmal erzählt. Sie trug sich vor drei Jahren zu. Hier nun die Fortsetzung. Weil es solche Menschen gibt, fühle ich mich manchmal geborgen. Dank ihrer Einschätzung *weiß* ich auf einer tiefen Ebene, dass ich in Christus bin und dass nichts Schmutziges, auch nicht das geringste Übel, in seiner Gegenwart Bestand hat. Und genau dort befinde ich mich. In einem sehr viel umfassenderen Sinn *weiß* ich, dass Christus in mir ist: Unter jeder niederen Begierde verbirgt sich ein robuster Hunger nach Heiligkeit.

Erst wenn diese Wahrheiten in unserem Verstand tief verwurzelt sind, wird die überwältigende Offenlegung der Abgründe unserer Verderbtheit nicht zu Verzweiflung, sondern zu Anbetung führen. Erst dann werden diese Wahrheiten gleichsam in Beton gegossen. Der Zerrüttung über das Bestehende muss eine Schau des Wunderbaren vorausgehen. Ich spreche aus jüngstem Erleben.

Es war nachts um zwei. Plötzlich saß ich aufrecht im Bett, als hätte es Feueralarm gegeben. Ein unbeschreiblich grässliches Bild hatte sich ungebeten meiner Gedanken bemächtigt. Ich konnte an nichts anderes mehr denken.

Ich dachte nur: „Man hat mich in die Hölle gebracht."

Ein lautloser Schrei aus meinem Inneren durchfuhr mich, lauter als wenn er über meine Lippen gekommen wäre: „Ich bin in Christus! Ich gehöre nicht hierher. Sein Blut bedeckt mich, mir ist vergeben, ich sitze in himmlischen Örtern. Was tue ich hier? *Ich gehöre nicht hierhin!*"

Diese geistliche Qual ging noch etwa zwanzig Minuten ununterbrochen weiter (genau weiß ich das nicht mehr). Das grässliche Bild stand mir klar vor Augen. Und dann nahm ich etwas unmissverständlich klar wahr. Es kam von außen. Ich führte kein Selbstgespräch – davon bin ich überzeugt.

Diese Wahrnehmung (fast hätte ich gesagt: diese *Stimme* – und läge damit beinahe richtig) war vor allem sanft. Mit Ohren, die nicht physischer Natur waren, hörte ich jemanden in Bezug auf das infernalische Bild sagen: „*Dies* ist die Quelle deines Zorns."

Natürlich war das eine Zurechtweisung, ein Urteil, doch kam es mir mehr wie eine Einladung vor. Es war *sanft*, unendlich sanft. Zweifellos liebte mich der Sprecher. Nie zuvor habe ich eine so hässliche Wahrheit mit so grenzenloser Liebe ausgesprochen gehört.

Ich beruhigte mich umgehend. Die Pein war verflogen, das Bild war gelöscht und in einem Nu von immensem Frieden ersetzt worden. Ich war an einen anderen Ort emporgehoben worden. Als ich über dieses Erlebnis nachdachte, kam es mir vor, als hätte mich Gott mit starker Hand an den Füßen festgehalten und mich in die Jauchegrube getaucht, bis ich vom Gestank überwältigt war, um mich danach in den oberen Raum hochzuheben. Gleich danach war ich an den Abendmahlstisch versetzt, wo Jesus mit seinen Freunden auf mich wartete. Ich konnte sehen, dass die Menschen, die ich so erbarmungslos verurteilt hatte, in der Nähe Jesu saßen: jeder von ihnen war begnadigt, willkommen und nicht verurteilt.

Diese kurze geistliche Reise führte mich von dem bloßen Bewusstsein über meinen oberen Raum zur eindrücklichen Erfahrung meines unteren Raumes. Diese wiederum verwandelte mein bloßes Wissen um die guten Dinge in mir in eine tatsächliche Erfahrung. Ich habe den Herrn geschmeckt und gesehen, dass er gut ist und – Wunder über Wunder – ich habe seine Güte in mir geschmeckt.

Nunmehr *wollte* ich vergeben und um Vergebung bitten. Das war nicht länger eine Forderung, sondern ein Vorrecht, etwas, nach dem ich mich jetzt sehnte. Am folgenden Tag habe ich in angemessener Weise gehandelt. Weil jemand an den Christus in mir geglaubt hatte, konnte ich der Ungeheuerlichkeit meiner Sünde ins Auge blicken und mit Hoffnung daraus hervorkommen. Ich war an einen besseren Ort versetzt worden.

Bevor ich Sie nun zu einem Rundgang durch den oberen Raum einlade, muss ich Ihnen gestehen, dass dieses Kapitel sich bisher als das schwierigste herausstellt, das ich je geschrieben habe. Zugleich ist es das einfachste. Das möchte ich erklären. Heute früh wurde mir ein weiterer Schlag in die Magengegend versetzt, als sich wieder einmal herausstellte, wie sehr ich noch dazu neige, mich mit anderen aus meinem unteren Raum heraus zu „verbinden" und dabei ausschließlich deren unteren Raum zu sehen.

Einige Männer, die meinem Dienst eher kritisch gegenüberstehen, hatten mich um ein Treffen gebeten. Ich bin an diesem Morgen früh aufgestanden um zu beten. Bevor ich meinen Gebetsplatz verließ, sang ich das Lied „Christus lebt in mir". Der zweite Vers rührte mich zu Tränen. Dort heißt es:

Wie die Strahlen der entfernten Sonne die Blumen sprießen lassen, so strahlen Leben, Licht und Liebe, wo Christus lebt in mir."[3]

Ich *glaube* diesen Worten. Ich sehne mich danach, diese Worte zu *leben*. Ich flehte zu Gott um die Freisetzung von Christi Leben in mir gegenüber meinen Kritikern.

Nun schreibe ich – wenige Stunden nach jener Begegnung – diese Zeilen. Rückblickend kommt mir die Begegnung, die ihre spannungsgeladenen Momente hatte, eher wie ein angenehmer Meinungsaustausch vor und nicht wie das Eingehen einer Beziehung. Es fiel mir schwer, ihren oberen Raum auszumachen. Ihre Freundlichkeit wirkte auf mich natürlich, nicht übernatürlich. Sie kam mir eher vor wie der Versuch, eine gute Gesprächsatmosphäre zu wahren, als wie eine ausdauernde, von Gnade geprägte Gesinnung inmitten eines Konflikts.

Mehrmals, als wir im Gespräch auf wesentliche Meinungsverschiedenheiten zu sprechen kamen, spürte ich eine Spannung in mir aufsteigen. Ich bemühte mich um eine freimütige, sanfte „Ich-bin-gesprächsbereit-aber-so-sehe-ich-es-nun-einmal"-Haltung, es gelang mir aber nicht. Ich hätte sie vortäuschen können, doch schien die Energie aus dem unteren Raum stärker zu sein als die besseren Kräfte. Nicht nur, dass ich in mehreren Fragen anderer Meinung bin als sie: Ich glaube auch hinter ihren Ansichten böse

---

[3] Englisch: *As rays of light from yonder sun the flow'rs of earth set free,
So life and light and love come forth from Christ living in me.*

Motive auszumachen. Es gelang mir nicht, etwas Besseres in ihnen zu entdecken. Und zu dem Zeitpunkt schien mir dieser Umstand deutlicher als die Tatsache, dass Leidenschaften aus meinem unteren Raum herausdrangen.

Dieses Erlebnis der versäumten Chance, eine gegenseitige Verbundenheit zu erreichen, entmutigt mich. Ich denke an Nouwens Worte, dass ich von Dingen schreibe, die größer sind als ich, von einem Leben, das ich selber nicht zu leben vermag. Wem gelingt das schon? Wie nahe kommen wir daran? Wie nahe *können* wir überhaupt daran kommen? Einige Beziehungen funktionieren einfach nicht. Das müssen wir hinnehmen. Wir müssen mit vielen Menschen so gut es eben geht in Frieden leben, während wir mit einigen wenigen geistliche Gemeinschaft aufbauen.

Solche Gedanken machen es mir schwer, über jenen wunderschönen oberen Raum zu schreiben, jener unverseuchten Quelle tiefer Verbundenheit. Gleichwohl verspüre ich eine andere Wirklichkeit, die es leicht macht, ja geradezu Spaß macht, über den oberen Raum zu schreiben: Ich *habe* geistliche Gemeinschaft geschmeckt, freilich keine vollkommene, aber dennoch eine wirklich geistliche Gemeinschaft.

Ich erinnere mich an die Anbetungszeit mit der Familie, über die ich in Kapitel 3 bereits geschrieben habe. Ich habe auch schon Dutzende Gespräche geführt, die den untrüglichen Stempel des Geistes Gottes trugen. Einige davon ereigneten sich nach ernsthaften Konflikten, wie die Aussprache mit einem engen Freund, nachdem wir uns in den Straßen von Chicago zuvor angeschrien hatten. Weil wir Kontakt halten, kann ich inzwischen seinen oberen Raum sehen. Er ist prächtig. Ich hoffe, er kann auch meinen sehen. Vermutlich tut er das.

Ich weiß, dass etwas von Gott in mir lebendig ist, und ich habe die Auswirkung dieser Lebendigkeit auf andere erlebt. Vor etwa zehn Minuten führte ich ein gutes Telefongespräch mit einem Mentor. Seine letzten Worte waren: „Larry, ich bin stolz auf dich. Ja, das bin ich wirklich!" Ich hatte von keinem kürzlichen Erfolg berichtet, und auch von keiner besonderen Tugend war die Rede gewesen. Irgendwie hatte er einen Duft von Christus in mir wahrgenommen und genoss den Geruch. Das Leben in mir regte sich, und ich fühlte mich sicher, wahrgenommen und berührt. Das ist *geistliche* Gemeinschaft.

Es *gibt* diesen anderen Raum, und er ist wunderbar. Im nächsten Kapitel werden wir ihn erkunden.

Fragen zur Vertiefung und zum Gespräch

- „Eine christliche Weltanschauung bietet Grund genug für gegenseitige Achtung und für die Erwartung, von jeder Begegnung mit anderen Trägern von Gottes Ebenbild etwas lernen zu können. Aber nur im Christentum findet sich die klare Basis, einander großen Wert zuzuschreiben." Was ist die Grundlage für diese Achtung und Wertschätzung? Versuchen Sie diese zu erklären, gerne auch anhand von Bibelstellen.
- Geistliche Gemeinschaft ist immer ein Wunder, denn wir haben immer Menschen wie Peggy, Markus, Marlene, Frank, Susanne und Martin unter uns, Menschen, deren oberen Räume wir nur schwer ausmachen. Kommen Ihnen bestimmte Erfahrungen in Ihrer eigenen Kleingruppe in den Sinn, während Sie diese Zeilen lesen? Zählen Sie einige Beispiele auf und machen Sie diese Personen zu einem Gebetsschwerpunkt. Bitten Sie Gott, nicht nur Ihr eigenes Herz zu verändern, sondern auch Ihre Sicht für diese Personen, die er geschaffen und in seine Familie aufgenommen hat, weil sie an seinen Sohn glauben. Geistliche Gemeinschaft gibt es niemals ohne den Geist selbst. Bitten Sie Gott darum, dass sein Geist aktiv in Ihnen wirkt, und öffnen Sie sich für sein Wirken.
- Wir alle neigen dazu, uns mit anderen Menschen aus unserem unteren Raum heraus zu „verbinden" und nur diesen Raum in ihnen zu sehen – ein Umstand, der sich auf unsere Ehen besonders herausfordernd auswirkt. Dr. Crabb sagt von seiner eigenen Ehe: „Unser größter Kampf – und zugleich unser größter Sieg – bestand darin, den oberen Raum im Partner entdeckt zu haben." Denken Sie an Ihren eigenen Ehepartner oder an einen engen Freund/Freundin. Beschreiben Sie den Gewinn, den Sie erleben, wenn Sie sich auf den oberen Raum dieses Menschen konzentrieren; verschweigen Sie aber auch den Schaden nicht, den Sie von Ihrem unteren Raum aus anrichten.

- Dr. Crabb schreibt: „Wenn ich überzeugt bin, dass Sie mich für einen guten Menschen halten, werde ich weder zu Überheblichkeit noch zu Arroganz neigen. Ich ruhe. Und aus dieser Ruhe heraus bin ich eher fähig, mein teuflisches Ich zu konfrontieren und dann auch mein himmlisches Ich zu entdecken und zu feiern ... Ich kenne kaum etwas Gewaltigeres als das Beichten schlimmsten Versagens in der Gegenwart eines Freundes, der mit größtem Wohlwollen auf mich blickt." Wer in Ihrem Leben bietet Ihnen solche Ruhe? Warum führt solches Angenommenwerden selten zu Anmaßung und Überheblichkeit? Wem können Sie solche Annahme und solches Wohlwollen entgegenbringen – auch dann, wenn das Elend in Ihrem Gegenüber ungeschminkt hervortritt?
- In einer geistlichen Gemeinschaft, schreibt Dr. Crabb, „... zeichnet sich ein geistliches Gespräch vor allem dadurch aus, dass man sich nicht zuallererst auf die Sünde oder psychische Defizite konzentriert, sondern auf das Wirken des Geistes. Was ist gut? Wo befindet sich das Gute? ... Welche Anzeichen für die schöpferische Tätigkeit des Geistes im Leben von uns allen können wir entdecken? *Das* ist der Fokus von geistlicher Gemeinschaft." In welchem anstehenden Gespräch bzw. in welcher Beziehung wollen Sie diese Perspektive beherzigen? Fangen Sie jetzt damit an, indem Sie nach Spuren im Leben Ihres Gegenübers suchen, die vom Wirken des Heiligen Geistes zeugen. Notieren Sie Ihre konkreten Beobachtungen.

Manchmal können wir uns geborgen fühlen – dann nämlich, wenn es Menschen in unserem Leben gibt, die unseren oberen Raum erkennen. Sie sehen gesundes mit ungesundem Gewebe verwachsen. Der Keim des Großen ist auch dann am Werk, wenn der Keim des Elends viel deutlicher sichtbar ist. Wenn mich andere auf diese Weise sehen, kann ich mehr und mehr erkennen: Ich bin in Christus und er ist in mir; tiefer als jeder niedere Instinkt in mir ist ein unverwüstliches Verlangen nach Heiligkeit. Nur wenn wir diese Wahrheit stets vor Augen haben, wird uns der überwältigende Anblick unserer tiefsten Verderbtheit nicht zur Verzweiflung, sondern zur Anbetung führen.

KAPITEL 11

Die Ausstattung des oberen Raums

> Die Welt glaubt: Menschen sind gut und Heilige sind besser; Pascal weiß: Menschen sind Sünder und Heilige sind Wunder.
>
> Peter Kreeft

Der vielleicht beste Ausgangspunkt für unsere Untersuchung des oberen Raums ist die Sicht, die Gott Teresa von Avila gegeben hat. Sie schreibt:

> Ich habe begonnen, die Seele als eine Art Schloss zu betrachten, das aus einem Diamanten oder einem sehr klaren Kristall besteht. Wenn wir sorgfältig darüber nachdenken, meine Schwestern, dann ist die Seele des Gerechten nichts anderes als ein Paradies. Ich finde nichts, was man mit der Schönheit einer Seele und ihrer großartigen Fähigkeit vergleichen könnte.[1]

Um das Drama des Wirkens Gottes in der Seele zu erfassen und zu erkennen, dass es alles Natürliche in unseren Beziehungen auf den Kopf stellt, möchte ich Sie bitten, an jemanden zu denken, der Ihnen zurzeit Sorgen bereitet. Vielleicht ist es ein geliebter, Ihnen nahe stehender Mensch, der Christus kennt, aber gerade Schweres durchgemacht hat und nun verhärtet ist. Denken Sie beim Lesen dieses Kapitels bitte nicht, ich wollte Sie auffordern, gut oder gar liebevoll über diese Person zu denken. Schätzen Sie ihn oder sie

[1] Teresa von Avila, *Die Seelenburg.* 28.

ehrlich, genau und realistisch ein. Deren unteren Raum kennen Sie bereits. Können Sie jetzt auch den oberen Raum sehen?

Ich will Ihnen den oberen Raum beschreiben. Vergleichbar mit meinen Ausführungen zum unteren Raum, werde ich zunächst *vier Inneneinrichtungen* des oberen Raums auflisten, um sie danach im Einzelnen zu besprechen.

Die vier Inneneinrichtungen unseres oberen Raums

(Teresa von Avilas „sieben Wohnungen")

1. Das erneuerte Bild Christi mit seiner *Leidenschaft, anzubeten*, einem Wunsch von unvergleichbarer Kraft, Gott zu verherrlichen, ihn zu genießen und ihn anderen zu offenbaren.
2. Die Erkenntnis, wer wir sind und wer Gott ist, die eine *Leidenschaft zu vertrauen* weckt, eine Leidenschaft, die uns ermöglicht, in Stürmen ruhig zu bleiben und getrost unseren Weg zu Gott weiterzugehen, eine Leidenschaft, sich radikal auf Gott zu verlassen.
3. Eine Einstellung, die Lebenserfahrungen als Gelegenheit sieht, unsere *Leidenschaft zu wachsen* zu befriedigen, und als Grund, Anfechtungen dankbar als Chancen zu geistlicher Reifung und Segnungen als Vorgeschmack auf Zukünftiges zu feiern.
4. Ein Ja zu Gottes Geboten, weil sie den Charakter dessen, den wir von Herzen lieben, widerspiegeln. Daraus ergibt sich eine *Leidenschaft zu gehorchen* – kein Zwang, sondern der angstfreie, auf übernatürliche Weise entstehende Wunsch, unserem Vater zu gefallen.

Um Klarheit über diese Inneneinrichtungen zu gewinnen, müssen wir uns zunächst ein Element des Evangeliums von Jesus Christus vergegenwärtigen, das gewöhnlich übersehen wird.

Ich habe in Kapitel 9 gesagt, dass Gott sich das Chaos, das wir in unserem Leben verursacht haben, angeschaut hat. Er hat unser egoistisches Streben, unser hartnäckiges Verlangen nach Unabhängigkeit, unsere törichten Definitionen von Leben als „Genuss hier und jetzt" und von Tod als „Schmerz hier und jetzt" gesehen.

Er hat gesagt: „Das Leben, das du führst, ist falsch. So sollst du leben. Fang jetzt damit an!"

Indem Gott die Zehn Gebote in Stein meißelte, legte er die Grundlage für das, was die Bibel später den „Alten Bund" nennt. Der Alte Bund war eine Vereinbarung zwischen Gott und seinem Volk. Das war ganz einfach: Haltet die Gebote, und ihr werdet leben; übertretet sie, und ihr werdet sterben. Gott meinte, was er sagte. Wir waren dazu verpflichtet, *alles* richtig zu machen, jedes Gebot ständig und vollkommen einzuhalten.

Dieser Bund hatte zwei Folgen:

Erstens: Wir haben uns nicht an die Abmachung gehalten; keiner tat es. Das *konnte* auch niemand. Infolgedessen sind wir gestorben. Wir waren alle dazu verdammt, als Gesetzesübertreter zu sterben, dauerhaft von der Quelle alles Guten abgeschnitten zu sein.

Zweitens: Wir sind darüber zornig geworden. Die Vereinbarung erschien uns unfair, sozusagen eine Steilvorlage für Gott, uns zu hassen. Wir konnten seinen (aus unserer Sicht) lächerlich hohen Maßstäben unmöglich gerecht werden, zumal sich Gott und die anderen uns gegenüber ja so dürftig verhalten haben. Gott schien unsensibel dafür, wie schwierig das Leben war und wie vernünftig wir doch darin waren, Erleichterung zu fordern.

Das Gesetz sprach uns aber nicht nur schuldig, es stachelte auch die Leidenschaften unseres unteren Raumes an. Wir fanden es umso gerechtfertigter, jemanden zu finden, der uns so liebte, wie wir uns das vorstellten. Wir waren entschlossener, uns auf uns selbst zu verlassen, um unser Leben meistern zu können, und konzentrierten uns mehr darauf, dem zu folgen, was wir uns unter Leben vorstellten. Die fleischliche Dynamik nahm zu. Dass Gott die Gebote gegeben hatte, machte alles nur noch schlimmer.

Zu dem von ihm bestimmten Zeitpunkt tat Gott dann, was er sich vor aller Zeit vorgenommen und im Verlauf der jüdischen Geschichte immer wieder angedeutet hatte: Er verwarf den alten Bund und setzte einen neuen ein. Der Alte Bund war nie dazu gedacht gewesen, unsere Probleme zu lösen; er sollte sie vielmehr aufdecken. Er sollte zeigen, dass wir einen ganz anderen Plan brauchten.

Der *Neue* Bund, den wir gewöhnlich das Evangelium oder die gute Nachricht von Jesus nennen, räumte für immer mit dem Gedanken auf, man könne durch die Einhaltung des Gesetzes Gottes

Wohlgefallen gewinnen (Rechtfertigung) oder so werden wie er (Heiligung). Das entscheidende Ereignis bei der Einführung dieses Neuen Bundes waren natürlich der Tod und die Auferstehung Jesu, gefolgt von seiner Himmelfahrt und der Ausgießung des Heiligen Geistes zu Pfingsten auf alle seine Nachfolger.

Was bei allen Segnungen des Neuen Bundes vermutlich am meisten übersehen wird, ist, dass er es ermöglicht, auf *neue Art Beziehungen einzugehen*. Wenn wir jetzt den Eindruck gewinnen, dass jemand in einer bestimmten Sache falsch liegt, können wir dieser Person mit einer Haltung begegnen, die sich grundsätzlich von den Möglichkeiten unter dem Alten Bund abhebt. Hat z.B. ein Freund Erfolg, etwa in einem Bereich, in dem wir versagt haben, haben wir nunmehr die Ressourcen, uns mit ihm wirklich zu freuen.

Eine geistliche Gemeinschaft ist eine Gemeinschaft des Neuen Bundes. Es ist eine Gemeinschaft von Menschen, die miteinander auf dem Weg zu Gott sind und die einander auf der Basis von *vier Vorkehrungen* des Neuen Bundes begegnen. Um eine Grundlage für Teil 3 zu legen, der die Praxis geistlicher Gemeinschaft zum Thema hat, möchte ich die vier hauptsächlichen Vorkehrungen des Neuen Bundes kurz zusammenfassen.[2]

Vorkehrung Nr. 1 – Eine neue Reinheit

> *Und ich werde reines Wasser auf euch sprengen, und ihr werdet rein sein* (Hes 36,25).

Genau wie Gott es sich vor Beginn der Welt vorgenommen hatte, fand er Mittel und Wege, seiner Gerechtigkeit und Heiligkeit Genüge zu tun und uns trotzdem zu vergeben, dass wir so schlecht sind. Sein gerechter Zorn fiel auf Jesus, welcher keine Sünde kannte, und deshalb konnte er uns Menschen, die nie etwas anderes getan haben als zu sündigen, seine grenzenlose Liebe schenken.

Auf der Grundlage von Jesu Tod – wenn wir diesen Tod als das, was wir eigentlich verdient hätten, in Anspruch nehmen – kann Gott das tun, was er schon zu Adams Zeit getan hat und wonach ihn

[2] Für den größten Teil der folgenden Ausführungen bin ich den exzellenten Erklärungen Dwight Edwards verpflichtet. Er ist Hauptpastor der Grace Bible Church, College Station, Texas.

verlangt: Er kann voll Freude über uns singen: „Das sind meine Kinder! Ich bin so begeistert, dass sie mir gehören!" (Vgl. Zef 3,17).

Wie Gott vergibt, ist so ganz anders, als wir es tun, und für uns kaum nachvollziehbar. Etwas Ähnliches ist uns noch nie begegnet. Wir treten ihn, bespucken ihn und befehlen ihm zu verschwinden – und er lädt uns zu einem Festmahl ein. Obwohl unsere Jauchegrube stinkt wie eh und je, *freut* er sich an uns, als wären wir klares, sprudelndes Wasser. Das ist die *neue Reinheit*. Sie ist eine Position, eine Stellung, die wir im Gerichtssaal vor ihm haben und die uns ohne Strafe davonkommen lässt, weil wir von allen Verbrechen völlig freigesprochen sind, und das nicht etwa nur auf Bewährung.

Und dann steht der Richter von seinem Tisch auf, legt seine Robe ab und lädt uns zu sich auf einen Kaffee ein. Jetzt verbringen wir Zeit mit „jemandem", der tatsächlich vollkommen rein ist. Und wir *gehören* zu ihm, wir passen zu ihm. Nunmehr sind wir in der Lage, einander zu feiern, anstatt einander zu verurteilen. Allein der Neue Bund ermöglicht dies.

Vorkehrung Nr. 2 – Eine neue Identität

Dieser wird sagen: Ich bin des Herrn, und jener wird sich mit Jakobs Namen schmücken; ein anderer wird sich mit seiner Hand dem Herrn verschreiben und mit dem Namen ‚Israel' geehrt werden (Jes 44,5).

Auf Menschen, die in Christus sind – ob sie nun mit Alkoholismus, übler Nachrede oder Überheblichkeit zu kämpfen haben (wir kämpfen alle mit irgendetwas Scheußlichem) –, trifft die Bezeichnung „Sünder" eigentlich nicht mehr zu. Zwar sündigen wir natürlich noch immer, aber das bedeutet nicht, dass wir keine Heiligen sind. Es wäre durchaus angebracht (und das ist weder ironisch noch scheinheilig gemeint) zu sagen, „Der heilige Larry ist manchmal nicht auszustehen", oder „Die heilige Peggy kann ganz schön zickig sein", oder „Der heilige Martin hatte letzte Woche eine Affäre".

Unsere neue Identität ist den Schutzmaßnahmen der Kronzeugenregelung nicht unähnlich: Wir erhalten einen neuen Personalausweis, eine neue Sozialversicherungsnummer, einen neuen Namen, neue Nachbarn, ja sogar neue Fingerabdrücke. Wir werden tatsächlich eine neue Person. Zwar verlieren wir unsere Vergangenheit nicht, doch hat sie Gott vergessen. Uns haftet noch die Mundart unseres Geburtsortes an, doch daran arbeitet ein himmlischer „Sprechtrainer".

Wir sind keine Verbrecher, die sich als Knabenchor ausgeben. Nein, wir sind legitime Chormitglieder, die gelegentlich die Probe schwänzen, um eine Bank auszurauben. Als Disziplinarmaßnahme dürfen wir danach vielleicht einige Sonntage nicht auftreten, doch müssen wir unsere Chorgewänder nie mehr zurückgeben.

Vorkehrung Nr. 3 – Neue Neigungen

Ich lege mein Gesetz in sie hinein und schreibe es auf ihr Herz (Jer 31,33).

Gottes Geist hat einen Ort in unseren Seelen geschaffen, der tiefer angesiedelt ist als die Jauchegrube, und dort hat er sich eine Wohnung eingerichtet. Früher war es eine Stiftshütte, die mitten in der Wüste seine Herrlichkeit ausgestrahlt hat. Und nunmehr strahlen unsere Seelen seine Gegenwart in eine dunkle Welt aus.

Der Geist, der ganz Gott ist, erträgt es nicht, an einem Ort zu leben, an dem sich die Schlangen des Stolzes und die Insekten der Selbstsucht tummeln. Daher hat er seinen neuen Raum mit neuen *Neigungen* ausgestattet. Vom Geist gehen Liebe, Heiligkeit und Barmherzigkeit aus und erfüllen den Raum mit Reinheit. Nun *wollen* wir das Gute tun. Zwar finden wir immer noch Geschmack an der Sünde, und dieser Geschmack ist manchmal so stark, dass wir meinen, ihm nicht widerstehen zu können, doch im oberen Raum läuft uns bei der Aussicht auf Heiligkeit das Wasser im Mund zusammen wie einem Kind bei einem Stück frisch gebackenem Apfelstrudel.

Unter dem Alten Bund wurde uns befohlen zu gehorchen. Doch jetzt klingt dieser Befehl so, wie eine Mutter ihr Kind anweisen würde, zu einem großen Stück Apfelstrudel noch eine Kugel Vanilleeis hinzuzufügen. Wenn wir es nicht so sehen, wenn wir den Aufruf zur Heiligkeit immer noch als Verbotsbefehl hören, dann leben wir entweder nicht im oberen Raum, oder dieses Zimmer existiert noch nicht in uns.

Vorkehrung Nr. 4 – Eine neue Kraft

> *Und ich werde meinen Geist in euer Inneres geben; und ich werde machen, dass ihr in meinen Ordnungen lebt und meine Rechtsbestimmungen bewahrt und tut* (Hes 36,27).

Gottes Maßstäbe haben sich nicht geändert. Er besteht immer noch darauf, dass wir uns keine Pornos ansehen, dass wir andere nicht verleumden und dass wir uns um das Wohlergehen von Menschen kümmern, die uns verletzt haben. Es sind unsere *Wünsche*, die sich geändert haben. Seine Gebote erachten wir jetzt als außerordentlich gute Ideen, etwa wie die Aufforderung, vor dem Überqueren der Straße zuerst nach links und dann nach rechts zu schauen.

Doch der Drang, nach unseren eigenen Vorstellungen zu leben, ist immer noch stark. Deshalb schenkt uns Gott seinen Geist, um uns davon zu überzeugen, dass seine Wege richtig sind und dass es ein Vorrecht ist, ihnen zu gehorchen, weil es uns dann besser geht. Unsere neuen Neigungen schlummern so lange, bis sie vom Wind des Geistes bewegt werden, wie eine frische Brise die Segel bläht und das Boot vorantreibt.

Letzten Sonntag sagte der Prediger: „Echter Lobpreis verändert Leben." In der Anbetung verbindet sich unser oberer Raum mit Gott: Der Vater wird gepriesen, der Sohn verehrt und der Geist bläst sanft auf die Flamme unserer neuen Neigungen. In der Folge wollen wir nicht nur mit irritierenden Verkehrsteilnehmern geduldig sein, sondern es gelingt uns sogar. Und wenn das geschieht, beschleicht uns ein unheimliches Gefühl, so wie den Hobby-Golfer, der seinen Ball dreihundert Meter weit schlägt und sich danach wundert, wie das geschehen konnte.

Durch den Neuen Bund verleiht uns Gott eine neue Kraft: Es ist dieselbe, die Jesus von den Toten auferweckt hat. Diese Kraft kann uns ganz bestimmt geduldig machen. Sie wird in *Gemeinschaft* freigesetzt und erlebt: in der Gemeinschaft mit Gott (was wir auch Anbetung nennen) und in einer ganz bestimmten Art von Gemeinschaft mit anderen (was ich geistliche Gemeinschaft nenne).

Die *vier Vorkehrungen* des Neuen Bundes stimmen mit den *vier Inneneinrichtungen* des oberen Raumes überein:

Die Vorkehrungen des Neuen Bundes	Die Inneneinrichtungen des oberen Raums
Neue Reinheit	**Die Leidenschaft anzubeten** „Sieh mal, was er für mich getan hat. Das hätte ich selbst niemals zuwege gebracht. Ich bin rein; mir ist vergeben; ich bin weiß wie Schnee. Gott sei die Ehre, er hat Großes getan"
Neue Identität	**Die Leidenschaft zu vertrauen** „Ich bin nun eine feste Person, kein ‚Gespenst' mehr. Wer ich bin, überlebt jedes Trauma. Ich mag missbraucht worden sein, aber ich bin kein Missbrauchsopfer. Ich bin ein geliebtes Kind Gottes, das schrecklich missbraucht worden ist. Ich kann dem Einen vertrauen, dessen Namen ich trage. Er ist mein Vater."
Neue Neigungen	**Die Leidenschaft zu wachsen** „Zerstörte Träume, erfüllte Träume – darauf kommt es nicht an. Damit wird nicht definiert, ob ich ‚lebe' oder ‚sterbe'. Ich bin lebendig und ich will wachsen. Alles, was mir begegnet, ist für mich eine maßgeschneiderte Gelegenheit, das zu tun, was ich am liebsten tue – mich an Gott zu erfreuen und seinem Sohn ähnlicher zu werden."
Neue Kraft	**Die Leidenschaft zu gehorchen** „Ich will nicht nur gehorchen, ich kann auch gehorchen. Meine Aufgabe ist es, im Geist zu wandeln, ihm Raum in meinem Herzen zu geben, damit er ungehindert wirken kann."

Es folgen einige weitere Anmerkungen zu den *vier Inneneinrichtungen*. Danach werden wir in der Lage sein, zu erkennen, was wir tun können, um geistliche Gemeinschaft zu entwickeln, um die Gemeinschaft von zerbrochenen Menschen zu genießen, die ihren oberen Raum gefunden haben.

Inneneinrichtung Nr. 1 – Die Leidenschaft anzubeten

Gelegentlich frage ich mich, ob der schwerstwiegende Fehler, den wir in unseren Gemeinden machen, nicht vielleicht darin besteht, Menschen zur Anbetung Gottes bewegen zu wollen. Robert Webber sagt es treffend:

> Anbetung ist die Reaktion des Menschen auf Gottes Erlösungsinitiative. Der innere Mensch [der obere Raum?] empfängt Gottes Heilshandeln, das im öffentlichen Gottesdienst kommuniziert wird, in Demut sowie in einer Haltung der Ehrfurcht, des Dienens und der Hingabe.[3]

Die Leidenschaft anzubeten, verlangt nach Ausdruck. Der Christ sehnt sich nach Gelegenheiten, Gott anzubeten. Aber alle aufgeregten Versuche, diese Leidenschaft hervorzubringen, führen zu nichts als oberflächlichen Imitaten. Sowohl traditionelle als auch zeitgemäße Gottesdienststile bieten solche Gelegenheiten, vorausgesetzt, der Anbetungsleiter verfolgt keine eigenen Ziele und versucht somit nicht, etwas nach eigener Vorstellung zu „produzieren". Wir müssen lernen, die Gelegenheit, anzubeten, so zu gestalten, dass das, was unser Herz entfacht, im Mittelpunkt steht, und dann müssen wir zur Seite treten und dem Heiligen Geist erlauben, dass er uns zu Christus zieht.

Der einsame Handelsreisende, der gerade aus dem Sexkino tritt, hat sowohl an Ort und Stelle die Gelegenheit, Gott anzubeten, als auch am nächsten Sonntag. Zwar hat er sich unmoralisch verhalten, doch wird ihm seine Sünde nicht angerechnet. Er wird deswegen nicht zur Hölle fahren. Er ist *rein*. Er hat sich zwar unmoralisch verhalten, doch ist er deswegen kein unmoralischer Mensch.

In Gottes Augen ist er gerecht, ein widerspenstiger Sohn zwar, aber kein verstoßener Rebell. Der Druck, das Richtige tun zu müssen, ist weg. Sein ewiges Schicksal und sein Stand vor Gott stehen nicht auf dem Spiel. Gewiss, es geht um viel, aber nicht um das. Ergreift er das wunderbare Geschenk der Reinheit, wird er aus seiner Sünde keine Gewohnheit machen.

Nur entspannte Menschen sind gute Anbeter. Und wir können uns entspannen, weil uns vergeben wurde. Gott wettert nicht

---

[3] Robert Webber, *Worship Old and New.* Grand Rapids: Zondervan, 1994, 31.

mehr vom Berg auf uns herab. Jetzt flüstert er uns als Liebhaber ins Ohr – freilich als eifersüchtiger Liebhaber, aber doch als Liebhaber – nicht als Kritiker. Heilige, Menschen, die in ihrer neugewonnenen Reinheit ruhen, beten gerne an. Es ist ihre Lieblingsbeschäftigung.

Inneneinrichtung Nr. 2 – Die Leidenschaft zu vertrauen

Ein guter Freund hat mich einmal aufgrund dessen, wie ich mich bei einer schwierigen Entscheidung verhalten habe, zur Rede gestellt. Ich fühlte mich in die Enge gedrängt und war verärgert. Daraufhin reagierte er noch heftiger. Es war kein gutes Gespräch. Doch in beiden von uns gibt es etwas Unverwüstliches. Wir werden beide von dem Leben in uns definiert, das auch inmitten einer heftigen Auseinandersetzung im unteren Raum nicht aufhört. Später konnten wir einander als „feste" Menschen – und nicht als Gespenster – begegnen, als zwei Personen mit bleibender Identität, die uns die Kraft verlieh, einander in Liebe und Achtung zu begegnen.

Und das ist unsere Zuversicht: Der Gott, der uns vergeben hat und uns nun als seine adoptierten Kinder aufnimmt, wacht souverän über alles, was in unserem Leben geschieht. Nichts geschieht ohne seine Erlaubnis. Und alles, was er zulässt, trägt dazu bei, unsere neue Identität zu offenbaren. In allem, was passiert, ist Gott fähig und eifrig darauf bedacht, zu offenbaren, wer wir wirklich sind. Wir sind Söhne und Töchter jenes Vaters, den wir anbeten und um dessentwillen wir bereit sind, alles aufzugeben, außer natürlich ihn selbst. Aufgrund unserer neuen Identität sind wir feste Menschen. Jesus Christus ist derselbe, gestern, heute und in alle Ewigkeit. Weil er nun in uns ist, sind auch wir fest und stabil.

Diese Wahrheit verleiht mir die Kraft zu vertrauen. Das ist nicht immer einfach. Es gibt Zeiten, in denen ich mich frage, ob ich überhaupt einen Zentimeter gewachsen bin. Aufgrund meiner neuen Identität jedoch kann ich mich auf eines verlassen: Eines Tages werde ich wie ein echter Christ aussehen.

Gespenster ändern ihre Identität, wenn sich ihre Umstände verändern: Verlieren sie ihre Arbeitsstelle, sind sie Verlierer; verrät sie ein Freund, sind sie verletzt. Werden sie aus einem Freundeskreis ausgeschlossen, sehen sie sich nur noch als Abgelehnte.

Feste Menschen dagegen bleiben auch nach einem Sturm das, was sie vorher waren. Und weil etwas Festes in ihr Inneres eingepflanzt worden ist, vermitteln sie anderen Sicherheit. Für ihre Festigkeit sind sie auf keine anderen Menschen angewiesen, und stets haben sie etwas an andere weiterzugeben.

Womöglich hätte ich niemals begriffen, was diese Leidenschaft zu vertrauen ist (auch wenn ich noch am Anfang stehe), wären meine Träume nicht zerschlagen worden. Leid enthüllt unseren Götzendienst, zeigt es doch, woraus wir unser Leben beziehen. Es fördert zutage, was in uns lebt und andauert. Ich bin eine neue Schöpfung. Es gab Zeiten, in denen ich Gott aufgeben und mich dem Vergnügen und der Sünde hingeben wollte.[4] Aber ich habe es nicht getan. Weshalb nicht?

Gerade in meinen schlimmsten Augenblicken habe ich die Sehnsucht nach Vertrauen verspürt. Gott ist Gott. Er verdient mein Vertrauen. Ehrlich gesagt, habe ich größte Angst davor, ihm in die Quere zu kommen. Dabei handelt es sich nicht um die Angst eines Kindes, beim Rauchen hinter der Scheune ertappt zu werden. Es ist vielmehr die Angst, auf dem Gleis zu stehen, während sich ein Zug nähert. Gott ist viel *größer* als ich.

Von Natur aus bin ich keiner, der leicht vertraut. Dazu bedurfte es der Wiedergeburt. Heute bin ich mir eines tiefen Wunsches bewusst, auszuharren, nicht zurückzuweichen – ungeachtet der Träume, die dabei noch zerstört werden könnten. Die Leidenschaft zu vertrauen übersteht jede Anfechtung. Sie muss vielleicht manchmal neu angefacht werden wie ein fast erloschenes Feuer, aber es gibt immer noch eine Flamme. Ich werde wie Christus werden. Dafür bürgt meine neue Identität.

Inneneinrichtung Nr. 3 – Leidenschaft zu wachsen

Gibt es jemand, der wirklich *glaubt,* was Jakobus sagt? Glauben Sie, dass das machbar ist?

---

[4] Ich glaube, dass jeder von uns gelegentlich solchen Gedanken nachhängt: alle Zwänge über Bord zu werfen und sich hemmungslos der Sünde hinzugeben. Das mag verlockend erscheinen. Es gibt hier zwei Arten von Menschen: jene, die sich nicht trauen, und jene, deren Vertrauen zu Gott dadurch nur noch stärker wird. Letztere sind das größere Wunder.

Achtet es für lauter Freude, meine Brüder, wenn ihr in mancherlei Anfechtungen fallt (Jak 1,2).

Sagen Sie das dem Mann, dessen Frau ihn gerade verlassen hat. Sagen Sie es den Eltern, die gerade ihren fünfjährigen Sohn zu Grabe getragen haben. Sagen Sie es Ihrem Freund, dessen Operation leider fehlgeschlagen ist und der niemals wieder laufen wird. Diese Menschen werden nur hören können, wenn sie den Weg in ihren oberen Raum gefunden haben.

Bereits in den 1960er Jahren hat Francis Schaeffer darauf hingewiesen, dass sich die Menschen unserer Kultur dem persönlichen Frieden und dem Wohlstand verschrieben haben. Reich und glücklich sein, alles soll nach unseren Vorstellungen laufen, und genug Geld haben, um gut zu leben. So sieht der moderne Traum aus. Seither hat sich daran wenig geändert. Die Postmodernen mögen Frieden mehr spirituell definieren und Wohlstand eher als Freiheit, zu sein, was sie sein wollen, statt als Freiheit, kaufen zu können, was sie kaufen wollen.

Aber das sind alles Gedanken aus dem unteren Raum. Wir stellen uns selbst in den Mittelpunkt, wollen für unser eigenes Wohlergehen zuständig sein, und wir beharren auf unserem Recht, selber zu definieren, was persönliches Wohlbefinden ausmacht. Soll uns keiner vorschreiben, was wir tun sollen! Wer von solchen Leidenschaften beseelt ist, kann sich aus den Worten des Jakobus keinen Reim machen.

Heilige dagegen, die in ihrem oberen Raum zuhause sind, wünschen sich mehr, in ihrer Christusähnlichkeit zu wachsen, als sie persönlichen Frieden und Wohlstand wollen. Und sie sind bereit, den dafür geforderten Preis zu entrichten. Anders lassen sich Märtyrer nicht erklären.

Nur ein Masochist begehrt das Leiden. Doch Heilige im oberen Raum freunden sich mit dem Leiden an. Sie glauben Jakobus, wissen sie doch, dass jede Anfechtung dazu geeignet ist, ihr tief empfundenes Verlangen zu stillen, wirklich gute, feste Menschen wie Jesus zu werden. Lebensprüfungen bieten für sie eine einmalige Gelegenheit, diese Sehnsucht zu stillen.

Inneneinrichtung Nr. 4 – Die Leidenschaft zu gehorchen

Ein verheirateter Freund gestand mir einmal, während einer Geschäftsreise im Foyer eines Hotels ein hübsches Mädchen geküsst zu haben. Ein anderer hat mir gestanden, dass er auf seinem Hotelzimmer einen Porno angeschaut hat.

Der erste Freund war ganz zerknirscht und in Tränen. Dennoch wies er vorsichtig darauf hin, dass es nicht zu mehr gekommen war als zu einem Kuss. Ich war zwar froh, dass er sich auf kein sexuelles Abenteuer eingelassen hatte, hatte aber dennoch Anlass zu vermuten, dass in seinem Geständnis mehr Stolz als Dankbarkeit mitschwang. Ich erkannte darin mein Verhalten in jenem Buchladen im Flughafen von Milwaukee.

Mein zweiter Freund bewies eine andere Haltung. Er wies nicht auf das hin, was er nicht getan hatte (Er beteuerte nicht: „Ich habe mir nur diesen einen Film angesehen." Oder: „Ich habe kein Callgirl aufs Zimmer geholt."). Er gestand mir seine Zerknirschung über die Ungeheuerlichkeit seiner Sünde und machte keine Anstalten, sein Vergehen zu bagatellisieren. Folgendes sagte er mir:

„Ich habe nur an mich selbst gedacht. Trotzig habe ich auf den Knopf gedrückt und mich zwei Stunden lang dem unerlaubten Vergnügen hingegeben. Und doch hat Gott mich nicht weggworfen. Etwas in mir hat sich verändert. Ich weiß, ich könnte diese Sache – oder eine noch schlimmere – jederzeit wieder tun. Gleichzeitig spüre ich das tiefe Verlangen, bei Gott, in seiner Nähe zu sein, sodass ich die Kraft erhalte, das zu tun, was ich wirklich tun will, nämlich rein bleiben."

Wir brauchen keine größeren Sünden zu begehen, um die Gnade noch mehr zu schätzen. Wir haben uns schon genug geleistet, um unsere verzweifelte Not zu erkennen. Echter Zerbruch führt zu einer Wertschätzung. Sobald wir Christus für das schätzen, wer er ist, und für die Liebe, die er uns entgegenbringt, um uns liebenswerter zu machen, werden wir erkennen, dass wir ihm wirklich nachfolgen wollen. Wir erfahren dann die Leidenschaft zu gehorchen.

Ich möchte zur Vorbereitung auf Teil 3 einige einfache Skizzen vorlegen, in denen es um die Kraft der geistlichen Gemeinschaft, Leben zu verändern, geht.

Jemand hat ein Problem, mit dem er oder sie kämpft:

Ein geistlicher Freund erkennt, dass jemand mit einem Problem kämpft, und sieht sofort, was der Geist im Leben dieser Person bewirken könnte:

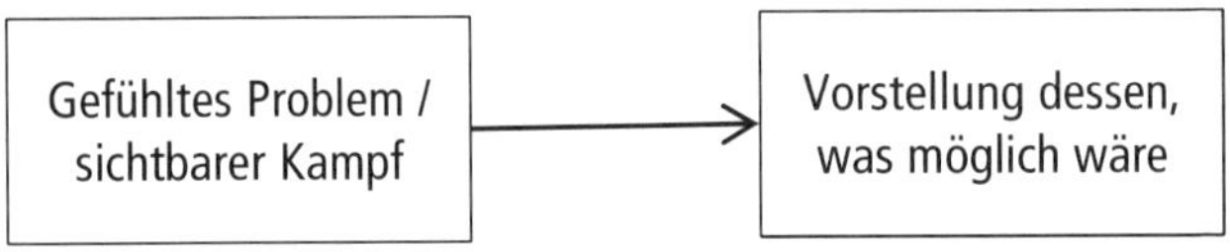

Dieser Freund weiß, dass es ein echter Kampf ist. Unterhalb des Problems verspritzt der untere Raum sein Gift. Die Schlangen der *fleischlichen Kräfte* kriechen überall herum.

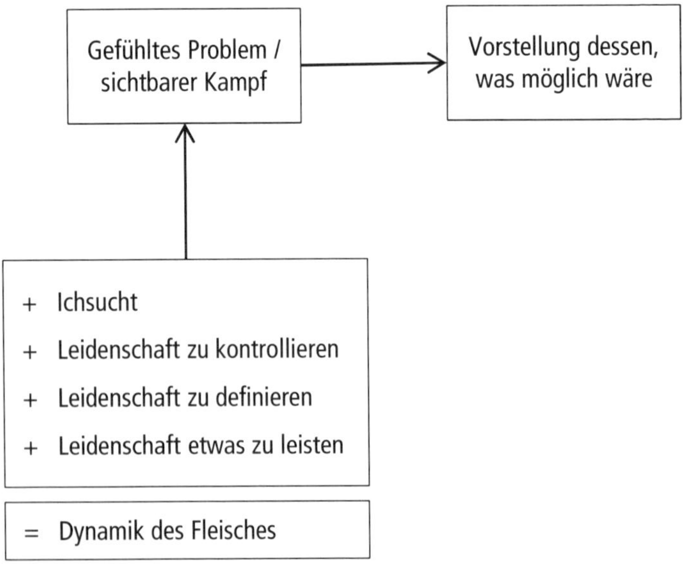

Menschen unter dem Gesetz

Ein wirklich geistlicher Freund weiß, dass sich die *fleischlichen Kräfte* eines Menschen nicht verbessern lassen. Man kann diese Elemente zwar identifizieren, aber nur um sie abzulehnen, zu verachten, zu hassen, zu töten, niemals um sie zu reparieren oder gesellschaftsfähig zu machen. Echte Veränderung hin zu *geistlicher Kraft* bedarf der Hilfe von außen, und diese Hilfe ist verfügbar. Es gibt einen anderen Raum, eine andere Energiequelle. Wird diese Energie freigesetzt, dann kann der Einzelne erkennen, was er sein könnte.

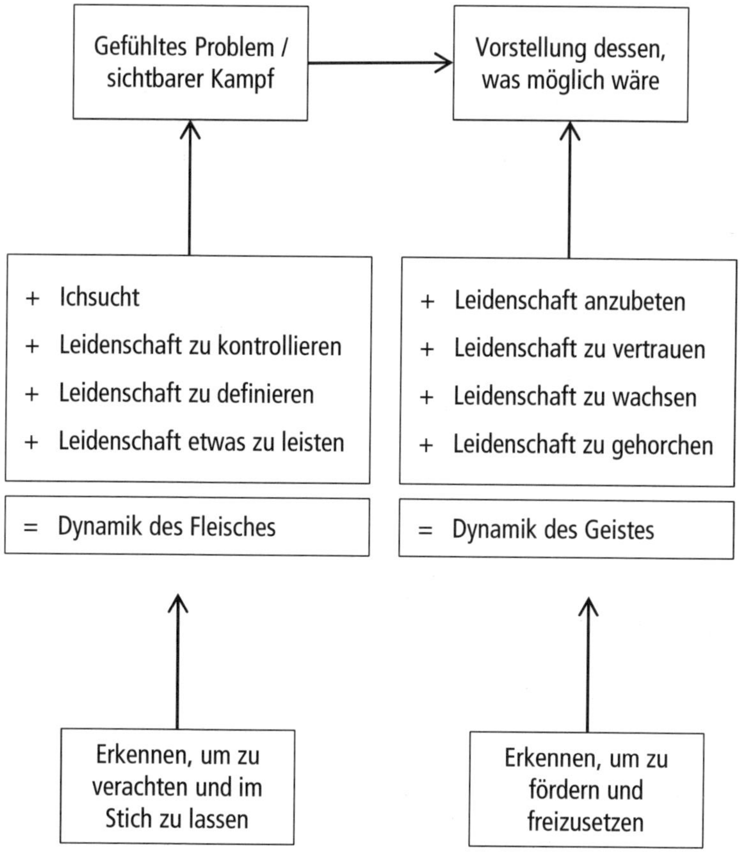

Jetzt können wir die *Aufgaben einer geistlichen Gemeinschaft* folgendermaßen definieren. Sie soll

- einen *sicheren Ort* bieten, an dem man sich allem stellen kann, was der Wahrheit entspricht – sowohl dem Hässlichen als auch dem Schönen.
- *Sich vorstellen,* wozu der Geist fähig ist, und die Geburtswehen spüren, während Christus darauf wartet, dass er in uns Gestalt annimmt.
- *die fleischlichen Kräfte erkennen*, damit wir sie hassen und ablegen können, sowie *die geistlichen Kräfte erkennen*, damit wir sie nähren und dabei helfen können, sie freizusetzen.
- das, was in jedem von uns lebt, in den jeweils anderen *ausgießen*, um die Hoffnung wiederherzustellen, dass die Vision verwirklicht werden kann, einander mit der Kraft des auferstandenen Christus zu berühren, der jetzt in uns lebt.

GEBORGENHEIT VISION WEISHEIT KRAFT
Dies sind die Kennzeichen einer geistlichen Gemeinschaft.

Der Autor des Hebräerbriefes erinnert uns daran, dass der Neue Bund in jeder Hinsicht besser ist als der Alte Bund. Mit den Segnungen unserer neuen Reinheit, unserer neuen Identität, unserer neuen Neigungen und unserer neuen Kraft können wir uns Gott und einander in neuer Weise nähern. Dann fordert er uns auf, dass wir uns immer wieder als Gemeinschaft des neuen Bundes versammeln. Dabei sollen wir uns *intensiv überlegen*, wie wir die Leidenschaften des oberen Raums wecken und uns gegenseitig in dem Wunsch, zu lieben und Gutes zu tun, stärken können.

In Teil 3 beschäftige ich mich damit, was wir tun können, um eine geistliche Gemeinschaft aufzubauen – eine Gemeinschaft von Menschen, die sich auf einer gemeinsamen Reise zu Gott befinden, eine Gemeinschaft, die den sichersten Ort auf Erden darstellt, an dem alles Gute geschehen kann.

Fragen zur Vertiefung und zum Gespräch

- Kapitel 11 beginnt mit der Einladung, an einen Menschen zu denken, der Ihnen gerade Stress macht. Dr. Crabb bittet Sie, sich die Person ehrlich, genau und ungeschönt vorzustellen. Sie haben den unteren Raum dieses Menschen gesehen. Haben Sie bei dieser Übung auch dessen oberen Raum wahrgenommen? Schildern Sie, was Sie erlebt haben – oder wiederholen Sie die Übung und achten Sie diesmal auf Ihre Empfindungen, wenn Sie nach dem oberen Raum in Ihrem Gegenüber Ausschau halten. Gibt es jemand in Ihrem Leben, der Ihren oberen Raum im Blick behält, obwohl er mit Ihrem unteren Raum durchaus vertraut ist? Was löst ein solches Angenommensein bei Ihnen aus?
- Lesen Sie Dr. Crabbs Übersicht über die Geschichte des Bundes. Welche neuen Erkenntnisse entnehmen Sie diesem Bericht? Worin hat es Sie neu bestärkt?
- Was uns beim Betrachten der Segnungen des Neuen Bundes häufig entgeht, ist, dass er auch einen neuen Umgang miteinander ermöglicht. Dr. Crabb nennt vier Vorkehrungen des Neuen Bundes:
  - Eine neue Reinheit: Dass uns so umfassend vergeben wurde, ist schwer zu begreifen.
  - Eine neue Identität: Wir sind jetzt Heilige, die sündigen, aber keine hoffnungslosen Sünder.
  - Eine neue Neigung: Wir wollen nunmehr Gutes tun.
  - Eine neue Kraft: Gottes Geist in uns setzt dieselbe Kraft frei, die Jesus von den Toten auferweckt hat. Diese Kraft befähigt uns zu Gehorsam und Liebe.
- Beschreiben Sie Ihre Erfahrungen mit jeder der vier Vorkehrungen, sofern Sie Christ sind. Falls Sie Ihr Leben Christus noch nicht anvertraut haben, nennen Sie die Punkte, die Ihnen am attraktivsten erscheinen. (Sein Leben Christus anzuvertrauen bedeutet, die eigene Sündhaftigkeit anzuerkennen, verbunden mit der Bitte um Vergebung, indem man Jesus als Retter und Herrn bekennt. Dazu kann man ein einfaches Gebet sprechen: „Gott, ich habe erkannt, dass ich deinen Maßstäben für Heilig-

keit nicht entspreche ... Ich bekenne meine Sündhaftigkeit ... und ich bitte dich um Vergebung ... Danke, dass du deinen Sohn Jesus am Kreuz für meine Sünden hast sterben lassen. Demütig nehme ich das große Opfer für mich in Anspruch. Jesus, ich bitte dich hiermit, mein Retter und Herr zu sein. Amen.")

- Die vier Vorkehrungen des Neuen Bundes entsprechen den vier Einrichtungen des oberen Raumes, die Dr. Crabb folgendermaßen identifiziert hat:
  1. Das erneuerte Bild Christi schafft eine *Leidenschaft anzubeten.*
  2. Selbsterkenntnis und Gotteserkenntnis wecken *Leidenschaft zu vertrauen.*
  3. Eine Einstellung, die in allen Umständen des Lebens Möglichkeiten entdeckt, unsere *Leidenschaft zu wachsen,* zu fördern.
  4. Die herzliche Zustimmung zu Gottes Geboten, als Ausdruck des Charakters jener Person, die wir am meisten lieben, weckt in uns die *Leidenschaft zu gehorchen.*

- Betrachten Sie noch einmal die Beschreibung der vier Leidenschaften. An welche Handlungen, Aussagen und/oder Haltungen während der letzten Woche hat Gott Sie erinnert, als Sie die Beschreibungen gelesen haben? Einfacher gesagt: Wofür konnten Sie sich letzte Woche begeistern? Wodurch wurde die Leidenschaft geweckt? Welche Leidenschaft – Anbetung, Vertrauen, Wachstum, Gehorsam – bestimmt Sie am meisten? Erklären Sie mit eigenen Worten, weshalb jede einzelne dieser Leidenschaften für Ihr Leben mit dem Herrn wertvoll ist und zu geistlicher Gemeinschaft beiträgt.
- Sehen Sie sich noch einmal die Grafik auf den Seiten 180-181 an. Inwiefern verstehen Sie Ihre Konflikte und Anfechtungen jetzt besser? Wie können Sie nun besser mit ihnen umgehen? Welche Rolle kommt einer geistlichen Gemeinschaft bei der Bewältigung Ihrer Konflikte jetzt zu? Auf S. 182 werden die „Aufgaben geistlicher Gemeinschaft" aufgelistet. Welche dieser Aufgaben wirken auf Sie besonders einladend und anziehend?

Der Autor des Hebräerbriefs erinnert uns an die Vorzüge des Neuen Bundes gegenüber dem Alten Bund – in jeder Hinsicht. Mit den Segnungen unserer neuen Reinheit, unserer neuen Identität, unserer neuen Neigungen und unserer neuen Kraft können wir uns Gott und einander in neuer Weise nähern. Dann fordert er uns auf, uns als neue Bundesgemeinschaft zu versammeln. Dabei sollen wir uns intensiv überlegen, wie wir die im oberen Raum schlummernden Kräfte wecken und unsere Liebe zueinander und zu guten Werken zu einem lodernden Feuer entfachen können.

In Teil 3 beschäftigen wir uns mit dem Aufbau einer geistlichen Gemeinschaft – einer Gemeinschaft von Menschen, die sich auf einer gemeinsamen Reise zu Gott befinden, einer Gemeinschaft, die den sichersten Ort für alles Gute auf der Erde darstellt.

TEIL 3

Ein Weg, in dieser Welt Beziehung zu leben

KAPITEL 12

Wir wenden uns einander zu: drei grundlegende Überzeugungen

> Menschen sehnen sich danach, echte Gemeinschaft neu zu entdecken. Wir hatten genug von Einsamkeit, Unabhängigkeit und Konkurrenzkampf.
>
> Jean Vanier

In *Die Seelenburg* schreibt Teresa von Avila: „Unser Herr sorgt sich so sehr darum, dass wir ernstlich nach ihm verlangen und seine Gemeinschaft erstreben, dass er uns immer wieder ruft, zu ihm zu kommen; seine Stimme ist so süß, dass sich die arme Seele vor Traurigkeit verzehrt, weil sie seinem Ruf nicht sofort folgen kann."[1]

Stellen Sie sich einen Augenblick lang vor, wie es wäre, mit einem anderen Christen eine Stunde lang auf den Knien zu verbringen und Ihren mangelnden Gehorsam zu beweinen, nur um danach noch lauter zu weinen – diesmal aber vor Freude, die Ihren Stolz zum Schmelzen bringt – über die Erkenntnis, dass der Herr sich noch immer nach Ihnen sehnt. Gibt es sie wirklich, Leidenschaften wie diese, die tief in unseren Herzen begraben sind? Steckt hinter unserem Hunger nach Dingen, Ehre und Erfüllung eine Sehnsucht nach Gott?

[1] Teresa von Avila, *Die Seelenburg*, 47.

Haben wir tatsächlich ein Verlangen ihn *anzubeten,* wenn unser Leben auseinanderfällt, und ihn auch dann mehr als alles andere zu genießen, wenn sich unser Leben in ruhigem Fahrwasser bewegt? Gibt es die Sehnsucht, unserem himmlischen Vater zu *vertrauen,* wenn die Erinnerungen an die Unbeständigkeit und scheinbare Gleichgültigkeit unseres irdischen Vaters uns heimsuchen? Wenn wir an unsere Jugendzeit zurückdenken, als wir in Depressionen verfielen und mit schweren Essstörungen zu kämpfen hatten, ohne dass unser Vater dies bemerkt hätte: Verspüren wir dennoch den dringenden Wunsch, Gott in allem, worauf es ankommt, zu vertrauen?

Haben wir immer noch das Verlangen zu *wachsen*, auch wenn das Leben schwer wird, wenn Wichtiges schiefläuft und uns die Last, die wir zu tragen haben, zu erdrücken scheint, nachdem sie uns schon alle Freude geraubt hat? Angenommen, wir hätten die Wahl: Würden wir Wachstum der Erleichterung unserer Last vorziehen? Wäre uns wichtiger, Christus ähnlicher zu werden, als die legitimen Segnungen eines glücklichen Lebens zu genießen?

Gibt es in uns immer noch ein Verlangen danach, *gehorsam* zu sein, das man stärken könnte, auch wenn wir sündigen Versuchungen erlegen sind: der üblen Nachrede, der Lust auf Vergeltung, wenn wir unsere Zeit und unser Geld so managen, dass unser eigenes Wohlergehen an erster Stelle steht? Sehnen wir uns nach Veränderung unserer Lebensweise?

Gibt es diesen oberen Raum wirklich? Ist der Neue Bund am Ende nur schöne Sonntagsrede? Oder sind seine Vorkehrungen real? Sind wir wirklich rein, zu Heiligen erklärt, geneigt, Gott zu lieben und wie Gott zu lieben, zu echter Veränderung befähigt? Wenn das, was ich in den ersten beiden Teilen des Buches behauptet habe, nicht stimmt, dann liegt geistliche Gemeinschaft außer Reichweite. Wenn es jedoch stimmt – und davon bin ich überzeugt –, dann ist etwas Wunderbares möglich.

Ein guter Freund fiel vor etwas mehr als einem Jahr von einer Leiter. In einer fünfstündigen Operation wurde versucht, die zersplitterten Knochen in seinem linken Bein und seinem rechten Arm wieder zusammenzufügen. Sein linkes Bein ist wieder einigermaßen verheilt, doch sein rechter Arm konnte nicht zufriedenstellend gerichtet werden: Der Oberarmknochen ist falsch verwachsen.

Kürzlich hat er sich einer zweiten Operation unterzogen. Eine Woche danach eröffnete ihm der Chirurg nach eingehendem Studium der Röntgenbilder: „Ich habe leider keine gute Nachricht. Sie werden drei Monate lang einen Gips tragen müssen. Danach sehen wir weiter. Es könnte sein, dass wir ein drittes Mal operieren müssen. Der Eingriff wird dann noch radikaler sein. Im besten Fall werden Sie Ihren Arm ein Jahr lang nicht richtig benutzen können."

Al ist Rechtshänder. Gerade hat er sein Haus verkauft. In drei Monaten wird er umziehen. Er kann nicht einmal seinen Computer bedienen, geschweige denn Kisten tragen. Er fühlt sich nutzlos. Doch nachdem er die schlechten Nachrichten vernommen hatte und mit dem Lift ins Erdgeschoss fuhr, kamen ihm die Worte von Paulus in den Sinn: *„Wenn Gott für uns ist, wer kann dann gegen uns sein?"* (Röm 8,31). Inmitten seines Leids begann er fast zu singen. Er vernahm die Musik des Himmels, die Stimme Gottes, und seine Leidenschaft für Gott erwachte in ihm.

Als mein Freund seine Erfahrung einigen Geschwistern in seiner Gemeinde mitteilte, konnte er kaum sprechen. Seine überwältigenden Emotionen kamen aus der Erkenntnis, dass Gott zu ihm steht: Er hatte eine Ahnung davon bekommen, was das wirklich heißt. Gerade als er zum verkehrtesten Zeitpunkt mit der schlechten Nachricht konfrontiert wurde, erlebte er, dass er Gott anbetete und ihm vertraute und dass er den Wunsch hatte, zu wachsen und Gutes zu tun.

Meine eigene Leidenschaft, anzubeten, zu vertrauen, zu wachsen und zu gehorchen, ist unverkennbar. Auch andere Leidenschaften aus dem unteren Raum melden sich, weil sie noch nicht ausgerottet sind. Zudem sind die guten Leidenschaften oft schwach ausgeprägt und nur schwer auszumachen – dennoch sind sie da. Als ich heute Morgen geraume Zeit im Gebet auf meinen Knien zubrachte und über einer langen Liste von Anliegen in meinem Leben und im Leben meiner Freunde mit Gott redete, *spürte* ich jene guten Leidenschaften. Tatsächlich sehne ich mich danach, Gott anzubeten. Ich habe ein leidenschaftliches Verlangen, ihm zu vertrauen, in das Bild Christi verwandelt zu werden und nach seinen Geboten zu leben.

Vergangenen Sonntag haben wir im Gottesdienst das Lied „People Need the Lord" [*Menschen brauchen den Herrn*] gesungen. Dabei sind mir Tränen gekommen, hörte ich doch mein Herz schreien: „Ich *will* den Herrn haben!" In diesem Augenblick wusste ich, dass ich daran glaube, dass zerstörte Träume tatsächlich Tore zur Hoffnung sind. Das Feuer der Freude entbrannte in meiner Seele.

Gemeinschaft mit Gott in der Anbetung hatte die heiligen Leidenschaften, die Einrichtungen meines oberen Raumes, entfacht. Und Gemeinschaft mit Al – geistliche Gemeinschaft während wir gestern Zeit miteinander verbrachten, die ohne die Gegenwart des Geistes unmöglich gewesen wäre – steigerte jene Leidenschaft in uns beiden.

Tatsächlich gibt es sie noch: die Schlangen aus dem unteren Raum (nur ungern bezeichne ich diesen als *meinen* unteren Raum; zwar befindet er sich noch *in* mir und macht mir Mühe, doch ist er nicht mehr *ich),* die herumkriechen und manchmal auch zubeißen, doch ihr Gift kann dem Leben Christi in mir nichts anhaben.

Wie jeder andere Christ auf dieser Erde, bin auch ich *lebendig*. Ich sehne mich danach, dem Vater zu gefallen, zu sein wie Christus, auf den Heiligen Geist zu hören und ihm zu folgen. Ich partizipiere am Leben der dreieinigen Gottheit. Dieselbe Energie, die die Personen der Dreieinigkeit durchströmt, wirkt auch in mir. *Wenn diese Leidenschaften in mir auf dieselben Leidenschaften in Ihnen treffen, erleben wir geistliche Gemeinschaft.* Und wir bewegen uns weiter, langsam zwar, aber unaufhaltsam hin zu Gott.

Im diesem dritten Teil des Buches möchte ich Ihnen darlegen, wie wir – nach meinem Verständnis – an diesem Wunder teilhaben, wie wir Teil einer geistlichen Gemeinschaft werden können. Im vorliegenden Kapitel beginne ich mit Gedanken zu drei Grundüberzeugungen. Wenn wir diese nicht beherzigen, wird uns das davon abhalten, unsere Stühle so weit zu einander zu drehen, dass eine wirkliche Begegnung stattfindet.

Das wäre eine Tragödie ungeheuren Ausmaßes, eine entschieden menschliche Tragödie. Wir sind Menschen, einzigartige Geschöpfe einer göttlichen Gemeinschaft bestehend aus drei Personen, deren größte Freude ihre Gemeinschaft miteinander ist, und die ihre Freude mit anderen teilen möchten. Wir sehnen uns danach, echte Gemeinschaft wieder zu entdecken, denn dazu wurden wir *geschaffen.*

Inmitten unserer Konflikte und Auseinandersetzungen mit Krebs, chirurgischen Eingriffen, Ehescheidung und finanziellen Nöten; inmitten unserer Kämpfe gegen Homosexualität, Bulimie, Selbstverachtung, Einsamkeit und Depression sehnen wir uns nach Nähe. Wir können nicht umhin. Die Sehnsucht lässt sich nicht aufhalten. Wie der Vogel zum Fliegen und der Fisch zum Schwimmen, so sind wir zur Gemeinschaft geschaffen, zu der Art von Gemeinschaft, an der sich die Dreieinigkeit erfreut, zu *geistlicher* Gemeinschaft. Und in dem Maß, wie wir solche Gemeinschaft erfahren, verändern wir uns, wachsen und werden geheilt.

Wir wollen, dass unsere Kleingruppen eine größere Bedeutung haben als bisher, und wir wollen, dass wir den Menschen in diesen Gruppen mehr bedeuten und dass auch sie uns mehr bedeuten. Wir wünschen uns, dass unsere Gespräche mit unseren Kindern (ob jung oder älter), mit unseren Ehepartnern, Geschwistern, Vereinskameraden und Sportpartnern zu tieferer Gemeinschaft mit ihnen führen, zu jener Gemeinschaft, die heilige Leidenschaften in unseren Seelen entfacht. Oft geben wir uns mit Nettigkeiten zufrieden, wo wir doch eigentlich mehr wollen.

Mit berechtigter Begehrlichkeit, die eigentlich ein vom Geist erzeugtes Verlangen ist, suchen wir das seelsorgerliche Gespräch; ob als Ratgeber oder als Ratsuchender möchten wir voll der Gegenwart Gottes sein, um Orte der Geborgenheit darzustellen, an denen aufrichtige Seelen den Weg zu Gott finden, ungeachtet ihrer Herkunft oder ihrer Probleme.

Und wir wollen vergeben. Wir wollen jene segnen, die uns verraten, verletzt und uns Wunden zugefügt haben, die in diesem Leben wohl nicht mehr heilen werden. Wir wollen dafür beten, dass auch sie zu Gott finden. Schon die Tatsache, dass unsere hasserfüllten Rachephantasien uns Unbehagen bereiten, zeigt, dass in uns etwas ganz anderes steckt: Wir *wollen*, dass Gott auch im Leben unserer Feinde verherrlicht wird.

Wir würden fast alles dafür geben, Teil einer Gemeinschaft zu sein, die äußerste Sicherheit und Geborgenheit bietet und in der die Menschen einander niemals aufgeben, wo man im Gespräch Lebensweisheit erlernen kann und in der unser lebendigstes Innerstes berührt wird. Drei Überzeugungen müssen fest verankert sein, damit wir echte Fortschritte hin zu dieser Art von Gemeinschaft machen. Zunächst möchte ich sie aufzählen. Danach werde ich sie einzeln vertiefen.

Grundüberzeugung Nr. 1: Die Entwicklung geistlicher Gemeinschaft ist das Werk des Geistes, niemals unseres. Unser Beitrag ist begrenzt. Was wir hauptsächlich tun, ist, Kontrolle aufzugeben, aus dem Weg zu gehen und das Feld dem Geist zu überlassen. Unsere Hauptaufgabe ist, zu beten.

Grundüberzeugung Nr. 2: Die Entscheidungen, die wir aus der Kraft Christi heraus treffen – dazu zählen auch jene persönlichen Entscheidungen, die anderen verborgen bleiben –, haben wesentlich positivere Auswirkungen im Leben anderer, als wir ahnen (so wie schlechte Entscheidungen negative Auswirkungen haben). Die Energie, die von uns ausgeht, das, was wir am stärksten glauben, was Leidenschaften weckt, ist es, was geistliche Gemeinschaft fördert oder verhindert. Die Qualität dieser Energie hängt von der Intensität unserer Gemeinschaft mit Gott ab.

Grundüberzeugung Nr. 3: Jedes schlechte Verlangen ist eine Entstellung eines guten Verlangens. Und jeder gute Wunsch ist ein schwacher Ausdruck unseres tiefsten Wunsches, Gott zu kennen. Wenn wir deshalb jeder Sehnsucht, sei sie gut oder schlecht, ehrlich nachgehen, wird uns das zu unserem oberen Raum führen, wo innige Gemeinschaft mit Gott zu finden ist. Weil jeder Hunger, wenn man ihm auf den Grund geht, sich als Hunger nach Gott erweist, ist es entscheidend, dass wir in einer Gemeinschaft leben, die sicher genug ist, dass wir alle unsere Wünsche offenlegen und ihnen auf den Grund gehen können.

Grundüberzeugung Nr. 1:

Geistliche Gemeinschaft ist das Werk des Geistes.

Eugene Peterson schreibt:

> Gott, der Heilige Geist, empfängt und gestaltet das Leben Christi in uns. Unser Geist wird vom Geist geformt – das ist geistliche Charakterbildung. Wachstum, sowohl biologisches als auch geistliches, ist ein Geheimnis, ein großes noch dazu, vielschichtig und komplex, eben ein Werk des Heiligen Geistes. Von seinen Abläufen verstehen wir wenig, und es entzieht sich

> weitgehend unserem Zugriff. Unser Anteil an der geistlichen Formung bleibt notwendigerweise bescheiden. Wir dürfen niemals davon ausgehen, dass wir sie managen oder gar in den Griff bekommen können. Sollten wir es dennoch versuchen, machen wir uns der Missbildung statt der Charakterbildung schuldig.[2]

Die von den Ambitionen der Moderne getriebene Verhaltensforschung hat versucht, Dinge zu verstehen, um sie in den Griff zu bekommen. Sie hat es auf sich genommen, uns über unsere Beziehungen zueinander zu belehren. Seminare für Kleingruppenleiter haben in der Regel mehr mit Führungsmethoden, Konfliktbewältigung sowie Strategien, schweigsame Menschen in Diskussionen einzubeziehen, zu tun als mit geistlichem Vertrauen, geistlichem Charakter und geistlicher Weisheit.

In unserem Verlangen nach Praxisnähe haben wir den Geist beiseitegeschoben und uns Ziele gesetzt, die wir ohne ihn erreichen können. Wir haben gelernt, uns einzufühlen, gute Zuhörer zu sein, andere zu bestätigen ohne sie zu verurteilen, Menschen freizusetzen, selbst zu definieren, wer sie sind und was sie wollen. Heiligung steht nicht mehr im Zentrum und wurde ersetzt durch gesunde Anpassung, Selbstannahme und ein Leben ohne Kämpfe.

Peterson kommentiert: „Sobald sich geistliche Formung von der Verhaltensforschung fremdbestimmen lässt, wird sie unweigerlich säkularisiert und individualisiert, wobei man gelegentlich ein Stoßgebet zum Himmel schickt, damit Gott einem bei der Selbstverwirklichung hilft. Das ist Narzissmus auf Knien."[3]

In all meinen Jahren als Therapeut habe ich wahrscheinlich eine Lektion mehr gelernt als alle anderen: Geduld. Mein Mangel an Demut hat mich davon abgehalten, diese Lektion noch besser zu lernen, doch die Realität im Leben der Menschen, mein eigenes eingeschlossen, hat mich gezwungen, darauf zu warten, dass Gott etwas tut.

Auf zehn ereignislose Sitzungen kann eine elfte mit einem übernatürlichen Moment folgen, in der alles anders wird. Der

---

[2] Zitiert aus einem persönlichen Brief eines Freundes. Ich habe die Quelle in Petersons Schriften leider nicht finden können.
[3] Ebd.

Klient erfährt plötzlich Besserung. Multiple Persönlichkeiten lassen sich nach Monaten des Stillstands mit einem Mal wieder integrieren. Ohne den Geist und ohne Christus, den er vertritt, kann ich nichts von Wert erzielen. Diese Lektion muss ich lernen, will ich an geistlicher Gemeinschaft teilhaben. Und diese Lektion kann nur Gott mich lehren.

Als die Israeliten sich darauf vorbereiteten, Kanaan einzunehmen, versprach ihnen Gott, er werde ihre Feinde „nach und nach" vor ihnen vertreiben (vgl. 2 Mo 23,30). Der Fortschritt würde langsam sein. Doch an anderer Stelle sagte er: *„Du wirst sie austreiben und sie schnell umkommen lassen"* (5 Mo 9,3).

Der Widerspruch löst sich auf, wenn man sieht, dass es sich in diesen beiden Stellen um zwei verschiedene Arten von Feinden handelte. *Geringere* Feinde wie die Jebusiter, Hewiter und andere sollten nur allmählich überwunden werden. Gefährlichere Feinde dagegen, wie etwa die Riesen, die die ungläubigen Spione in Angst versetzten, sollten sehr schnell vertrieben werden.

An dieser Stelle taucht aber ein neues Problem auf: Sollen wir daraus lernen, dass wir kleinere Probleme erst nach und nach überwinden, während wir große Probleme umgehend in den Griff bekommen? Das macht keinen Sinn, bis wir sehen, was tatsächlich geschah, als Israel ins Land einrückte.

Das Buch Josua berichtet uns, dass sich Israel zuerst die weniger gefährlichen Feinde vornahm und *sieben Jahre lang* damit beschäftigt war, sie zu vertreiben. Am Ende dieser langwierigen Landnahme bittet Kaleb Gott um Erlaubnis, die Riesen zu jagen – und vernichtet sie innerhalb eines einzigen Tages.

Vielleicht sollen wir Folgendes daraus lernen: Gott möchte, dass wir ihm bei jedem Sieg voll und ganz vertrauen. Nachdem wir jahrelang gegen kleine Probleme angekämpft haben, die nach unserem stolzen Dafürhalten leicht zu bewältigen sein sollten, schenkt er die Kraft, die großen Schwierigkeiten rasch zu beseitigen.

Während ich dies schreibe, sitze ich in meinem Wintergarten, von dem aus ich das Telefon zwar hören, nicht aber ohne Umstände erreichen kann. Seit zehn Minuten klingeln beide Apparate. Meine Frau ist zuhause, also denke ich, sie müsste rangehen. Schließlich arbeite ich unter Termindruck an diesem Buch. Mit einem Energieschub aus dem unteren Raum stürze ich aus meinem Schreibrefugium, um das lästige Klingeln abzustellen und herauszufinden, wo meine Frau steckt.

Sie erklärt mir, dass der Schlingel von Hund, auf den wir gerade aufpassen, aus seinem Zwinger abgehauen ist und dass sie selbst bei ihrem Projekt gerade auf ein Problem gestoßen ist. Bei ihr geht es im Moment drunter und drüber. Als sie mit ihren Händen durchs Haar fährt, als wolle sie sich dieselben ausreißen (ihre Reaktion auf meine unschuldige Frage: „Hast du das Telefon nicht gehört?"), merke ich, wie sich der Satz in meinem Mund formt: „Ich habe heute noch einiges zu schreiben."

Da ich mich aber an das erinnere, was ich gerade über die besseren Neigungen geschrieben habe, die der Geist in unserem oberen Raum erzeugt, sehe ich sie liebevoll an und sage: „Du hast gerade sehr viel um die Ohren." Indem ich auf mein Herz höre, wird mir bewusst, dass ich das ja eigentlich hatte sagen *wollen*. Sie lächelt – nicht überschwänglich – doch so, dass ich es bemerke.

Eine kleine Schlacht wurde gewonnen. Vielleicht wird in sieben Jahren Gottes Geist wie ein Springbrunnen aus mir sprudeln.

Unser schwierigster Beitrag zur Entwicklung einer geistlichen Gemeinschaft ist, nicht mehr so hart zu arbeiten. *„Durch Umkehr und Ruhe werdet ihr gerettet. In Stillsein und in Vertrauen ist eure Stärke. Aber ihr habt nicht gewollt"* (Jes 30,15).

Wenn Sie sich darauf vorbereiten wollen, in geistlicher Gemeinschaft zu leben, sollten Sie sich eingestehen, dass weder einschlägige Kenntnisse noch Geschick oder Einsatz etwas zuwege bringen werden, ebenso wenig wie eine kleine Person sich durch Willenskraft größer machen kann. Wachstum – sowohl in uns als auch in unseren Beziehungen – ist ein geheimnisvolles Werk des Geistes.

Kein Ausbildungsprogramm, ob als ehevorbereitende Beratung, als Seminar für Kleingruppenleiter oder in Form von Seelsorgekursen für Laien, kann eine adäquate Ausrüstung für die Entwicklung von geistlicher Gemeinschaft gewährleisten. Ausbildung hat ihre Berechtigung, doch Gebet vermag mehr. Demut *verlangt* nach Gebet. Zerbrochenheit, das von Herzen kommende Eingeständnis, dass wir ohne Christus nichts vermögen, hat *Gefallen* am Gebet.

Grundüberzeugung Nr. 2:

Wir fördern Heiligung in anderen am effektivsten,
indem wir auf die eigene achten.
Unsere privaten Entscheidungen bestimmen
unseren Einfluss auf andere Menschen.

Pascal hat einmal gesagt: „Die geringste Bewegung beeinflusst die gesamte Natur; durch einen einzigen Stein wird das ganze Meer verändert. Gleiches gilt im Reich der Gnade: Die geringste Handlung beeinflusst alles aufgrund ihrer Folgen; folglich ist alles von Bedeutung."[4]

Peter Kreefts Kommentar zu Pascals Gedanken führt zu einer unbequemen Schlussfolgerung, die beunruhigt und zugleich großartige Möglichkeiten eröffnet. Wenn jemand ein liebevolles Wort zu einem anderen sagt – so Kreeft –, dann „bekommt ein dreitausend Kilometer und dreihundert Jahre entfernter Märtyrer womöglich deinetwegen genug Gnade, um seine Prüfungen zu bestehen. Sündigst du dagegen heute Nachmittag noch einmal, könnte derselbe Märtyrer deinetwegen geschwächt werden, einen faulen Kompromiss eingehen und aufgeben."[5]

Ich frage mich, ob auch meine Entscheidung vorhin, zu meiner Frau aus meinem oberen Raum zu sprechen, vielleicht irgendein Glied am Leib Christi stärken wird. Auch liegt der Gedanke nahe, dass die Entscheidung meines Freundes vor zwei Wochen in seinem Hotelzimmer, keinen Porno anzusehen, seiner Tochter hilft, auf vorehelichen Sex zu verzichten.

Die Vorbereitung auf eine geistliche Gemeinschaft setzt nicht nur das Gebet des Zerbruchs voraus: „Ohne dich, Herr, vermag ich nichts", sondern auch das Schwelgen in geheiligten Leidenschaften: „Herr, ich würde gerne meine Frau, meine Tochter, meinen Freund segnen. Deswegen werde ich Heiligung höher achten als Vergnügen, Linderung von Schmerz oder die unrechtmäßige Befriedigung, die das Sündigen (wie z. B. wenn ich meine Frau anschreie) so leicht macht."

---

[4] Blaise Pascal, *Gedanken.* Zitiert in: Peter Kreeft, Christianity for Modern Pagans: Pascal's Pensees. San Francisco: Ignatius Press, 321.
[5] Ebd.

Grundüberzeugung Nr. 3:

Ein Ort der Geborgenheit, an dem wir uns unsere Wünsche
eingestehen und ihnen auf den Grund gehen können,
wird uns mit unserem Hunger nach Gott in Kontakt bringen.

Der Psalmist war sich seiner Seele wohl nie bewusster als bei diesen Worten:

Eins habe ich vom HERRN erbeten,
danach trachte ich:
zu wohnen im Haus des HERRN
alle Tage meines Lebens,
um anzuschauen die Freundlichkeit des HERRN
um nachzudenken in seinem Tempel (Ps 27,4).

„Mehr als alles andere behüte dein Herz", heißt es, *„denn von ihm geht das Leben aus"* (Spr 4,23). Das Herz ist das Zentrum unserer Persönlichkeit, der Sitz unserer Sehnsucht, „der Begegnungsort von Mensch und Gott".[6] Unsere Generation hat den Draht zu ihrem Herzen verloren. Die Ablenkungen durch unser Beschäftigtsein haben uns von unseren tiefsten Sehnsüchten getrennt. Wir geben uns Zerstreuungen hin aus Angst, Wünsche zu entdecken, die keiner zufriedenstellen kann.

Eine liebevolle, fromme Frau hat mir von ihrer Vergewaltigung berichtet: „Dieses Erlebnis hat etwas in mir geraubt. Ich bin mir meiner Weiblichkeit nicht mehr sicher. Meine sehnlichsten Wünsche als Frau scheinen nun meine Feinde zu sein. Ich habe Angst, zu meinem Wunsch, sicher und zärtlich behandelt zu werden, zu stehen." Sie liebt, doch sie hält sich zurück. Ein tiefer Graben umgibt ihre Seele. Und den Graben hat sie angefüllt mit Krokodilen der Zerstreuung.

Süchte und Abhängigkeiten sind Ausdruck von unterdrückter Sehnsucht. Wir werden zu Sklaven der sofortigen und umfassenden Wunschbefriedigung, weil wir Angst davor haben, uns zu unseren tiefsten Wünschen zu bekennen. Die Sehnsucht nach dem, was nie Wirklichkeit werden wird, ist Qual, und Qual schreit nach Erleichterung. *Sucht* behebt den Schmerz, wenn auch nur

---

[6] James Houston, *The Heart's Desire.* Colorado Springs: NavPress, 1996, 21.

vorübergehend, während *Ablenkung* uns davon abhält, dass wir uns jenen Wünschen stellen, die von der Sucht nicht befriedigt werden können. Ich kann James Houston vorbehaltlos zustimmen, wenn er schreibt: „Mehr als alles andere wird der Mensch vom ungestillten Verlangen nach Gott getrieben."[7]

Angst befällt uns, wenn wir zu erahnen beginnen, wie sehr wir geliebt, geachtet und wertgeschätzt sein wollen, und wie sehr wir andere beneiden, die beliebter sind als wir – oder zumindest mehr wahrgenommen werden als wir. Statt den Weg des Verlangens bis ans Ende zu erkunden, schämen wir uns zu sehr dafür und verbergen unsere wahren Wünsche vor anderen und sogar vor uns selbst.

Wir brauchen einen Ort der Geborgenheit, an dem wir unsere Sehnsüchte zugeben und erforschen können, eine Gemeinschaft von Weggefährten, die glauben, dass wir uns unserer Wünsche nicht zu schämen brauchen, weil sie menschlich sind und Jesus sich ihrer bereits angenommen hat. Ich weiß nicht, wie viele von uns sich eine Gruppe von Menschen vorstellen können, etwa in Gestalt einer Kleingruppe, in der wir uns sicher genug fühlen würden, um wirklich mit Zuversicht herausfinden zu können, wer wir sind, sodass es zu einer fröhlichen Begegnung mit Gott kommt.

Wenn wir erst einmal erkannt haben, dass sich hinter jedem Wunsch ein Verlangen nach Gott verbirgt, werden wir vielleicht in der Lage sein, anderen die Sicherheit zu bieten, die der Hoffnung entspringt. Und vielleicht werden wir erst dann merken, dass wir unsere Sehnsüchte nicht belächeln, verachten oder abtun müssen, sondern dass wir ihren Ursprung erkennen und zu ihnen stehen dürfen.

Als Einstieg in unsere Untersuchung, wie geistliche Gemeinschaft funktioniert, haben wir drei Grundüberzeugungen behandelt. Denken Sie über das Gelesene nach, besprechen Sie es in Ihrer Gruppe und mit Ihren Freunden und prüfen Sie es anhand der Schrift. Danach können Sie weitergehen, indem Sie diese Grundüberzeugungen nicht hinter sich lassen, sondern sie als Grundlage für die Entwicklung einer geistlichen Gemeinschaft benutzen.

---

[7] Ebd., S. 54.

Fragen zur Vertiefung und zum Gespräch

- Was behindert Sie in Ihrem Wunsch nach Anbetung, Vertrauen, Wachstum und Gehorsam? Was hält Sie von der Umsetzung ab?
- Der untere Raum wird bei der Bekehrung nicht eingerissen. Deshalb sind die guten Leidenschaften für Anbetung, Vertrauen, Wachstum und Gehorsam oft nur schwach ausgebildet und nur mit Mühe auszumachen. Welche Anzeichen für diese guten Leidenschaften konnten Sie in Ihrem Herz entdecken? Vielleicht sind Ihre Anzeichen nicht so auffällig wie im Fall des Mannes mit dem verletzten Arm – oder doch? „Wenn diese Leidenschaften in mir mit denselben Leidenschaften in Ihnen zusammentreffen, erleben wir geistliche Gemeinschaft", schreibt Dr. Crabb. Treten diese Anzeichen, dass es gute Leidenschaften in Ihnen gibt, stärker hervor, wenn Sie in Gemeinschaft mit anderen Christen sind? In der Anbetung? Wenn ja, was könnten die Gründe dafür sein?
- Dieses Kapitel beschäftigt sich mit drei Grundüberzeugungen. Wenn wir diese nicht beherzigen, wird uns das davon abhalten, unsere Stühle so weit zueinander zu drehen, dass eine wirkliche Begegnung stattfindet. Wie der Vogel zum Fliegen und der Fisch zum Schwimmen, so sind wir zur Gemeinschaft geschaffen, zu der Art von Gemeinschaft, an der sich die Dreieinigkeit erfreut, zu *geistlicher* Gemeinschaft. Und in dem Maß, wie wir solche Gemeinschaft erfahren, verändern wir uns, wachsen und werden geheilt. Grundüberzeugung Nr. 1 behauptet, die Gestaltung geistlicher Gemeinschaft sei das Werk des Geistes, niemals unser Werk. Lesen Sie noch einmal nach, was Dr. Crabb über diese Überzeugung schreibt. In welchen Situationen wurde Ihnen zur Gewissheit oder haben Sie erahnt, dass Sie ohne den Geist und ohne den Christus, den er repräsentiert, nichts von bleibendem Wert erreichen können? Haben Sie schon einmal erlebt (oder bei einer anderen Person gesehen), dass Gott Sie in jahrelanger Auseinandersetzung mit Kleinigkeiten Vertrauen lehrte, um dann große Probleme ganz schnell zu lösen? Die größte Herausforderung bei der Entwicklung einer geistlichen Gemeinschaft ist der Verzicht, hart daran zu arbeiten. Wa-

rum fällt uns das so schwer? Welche Rolle schließlich spielt das Gebet bei der Entstehung geistlicher Gemeinschaft?

- Grundüberzeugung Nr. 2 sagt, dass die Qualität unserer Kraft zum Guten wie zum Bösen vom Grad unserer Verbundenheit mit Gott abhängt. Wann haben Sie beobachten können, dass Ihr Einfluss auf andere Menschen vom Grad Ihrer Verbundenheit mit Gott abhängig ist? Nennen Sie einige Beispiele. Denken Sie im Lichte Ihrer Erfahrungen noch einmal an das, was Peter Kreeft gesagt hat. Stimmen Sie ihm zu oder nicht? Warum? Noch einmal: Welche Rolle kommt dem Gebet bei der Entstehung geistlicher Gemeinschaft zu?
- Grundüberzeugung Nr. 3 besagt: Wenn wir einen geschützten Ort haben, an dem wir unsere eigenen Wünsche zugeben und auf ihren Ursprung verfolgen können, bringt uns das in Kontakt mit unserem Hunger nach Gott. Unsere vielseitigen Beschäftigungen haben uns von unseren eigentlichen Wünschen abgelenkt. Auch Angst kann einen Graben um unsere Seele entstehen lassen. Ist Ihre Seele durch einen solchen Graben abgeschottet? Wenn ja, welche Krokodile der Ablenkung und/oder Süchte schwimmen darin? James Houston sagt: „Mehr als alles andere wird der Mensch vom ungestillten Verlangen nach Gott getrieben." Stimmen Sie dem zu? Warum bzw. warum nicht? Was treibt Sie an? Nehmen Sie sich etwas Zeit, darüber nachzudenken, ob nicht das, was Sie motiviert, vielleicht ein Hinweis auf Ihre eigentliche, tiefere Sehnsucht nach Gott sein könnte.

Wir brauchen einen Ort der Geborgenheit, an dem wir unsere Sehnsüchte zugeben und erforschen können, eine Gemeinschaft von Weggefährten, die glauben, dass wir uns unserer Wünsche nicht zu schämen brauchen, weil sie menschlich sind und Jesus sich ihrer bereits angenommen hat. Wir brauchen einen Ort, an dem wir uns sicher genug fühlen, um wirklich mit Zuversicht herausfinden zu können, wer wir sind, sodass es zu einer fröhlichen Begegnung mit Gott kommt. Diese drei Grundüberzeugungen werden uns helfen, uns diesem Ziel zu nähern, wenn wir sie als Grundlage für die Entwicklung einer geistlichen Gemeinschaft benutzen.

KAPITEL 13

Die Gabelung im Weg zu geistlicher Gemeinschaft

Er [der Mystiker] ist sich ruhig, zutiefst und gelegentlich ekstatisch der Gegenwart Gottes in seinem eigenen Wesen bewusst.

A. W. Tozer

Mein Terminplaner ist ungewöhnlich voll. Gestern Nacht kam ich von Boston zurück, drei Tage zuvor von Quebec City. Morgen früh fliege ich nach Dallas. Offenbar setzt mir der Stress zu. Zweimal bin ich diese Woche wegen Belanglosigkeiten, die höchstens ein „So ein Ärger – Was soll's?" verdient hätten, ausgerastet.

Die letzten paar Monate waren nicht schlecht: aktiv, zeitlich eng, viele Verpflichtungen – aber dennoch gut. Ich habe gemerkt, dass der Geist in mir und durch mich am Wirken war und mich in meinen Gesprächen geleitet hat. Ich spürte, dass ich – in guter Weise – für einige Menschen wirklich wichtig war. Gott gebraucht mich, um in einigen seiner Kinder etwas mehr Liebe und Vertrauen zu ihm zu wecken. Daraus wächst Freude. Und auch ich wurde von anderen ähnlich berührt.

Doch wieso fühle ich mich dann heute Morgen so isoliert, so schwer, als wäre etwas gestorben?

In den vergangenen Monaten habe ich die Gemeinschaft mit Christus ganz deutlich gespürt. Ein intensives, aber friedvolles Bewusstsein für meinen Auftrag begleitete mich auf meinen Reisen. Das bewahrte mich vor Entmutigung. Aber letzte Nacht, als das Flugzeug in Denver aufsetzte, überkam mich ein Gefühl von Müdigkeit und Niederlage.

Die Energie des unteren Raums trat in den Vordergrund. Ich verspürte keine Lust zu beten. Stattdessen zog ich mir eine Salamipizza rein, als ich durchs Terminal schlenderte. Ich fühlte mich ärgerlich zu einem Konditorstand hingezogen, ging jedoch schlecht gelaunt, aber selbstbeherrscht vorbei. Mein geistlicher Zustand war im Keller.

Zuhause angekommen, fand ich ein leeres Haus vor. Rachael ist gerade drei Tage mit Freunden unterwegs. Das Gefühl der Isolation verstärkte sich.

Heute früh stand ich auf, um zu beten, zu lesen, nachzudenken und Abendmahl zu feiern. Eigentlich *wollte* ich nicht, es kam keine Freude bei dem Gedanken in mir auf, aber ich wusste, dass ich mich in einer gefährlichen Gemütslage befand und für den Feind verwundbar war.

In mein geistliches Tagebuch schrieb ich folgende Worte: „Schon wieder beginnt eine neue Schlacht. Ich weiß nicht, wie ich gegen sie angehen soll." Ich machte eine Pause, legte meinen Stift nieder, starrte Brot und Wein auf dem Kaminsims an und schrieb dann mit einer seltsamen Vorahnung weiter: „Vielleicht weiß ich es doch."

Nach einer weiteren Pause von zwei Minuten brachte ich folgende Frage zu Papier: „Sollte ich mit einem Freund reden, einem geistlichen Freund, ihm meine Sünden beichten, meine Scham überwinden und mich demütigen, um Kraft von ihm zu empfangen?"

Ein Freund kam mir sofort in den Sinn: jener Mann, den ich vor etwa einem Jahr in Chicago angeschrien hatte. Ich war erst vor drei Tagen bei ihm gewesen und beschloss, ihn sofort anzurufen. Ich schöpfte augenblicklich Hoffnung aus der Entscheidung. Ich *wusste*, was das Bekennen meiner Last in ihm auslösen würde. Und ich wusste, dass ich genau das wollte.

Er würde gewiss Betroffenheit zeigen. Doch erwartete ich nicht das übliche Mitgefühl, das so leicht in sentimentale Rührseligkeit umschlägt. Ich wusste, ich würde seine *Freude* an mir spüren. Nichts, was ich sagen würde, kein Konflikt, den ich offenbaren könnte, würde ihn anwidern oder dazu veranlassen, seinen Stuhl wegzudrehen. Dieser Mann *glaubt* an mich. Ich war mir gewiss, dass sich daran nichts ändern würde.

Der Kampf, den ich gerade innerlich ausfocht, würde ihn nicht entmutigen oder ihm die Sorge bereiten, ich sei schon zum dritten Mal zu Boden gegangen. Er würde gelassen bleiben. Er würde nicht in Panik geraten, sondern hoffnungsfroh und vielleicht sogar begeistert sein in der Gewissheit, dass jeder Kampf ein Zeichen von Leben ist und dass der Ausgang der Schlacht bereits entschieden ist: Ja, ich würde (über)leben.

Im Herzen angerührt würde dieser Mann erkennen, wo der Geist inmitten des Chaos am Wirken war, und gleichzeitig würde er auch das Wirken der fleischlichen Kräfte erkennen. Er weiß, dass ich einen unteren Raum habe, und vielleicht wird er auf Dinge hinweisen, die sich darin befinden. Indessen zieht er es vor, dass wir über den oberen Raum reden.

Außerdem würde er auf seinen eigenen Geist achten und dabei auf die Impulse des Heiligen Geistes vertrauen, und ich wusste, dass er das, was ihn bewegte, weitergeben würde.

Eben habe ich ihn angerufen. Er befindet sich gerade in einer Besprechung. Sobald sie vorbei ist, wird er mich zurückrufen. Während ich weiter ins Feuer und auf das unberührte Brot und den Wein starre, merke ich, wie ich in meinen oberen Raum hochgehoben werde, getragen von den Kräften und gottgemäßen Leidenschaften, die ich in diesem Mann weiß. Es sind diese Leidenschaften, die ich bald erleben werde, weil ich mich entschieden habe, dort zu sein, wo ich sie fühlen kann. Ich habe meinen Stuhl umgedreht, diesmal um zu *empfangen*.

Mein Freund wird Christus in mir *feiern*; er wird mich nicht verurteilen, und ich werde mich sicher fühlen. Er wird sich die Wirklichkeit meiner neuen Identität *vorstellen* – wie sie ist und wie sie noch werden kann. Er wird *wahrnehmen*, wie Geist und Fleisch miteinander um die Vorherrschaft ringen. Und dann wird er das, was übernatürlich-natürlich in ihm ist, in mich *ausgießen*. Was er mir sagen wird, hat Bedeutung. Doch noch bedeutender wird die Kraft sein, von der seine Worte getragen werden. Es wird die Kraft Christi sein. Im Augenblick ist dieser Mann für mich der sicherste Ort auf Erden. Durch die Gemeinschaft mit ihm ist mir viel

Gnade zuteil geworden und sie ließ mich die Quelle echter Geborgenheit erleben.

Geistliche Gemeinschaft kann als ein Austausch zwischen zwei oder mehreren Menschen betrachtet werden, der von folgenden vier Leidenschaften gekennzeichnet ist: der Sicherheit des Gefeiertwerdens, der von Vision getragenen Hoffnung, der Weisheit liebevoller Unterscheidung und der Kraft der Berührung.

Gerade hat mein Freund zurückgerufen. Ich habe ihm unter Tränen erzählt, welchen geistlichen Kampf ich gerade ausfechte. Was vielleicht wie ein gewöhnliches Gespräch aussieht, habe ich folgendermaßen zusammengefasst:

Freund: „Das alles überrascht dich doch nicht, oder?"

Larry: „Nein, eigentlich nicht. Ich weiß ja um meinen unteren Raum."

Freund: „Die Tatsache, dass du dir solche Sorgen machst, die Gemeinschaft mit Christus zu verlieren, ermutigt mich wirklich. Du sehnst dich sehr nach ihm."

Ich fühlte mich gefeiert, sicher und wertvoll. Seine Worte führten mich in die Anbetung. Im Grunde meines Herzens *bin* ich rein.

Freund: „Du bist mir so weit voraus. Wenn ich entmutigt bin, bleibe ich in diesem Zustand stehen. Du aber ringst mit Gott und rufst mich an."

Ich fühlte mich erkannt. Er schien etwas Festes in mir gesehen zu haben. Meine Leidenschaft zu vertrauen war geweckt und ich entspannte mich etwas.

Freund: „Weshalb machst du dir solche Sorgen wegen deiner Kämpfe? Ich dachte, du hättest dich mittlerweile an sie gewöhnt?"

Ich erklärte ihm, wie begeistert ich bin, dass ich meinen eigenen Kampf vorbildlich ausfechte, weil ich weiß, dass dies möglicherweise auch meiner Frau, meinen Söhnen und meinen Freunden helfen kann, ihre Kämpfe gut zu durchstehen. Als ich so mit ihm sprach, erkannte ich, dass er mich in meinem oberen Raum gesehen hatte. Ich sprach mit der Leidenschaft zu wachsen, um mit dem Geist Schritt halten zu können, wusste ich doch, dass dieser am Wirken war.

Freund: „Findest du es wichtig, einen Freund anzurufen, wie du es eben getan hast? Warum hast du nicht einfach allein mit Gott gerungen? Ich freue mich über deinen Anruf, weiß aber nicht, was ich noch hinzufügen könnte."

Das waren die Fragen, die ihm während des Gesprächs kamen. Sie waren nicht besonders klug, hatten aber irgendwie Kraft. Ich fühlte mich bestärkt, aus der Leidenschaft meines oberen Raumes heraus zu antworten.

Larry: „Die Entscheidung war einfach. Gott *sagte* mir, ruf an. Entweder ich gehorchte oder ich gehorchte nicht. Vielleicht nehmen wir die Tatsache, dass wir der Leib Christi sind, nicht ernst genug. Vielleicht ist der Leib Christi mehr als eine bloße Metapher. Du stellst jetzt gerade Christus für mich dar, und ich glaube, er will, dass wir einander mit seiner Speise stärken. Wären wir in einem tibetanischen Gefängnis eingesperrt und könnten mit niemandem sprechen, dann fände er bestimmt direktere Wege, uns zu geben, was wir brauchen. Wo indessen eine Gemeinschaft vorhanden ist, ist das vielleicht unser Restaurant, in dem wir speisen sollten.

Freund: „Es ist wirklich mehr dran an Gemeinschaft, als man denkt, nicht wahr? Es kommt mir etwas geheimnisvoll, ja beinahe mystisch vor."

Als er mir mitteilte, was in ihm brannte – Neugier, ein Bewusstsein für das Transzendente, Ehrfurcht vor dem Mysterium –, war ich froh, dass ich Gott gehorsam gewesen war, indem ich meinen Freund anrief. Ich legte den Hörer auf, erhob mich und rief: „Ja!" Dann setzte ich mich wieder und genoss Brot und Wein mit großem Appetit.

Ich bin zerbrochen, doch ich lebe. Das Blut des Neuen Bundes hat mich rein gemacht, hat mir eine neue Identität gegeben und einen Appetit nach Gott geweckt, der stärker ist als jeder andere, und es hat mich mit seinem Geist gestärkt, der mich manchmal durch geistliche Gemeinschaft berührt.

Bin ich entmutigt? Kein bisschen. Ich bin erfüllt von unaussprechlicher Freude und Herrlichkeit. Der Sohn hat dem Vater gesagt, dass er dessen Herrlichkeit auch mir verliehen hat. Und er hat es tatsächlich getan. Die Herrlichkeit des göttlichen Lebens durchströmt mich. Der Geist gebrauchte lediglich einen Freund, um sie in mir wachzurütteln.

Diese Begegnung ist mir eine Lehre, wie man andere zur Liebe und zu guten Werken anreizen kann. Geistliche Gemeinschaft ist, wie C. S. Lewis es einmal formulierte, „ein gutes Labor, um Gott zu entdecken".

Die christliche Therapiekultur meint Lewis' Gedanken zu stützen, wenn sie Gemeinschaft als Ort sieht, an dem das Selbstwertgefühl aufgebaut werden kann. In Wahrheit aber führt sie uns in eine ganz andere Richtung. Man soll nicht meinen, jene vier vorhin genannten Elemente geistlicher Gemeinschaft – Feiern, Erschauen, Erkennen (im Sinne von „Unterscheiden"), Berühren – sollten uns nur ein gutes Gefühl über uns selbst geben. Am Ende dieses Gesprächs mit meinem Freund war ich mir nicht meines eigenen Wertes mehr bewusst, sondern war mehr von Gottes Wert überzeugt.

Selbstwertgefühl – was die therapeutische Welt oft darunter versteht und was sie für unsere psychische Gesundheit für unverzichtbar hält – ist in Wirklichkeit eher ein zähes, aus der menschlichen Persönlichkeit auszurottendes Unkraut, als eine zarte zu pflegende Blume. Unsere Strategien zur Erhaltung und Entfaltung des *Ichs* spiegelt die gottlose Energie von Menschen wider, die um jeden Preis darauf aus sind, sich selbst zu finden, ohne Christus die Bühne zu überlassen.

Das geht aber nicht. Jeder solche Versuch sollte nicht gefördert werden. Wenn heilige Leidenschaften aus einer Person in eine andere fließen, dann hat das nicht zur Folge, dass wir uns nur unseres eigenen Wertes bewusster werden, sondern dass die Wirklichkeit Christi in uns und alles, was er getan hat, das niemand sonst tun kann, anerkannt wird.

Geistliche Gemeinschaft feiert zuallererst Gott, und erst in zweiter Linie die Menschen als großartige Gelegenheiten, Gottes

Gnade widerzuspiegeln. Sie hat eine Sicht dafür, wie der Geist das Wesen Christi in und durch uns noch stärker aufleuchten lassen könnte. Die Gemeinschaft erkennt begeistert Spuren des Wirkens des Geistes und deckt behutsam, aber beharrlich die Taktiken des Fleisches auf. Sie gießt Christi eigenes Leben in die Seelen aus, denn ohne sein Leben blieben die Seelen tot und ohne Wert.

Als Volk sind wir vermutlich bereit, Gewalt als gekränkte fleischliche Ichbezogenheit zu begreifen denn als verzweifelte Sehnsucht nach Liebe – ob sie sich nun offen äußert, wie bei dem Amoklauf zweier Jugendlicher in einer Schule in Colorado, oder um subtile Gewalt, wenn Menschen wie wir etwas sagen, um damit andere Träger von Gottes Bild zu kontrollieren, zu verletzen oder auszunutzen. Zerbrochenheit und Demut müssen den Kontext bilden, um zu spüren, wie sehr wir geliebt werden wollen. Ohne diesen Kontext entscheiden wir, dass geliebt zu werden unser verbrieftes Recht sei, und dass wir, wo uns dies versagt wird, ein Recht auf Vergeltung hätten.

Als ich meinen Freund anrief, stillten die Leidenschaften, die von ihm zu mir flossen, kein Bedürfnis meinerseits. Vielmehr weckten sie in mir die dankbare Erkenntnis, dass ich geliebt bin. Seine Leidenschaften dienten nicht der Förderung meines Selbstwertgefühls. Vielmehr weckten sie in mir eine Leidenschaft Gott anzubeten, und sie halfen mir überdies, meinen mir von Gott gegebenen Wert zu erfahren. Wenn meine Bedürfnisse, meine Gefühle und ich selbst zum Mittelpunkt werden, öffnet sich früher oder später die Hölle. Wenn dagegen Christus in mir und meinem Freund erhöht wird, kommt das Himmelreich auf die Erde.

Die Gemeinde ist eine Gemeinschaft von Menschen auf dem Weg zu Gott.

Eine Gemeinschaft ist dann geistlich, wenn die Leidenschaften, die durch die Begegnung miteinander in uns geweckt werden, die unmittelbare und übernatürliche Folge eines Lebens in der Realität dessen sind, was Gott im Neuen Bund geschenkt hat. Das möchte ich erklären.

Die Leidenschaft zu feiern

Im unteren Raum sind wir leidenschaftlich um unser *Ich* bemüht. Wir verehren Gott nicht, sondern versuchen ihn für unsere Zwecke einzuspannen, um ihn dann ärgerlich zu entlassen, wenn er uns die erhoffte Hilfe versagt. Das ist Sünde. Der Neue Bund stellt völlige und umfassende Vergebung zur Verfügung. Wir erhalten eine *neue Reinheit*. Wenn wir erfassen, wie radikal unsere neue Position ist – dass wir als ehedem schmutzige Menschen nun völlig reingewaschen sind –, dann entwickelt sich im oberen Raum eine Leidenschaft, anzubeten.

In einer Gemeinschaft von Menschen, denen vergeben wurde, befreit dieses Geschenk der Reinheit geistliche Freunde dazu, sich grundsätzlich aneinander zu freuen, egal, was im Leben der Einzelnen gerade vor sich geht. Es mag Anlass zu Zurechtweisung, Disziplin und sogar harten Worten geben, doch geht einer geistlichen Gemeinschaft darüber nie der Geist des Feierns verloren.

Die Leidenschaft, Gott zu feiern, weil wir ihm unsere radikale Vergebung und völlige Reinheit verdanken, setzt sich fort in leidenschaftlichem Feiern, wenn wir einander anschauen.

Nicht viele Menschen fühlen sich gefeiert. Die Ursache für das, was wir psychische Fehlentwicklungen nennen, ist genau das Gegenteil von dem, dass man sich gefeiert fühlt: Viele Menschen fühlen sich von ihren Mitmenschen unerwünscht oder verachtet, sie fühlen sich als „Projekt" anderer Menschen, die sie fallen lassen, wenn sie die in sie gesetzten Erwartungen nicht erfüllen. Eine Beziehung dagegen, die das Feiern des anderen ermöglicht, heilt die Wunden der Seele, indem sie eine Leidenschaft anzubeten in der angenommenen Person freisetzt und den Grund dafür kennt. Es gibt keinen sichereren Ort, um die Begegnung mit der eigenen Sünde und Scham zu suchen, als in einer Gemeinschaft, die das Geschenk der Reinheit feiert – eines unverwüstlichen Geschenkes. Deshalb haben Menschen in einer geistlichen Gemeinschaft keine Geheimnisse voreinander.

Die Leidenschaft zu erschauen

Die wohl am stärkste Leidenschaft in unseren unteren Räumen ist der Vorsatz, das Leben mittels beherrschbarer Ressourcen zu bewältigen: die Leidenschaft zu bestimmen. Wir vertrauen nicht auf Gott, und wir sind zu dem Schluss gekommen, dass Gebet bloße Zeitverschwendung ist; deshalb nehmen wir unsere Geschicke in die eigene Hand, wir werden unseres eigenen Glückes Schmied.

In einer Comedy-Show klagt George Carlin, dass die Chancen für eine Gebetserhörung fünfzig-fünfzig stünden. Warum also beten? Solchermaßen alleingelassen und geängstigt, festigt sich in uns die Überzeugung, dass sich keiner so gut um unser Wohlergehen kümmert wie wir selbst, und deshalb vertrauen wir keinem anderen. Versiegen unsere Ressourcen, stellen sich psychische Störungen ein: Das sind Hilferufe an die Welt, für uns das zu tun, was sie noch nie getan hat – und gleichzeitig halten wir die Welt auf Distanz. Das ist Sünde.

Der erste Punkt ist, dass Jesus uns vergibt. Und dann verleiht er uns durch die Segnungen des Neuen Bundes eine *neue Identität*, eine Art Anzahlung, die uns garantiert, dass Gott tatsächlich unseres Vertrauens würdig ist. Steht unsere neue Identität fest, fangen wir an zu erkennen, dass sich Christi Absicht, uns ihm gleichzumachen, durch nichts aufhalten lässt. Wir erhalten seinen Namen, wir sind „Christen", d. h. zu Christus gehörig. Nun beginnt der Geist mittels sämtlicher Lebensumstände seinen Charakter in uns zu entfalten. Die Leidenschaft zu *vertrauen* beginnt sich zu regen und verdrängt unsere Leidenschaft zu *bestimmen*. Wir entspannen uns und ruhen uns aus, und wir hören auf, selbst so hart an uns zu arbeiten.

Befinden wir uns in einer Gemeinschaft von Menschen mit einer neuen Identität, kommen wir einander im Vertrauen darauf näher, dass auch sie sich auf einem Weg mit einem vertrauenswürdigen Reiseleiter befinden. Freilich bedarf es der Geduld: Pornosüchtige kaufen sich weitere Hefte, Alkoholiker genehmigen sich noch einen Schluck, Tratschende werden weitere Gerüchte in Umlauf bringen, und Nörgler werden weiter jammern. Doch wir versehen diese Menschen nicht mehr mit Etiketten wie „Pornosüchtiger", „Alkoholiker", „Schwätzer" oder „Nörgler". Jetzt betrachten wir einander als Heilige, die freilich noch unter ihrer Sünde zu leiden haben, aber dennoch Heilige sind. Geistliche Freunde gehen miteinander mit Achtung und Respekt um. Sie können erschauen, was einmal sein wird, stückweise bereits in diesem Leben und vollkommen einst im Himmel.

Die Leidenschaft zu vertrauen, die sich in jedem Heiligen regt und durch die neue Identität angefacht wird, führt zur Leidenschaft zu erschauen, was der andere einmal sein wird, während wir zusammen unterwegs sind.

Es ist ein Unterschied, ob man im anderen nur sein eigenes Projekt erblickt, oder ob man sich vorstellt, wie der Geist die neue Identität im anderen formt. Im ersten Fall ist die Kraft egozentrisch: Ich möchte, dass du für *mich* so wirst. Im zweiten Fall herrscht eine leidenschaftliche Liebe zu Gott und dem anderen: Ich möchte, dass du Gott ähnlicher wirst, damit andere, die dich kennen, Gott in dir sehen; und das wird dich glücklich machen.

Die Leidenschaft zu unterscheiden und zu erkennen

Bewohner des unteren Raums definieren Leben und Tod falsch. Was Schmerzen verursacht, wird als Tod definiert und unter allen Umständen vermieden. Was dagegen Vergnügen bereitet, wird als Leben verstanden und deshalb gesucht. Die Leidenschaft, die aus dem unteren Raum kommt, ist auf gute Gefühle und rasche Befriedigung aus, wobei die Lebensumstände dahingehend manipuliert werden, dass sie unsere Glücksmomente maximieren und unser Leid minimieren: Leben fördern und den Tod vermeiden ist das erklärte Ziel – doch das ist Torheit.

Leid wird zum Feind, und Gott, der es zulässt, zum noch größeren Feind. Folglich wird Gott im Leid gehasst. Trotzdem vergibt er uns. Durch den Neuen Bund schafft der Geist in uns einen neuen Appetit, neue Neigungen, eine *neue Gesinnung*. Zuvor waren unsere Geschmacksknospen ausschließlich auf Selbstverwirklichung und Selbsterfüllung programmiert. Nunmehr bevorzugen wir Heiligung. Eher lieben wir wie Gott, als dass wir die Vergnügungen des Teufels genießen.

Leben definiert sich nun als Gott erkennen und ihn bekannt machen, indem wir wie sein Sohn werden. Diese Vorkehrung des Neuen Bundes führt zu einer neuen Leidenschaft. Wird das Leben schwierig, würden wir lieber die Unebenheiten glätten – und wo wir dies können, tun wir es auch. Und selbstverständlich wünschen wir uns ein gutes Selbstwertgefühl. Doch unsere größere Leidenschaft gilt dem *Wachstum*: Wir wollen uns verändern, reifer werden und wünschen uns, dass durch den Geist das Leben Christi in uns Gestalt annimmt.

Wir heißen Anfechtungen willkommen, dienen sie doch unserer geistlichen Formung. Ob wir leiden oder das Leben angenehm ist: Das Geschenk einer neuen Gesinnung im Neuen Bund weckt eine Leidenschaft zu wachsen. Wenn wir uns mit ähnlich gesinnten Freunden versammeln, verwandeln wir uns in ein Team von Goldgräbern. Wir haben die Gewissheit, dass die neue Gesinnung auch im andern vorhanden ist – weil Gott es gesagt hat und wir es selber in uns beobachten konnten; folglich korrigieren wir so lange unsere Perspektive, bis wir im andern fündig werden. In der Regel müssen wir danach graben, doch das ist ja gerade die Arbeit von Goldgräbern, die wissen, dass es unter dem Felsen Gold zu entdecken gibt.

Die durch unsere neue Gesinnung geweckte Leidenschaft zu wachsen, führt zu einer Leidenschaft, in andere hineinzuschauen, auf sensible Weise zu erkennen, welche Kräfte in ihren beiden Räumen vorhanden sind: begeistert zu sein vom Gold der guten Regungen im oberen Raum und das Katzengold des unteren Raums als wertlos zu entlarven.

Wenn geistliche Freunde aus ihrem Leben erzählen, hören die anderen entspannt zu, ohne zu arbeiten. Sie ruhen. Es gibt da nichts zu reparieren oder zu verbessern. Eine geistliche Gemeinschaft empfindet eine ungestörte Ruhe, während sie zuhört. Sie leidet unter dem, was andere durchmachen müssen, sicherlich mit, manchmal bis zur Schmerzgrenze, ruht aber in dem Wissen, dass das inwendige Leben, die Leidenschaft für Heiligung, unzerstörbar ist und nur der Pflege und Freisetzung bedarf.

Die Leidenschaft zu befähigen

Leben wir in unserem unteren Raum, empfinden wir Druck. Wir *wissen* zwar, dass wir uns besser verhalten sollten, doch es gelingt uns nicht. Und wir fragen uns, wieso andere, insbesondere Gott, für unser Leid so unsensibel sind. Wir stehen unter Druck, sind trotzig und bemitleiden uns selbst. Wir verachten die Gebote, so Gott sie formuliert hat, und suchen sie auf ein Maß zu reduzieren, das wir einhalten können. Dann beglückwünschen wir uns zu der Tatsache, dass wir eigentlich recht anständige Menschen sind, wenn man bedenkt, was wir durchgemacht haben.

Ich hörte einmal eine zornige Ehefrau sagen: „Ich weiß, dass ich nicht so zornig sein sollte, aber er sollte froh sein, dass ich ihn nicht umgebracht habe." Sie meinte es ernst.

Das ist Sünde. Im Neuen Bund wird uns, neben der stets gültigen Vergebung, eine *neue Kraft* verliehen. Wir *wollen* anbeten, vertrauen und wachsen, und wenn uns klar ist, dass wir dies tun und jenes lassen sollen, gibt Gott selbst uns die Kraft, das Entsprechende zu tun. Wir werden zum Gehorsam befähigt. Wir fangen an, eine *Leidenschaft zu gehorchen* zu erfahren.

In seiner reifsten Ausprägung geht es bei Gehorsam darum, gute Beziehungen zu pflegen: Wir geben den anderen, was für sie am besten ist, ohne daran zu denken, was es uns kostet. Verbringen wir Zeit mit geistlichen Freunden, in denen die gleiche Kraft wohnt, dann erleben wir ein tiefes Verlangen, ein Werkzeug Gottes zu sein, und wollen auch in anderen die Leidenschaft zum Gehorsam entfachen.

Die Leidenschaft zu gehorchen, vom Heiligen Geist entfacht, der unsere neue Kraft ist, verwandelt sich in eine Leidenschaft, anderen zu geben, was immer der Geist uns aufs Herz legt, damit diese noch mehr gestärkt werden, unserem Herrn zu gehorchen.

Wenn wir großzügig weitergeben, was immer geistlich in uns am lebendigsten ist, schenken wir einander in Wirklichkeit Christus. Die Folge ist, dass alle sich mehr nach Heiligung ausstrecken.

Geistliche Gemeinschaft heilt die Seele. Das geschieht, indem in einer anderen Person Leidenschaften freigesetzt werden, die diese in ihren oberen Raum versetzen. Von dort werden die Leidenschaften des unteren Raums als auf einer Lüge beruhend entlarvt. Diese faustdicke Lüge suggeriert uns, Gott sei nicht derjenige, der unsere Seelen am besten sättigen will und kann, er sei nicht unendlich gut und habe kein radikales Vertrauen verdient.

Die Leidenschaften des unteren Raums werden nicht umgestellt, neu interpretiert oder umgeleitet. Sie werden als die erbärmlichen Prahlereien eines Tyrannen verworfen, der in Wirklichkeit weder Muskeln hat noch jemals gewinnen kann. Bevor wir sie ignorieren können, müssen wir sie als solche erkannt haben. Nur wenn wir bessere Leidenschaften sehen, die fest und edel sind und zu unserer menschlichen Seele passen, werden wir die bösen Leidenschaften als das erkennen, was sie sind.

Betrachten wir eine frühere Skizze:

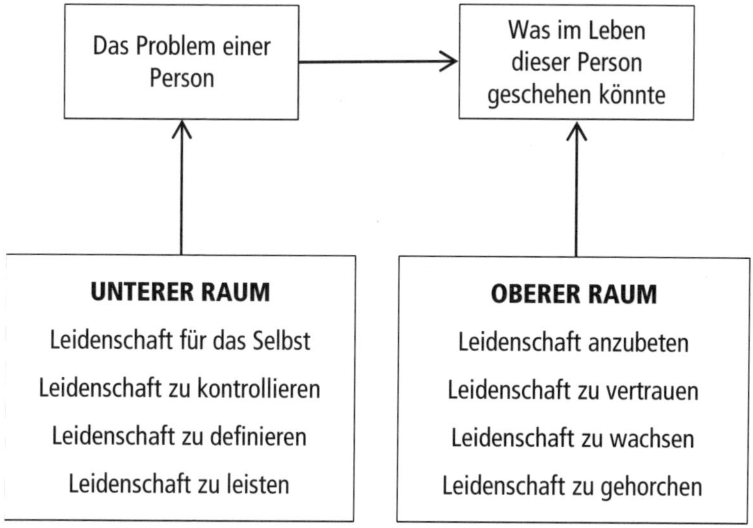

Der einzige Weg, um einer Person mit ihren Problemen zu helfen, ist, die Macht, die die Leidenschaften des unteren Raums auf sie haben, zu schwächen. Die Leidenschaften selbst können jedoch nicht geschwächt werden. Sie können nur dann als schwächer erlebt werden, wenn die Leidenschaften des oberen Raums zu heller Flamme entfacht werden. Genau das geschieht, wenn eine Gemeinschaft von Menschen, die sich von den Leidenschaften in ihrem oberen Raum bestimmen lassen, einer Person eine Beziehung anbietet und ihr dabei folgende vier Botschaften nachhaltig kommuniziert:

1. *Wir nehmen dich an.* Während wir Gott anbeten, feiern wir deine Reinheit in Christus.

2. *Wir glauben an dich.* Wir erkennen deine Identität in Christus und können sehen, was du werden kannst, indem wir auf Gott vertrauen.
3. *Wir nehmen dich wahr und kümmern uns gerne um dich.* Wir erkennen deine guten Leidenschaften und freuen uns an ihnen. Gleichzeitig erkennen wir deine schlechten Leidenschaften, wissen aber, dass diese dich nicht definieren. Auch wir sind dabei, in Christus zu wachsen.
4. *Wir geben dir.* Wir üben keinen Druck auf dich aus, dass du dich veränderst. Die Kraft zur Veränderung ist bereits in dir. Wir geben dir, was in uns am lebendigsten ist, und beten, dass es dich befreit, deine tiefsten Leidenschaften auszuleben, während wir selbst darauf aus sind, Gott zu gehorchen.

Vielleicht kann ich meine Gedanken anhand einer weiteren Skizze noch besser veranschaulichen.

Wenn jemand ein Problem hat und seinen Stuhl einer geistlichen Gemeinschaft zuwendet, dann sieht die Gemeinschaft Folgendes:

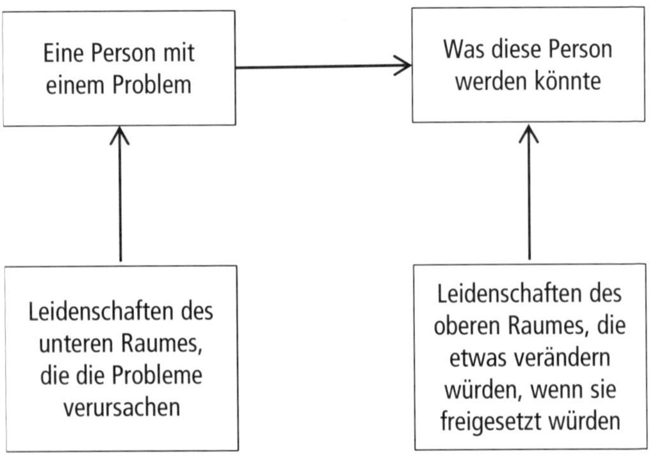

Wenn eine geistliche Gemeinschaft eine Person mit einem Problem sieht, dann werden die Leidenschaften des Neuen Bundes, die wir *für Gott* haben, zu Leidenschaften des Neuen Bundes *für die betreffende Person.*

Vorkehrungen des Neuen Bundes	Leidenschaftliche Reaktion auf Gott	Leidenschaftliche Reaktion auf Person
Neue Reinheit	Anbetung	Feiern
Neue Identität	Vertrauen	Erschauen/Vorstellen
Neue Neigungen	Wunsch zu wachsen	Unterscheiden
Neue Kraft	Wunsch zu gehorchen	Geben

Während die Stühle zueinander gedreht werden, hört die Person mit dem Problem von der geistlichen Gemeinschaft das Folgende und erhält dadurch Nahrung für ihre Seele:

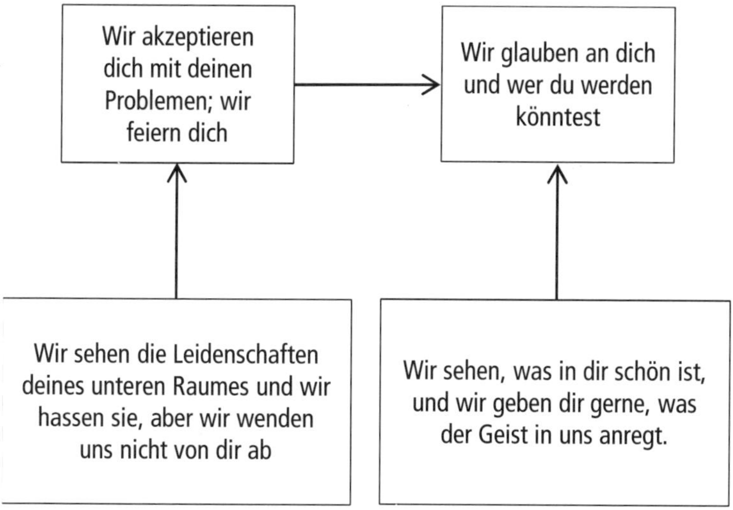

Die Beteiligung an einer geistlichen Gemeinschaft, in der die Mitglieder von den Leidenschaften des Neuen Bundes bestimmt sind, hat große Auswirkungen auf eine konfliktbeladene Person. Auch in deren oberem Raum werden nun Leidenschaften des Neuen Bundes geweckt und sie kommt Stück für Stück dem näher, was sie werden könnte.

Allerdings hängt sehr viel davon ab, ob diese Gemeinschaft wirklich geistlich ist. Begegnen wir einem Menschen mit Problemen mit den Leidenschaften des Neuen Bundes? *Erleben* wir das Wirken des Geistes in unseren eigenen Herzen? Sind wir von denselben Leidenschaften erfüllt wie Christus, wenn er die belastete Person ansieht?

Feiern wir unsere Ehepartner, wenn sie uns verletzen?

Stellen wir uns voller Freude *vor,* was aus unserem unsteten, unzuverlässigen, zynischen und geistlich desinteressierten Sohn werden könnte? Übergeben wir unser Kind der Obhut des dreieinen Gottes, indem wir unser eigenes Unvermögen eingestehen, dass wir mit unseren eigenen Versuchen nichts Gutes bewirken können?

Erkennen wir die Spuren des Geistes (und seien sie kaum größer als ein Schnipsel auf einem frisch gesaugten Teppich), wenn wir mit einem Freund reden, der entmutigt ist oder sich moralisch auf Abwege begeben hat, und erkennen wir den wirklichen Kampf, der gerade im unteren Raum tobt?

Erkennen wir das Wirken des Geistes in unserem Herzen und *verschenken es* großzügig, lassen das, was wir an Leben in uns haben, in das Herz eines unangenehmen Kollegen hineinströmen?

„Manager", also Menschen, die sich mit Kopfwissen über das Evangelium begnügen und die ihr Leben weiterhin aus eigenen Kraftquellen bestreiten, erleben solche Leidenschaften nie. Das ist den Mystikern vorbehalten.

Auf dem Weg zu geistlicher Gemeinschaft sind wir nun an einer Gabelung angekommen. Wir müssen uns für die eine oder andere Richtung entscheiden. Uns ist klargeworden, dass wir dem Weg des Managens nicht länger folgen können. Er funktioniert nicht. Er dämpft den Geist und uns bleibt nichts übrig, als Konflikte in einer Gemeinschaft durch Beziehungen auf der Basis von Gemeinsamkeiten, Zusammenarbeit, Ermutigung und Trost, beratende Seelsorge oder Anpassung zu „lösen".

In unseren gefallenen Herzen gibt es jedoch keinen festeren Vorsatz als den, die Dinge selbst in die Hand zu nehmen. Wir streben danach, das Geheimnis auf eine greif- und überschaubare Größe zu reduzieren. Wir wenden uns mit unseren Problemen lieber an Experten, die herausfinden, was mit uns nicht in Ordnung ist, und das passende Gegenmittel verschreiben. Wir denken uns ein System aus, dem wir folgen können, das ohne geistlichen Tiefgang auskommt.

Die Weggabelung bietet uns auf der einen Seite den breiten Pfad an, auf dem wir als *Manager* versuchen, heilende Gemeinschaften zu entwickeln, ohne den unteren Raum (das Fleisch) zu verlassen. Sie bietet uns aber auch den schmalen Pfad an, auf dem wir zu *Mystikern* werden. Ich denke dabei nicht an anti-rationale, erfahrungsabhängige Träumer, die eine pervertierte Mystik vertreten, sondern an (geistliche) Menschen, die Tozer folgendermaßen beschreibt:

> Der Begriff des „Mystikers" bezieht sich auf jene persönliche geistliche Erfahrung, die den Heiligen der Bibel und auch vielen nach-biblischen Personen bekannt war. Ich denke dabei an den evangelikalen Mystiker, den das Evangelium in eine innige Gemeinschaft mit dem dreieinigen Gott geführt hat. Seine Theologie gründet dabei ausschließlich in den christlichen heiligen Schriften. Er unterscheidet sich vom gewöhnlichen, rechtgläubigen Christen nur darin, dass sein Glaube bis in die Tiefen seines empfindsamen Wesens vordringt. Anderen bleibt dies vorenthalten. Er ist sich der Gegenwart Gottes in sich selbst und in seiner Umwelt auf stille, tiefe und gelegentlich ekstatische Weise bewusst. Seine Glaubenserfahrung ist etwas Ursprüngliches, so alt wie die Zeit und die Schöpfung. Er erlebt eine unmittelbare Vertrautheit mit Gott durch das Einswerden mit dem ewigen Sohn. Er erkennt, was höher ist als alle Vernunft.[1]

Nach dieser Definition ist ein Mystiker ein geistlicher Mensch, der die Person Gottes „erkannt" hat (im hebräischen Sinne des Wortes „erkennen"). Der Mystiker erlebt die Gegenwart und das Wirken Gottes in seiner Seele. Geistliche Leidenschaften werden geweckt. Er hat gelernt, in seinem oberen Raum still genug zu sitzen, um Gott wirklich zu erfahren.

---

[1] A. W. Tozer, *The Christian Book of Mystical Verse.* Harrisburg: Christian Publications, 1963, 6.

„Manager" tragen nie etwas zu einer geistlichen Gemeinschaft bei. Sie gehen keine echten Verbindungen ein. Solches bleibt den Mystikern vorbehalten.

Der Rest des Buches gibt Hinweise darauf, was erforderlich ist, um den Weg der Mystik zu wählen, und was aus uns heraus- und in andere hineinströmen kann, das geistliche Gemeinschaft hervorbringt.

Fragen zur Vertiefung und zum Gespräch

- Lesen Sie nochmals den Bericht am Anfang dieses Kapitels über ein wichtiges Gespräch, das Dr. Crabb mit einem Freund führte, als er einmal entmutigt war. Achten Sie auch auf Dr. Crabbs Analyse dessen, was geschah und was Gott durch seinen Freund bewirkte. Was fällt Ihnen an diesem Gespräch und an Dr. Crabbs Analyse besonders auf? Wann hat Ihnen ein Freund geholfen, „Gott zu entdecken", wie C. S. Lewis das beschreibt?
- Warum wirkt sich *die Leidenschaft zu feiern,* die eine Folge der *neuen Reinheit* ist, heilend aus? Anders gefragt: Warum führt Sündenerkenntnis zur Anbetung Gottes? Wann haben Sie das ansatzweise erlebt? Von wem werden Sie – wenn überhaupt – gefeiert, und wen feiern Sie, obwohl Sie sich dessen unteren Raumes bewusst sind?
- Warum ist *Leidenschaft zu erschauen* so wirksam bei der Bekämpfung der sündigen Leidenschaft, selbst zu bestimmen – und deswegen so heilsam? Erklären Sie mit eigenen Worten, wieso die Leidenschaft zu erschauen die Leidenschaft Gott zu vertrauen weckt. Wann hat Ihnen die Erfahrung, Ihre offensichtliche Kontrolle einer Sache Gott zu übergeben, geholfen? Seien Sie konkret. Die Leidenschaft Gott zu vertrauen regt sich in jedem Heiligen und ist eine Folge seiner neuen Identität. Sie führt zu einer Leidenschaft, das in einer anderen Person zu erschauen, was diese – auf der gemeinsamen Reise – zu werden im Begriff ist. Was erschauen Sie in den Ihnen nahestehenden Menschen? Wer hat eine Vision von Ihrer Zukunft, und welchen Einfluss hat diese Person auf Ihr Leben? Was könnte es bedeuten, Teil einer Gemeinschaft von „Visionären" zu sein?

- Die *Leidenschaft zu erkennen* erwächst aus der neuen Gesinnung, die wir mit dem Neuen Bund erhalten. Wann haben Sie bei sich erlebt, dass Sie Heiligung – die tiefe Leidenschaft zu wachsen – tatsächlich vorgezogen haben, indem Sie Anfechtungen bewusst als Mittel zu geistlicher Formung willkommen hießen? Wie sind Sie in der Folge gewachsen? Werden Sie konkret. Warum kann es heilsam sein, Leid nicht als Feind zu betrachten? Wann haben Sie selbst – oder eine andere Person, die Sie kennen – Leid als eine Gelegenheit zu wachsen gesehen? Was konnten Sie an Wachstum beobachten? (Womöglich ist es für eine Antwort noch zu früh.) Wie hat sich die Erwartung bzw. Offenheit für Wachstum auf die leidende Person ausgewirkt?
- Die *Leidenschaft* zu befähigen ist ein erstes Zeichen dafür, dass man weniger Druck verspürt. Warum ist diese Veränderung ein Schritt in Richtung Heilung? Wann haben Sie, zumindest ein wenig, den Wunsch verspürt, Gott zu gehorchen? Die Leidenschaft zu gehorchen, vom Heiligen Geist entfacht, der unsere *neue Kraft* ist, verwandelt sich in eine Leidenschaft, anderen zu geben, was immer der Geist uns aufs Herz legt, damit diese noch mehr gestärkt werden, unserem Herrn zu gehorchen. Wenn wir großzügig weitergeben, was immer geistlich in uns am lebendigsten ist, schenken wir einander in Wirklichkeit Christus. Wann ist Ihnen Christus in einem anderen Menschen begegnet? Beschreiben Sie Ihre Erfahrung und erklären Sie, wie Sie dadurch zu größerer Heiligung bewegt wurden.
- Geistliche Gemeinschaft heilt die Seele. Das geschieht, indem in einer anderen Person Leidenschaften freigesetzt werden, die diese in ihren oberen Raum versetzen. Bevor wir die Leidenschaften des unteren Raumes ignorieren können, müssen wir sie als solche erkannt haben. Nur wenn wir bessere Leidenschaften sehen, die fest und edel sind und zu unserer menschlichen Seele passen, werden wir die bösen Leidenschaften als das erkennen, was sie sind. Sehen Sie sich noch einmal die Tabelle auf S. 217 an, die das Kapitel zusammenfasst, sowie die Fragen, die in den folgenden vier Absätzen gestellt werden. Beschreiben Sie nun mit eigenen Worten die Weggabelung und die Entscheidung, vor die Dr. Crabb uns stellt. Wenn Sie daran denken,

den Weg des Mystikers statt des Managers einzuschlagen: Welche Art von Angst, Zögern, Begeisterung bzw. Vorfreude empfinden Sie? Seien Sie konkret – und beten Sie darüber.

Geistliche Gemeinschaft kann als ein Austausch zwischen zwei oder mehreren Menschen betrachtet werden, der von folgenden vier Leidenschaften gekennzeichnet ist: der Sicherheit des Gefeiertwerdens, der von Vision getragenen Hoffnung, der Weisheit liebevoller Unterscheidung und der Kraft der Berührung. Eine Gemeinschaft ist dann geistlich, wenn die Leidenschaften, die durch die Begegnung miteinander in uns geweckt werden, die unmittelbare und übernatürliche Folge eines Lebens in der Realität dessen sind, was Gott im Neuen Bund geschenkt hat. Die Weggabelung stellt uns vor die Entscheidung, entweder dem breiten Weg zu folgen, bei dem wir als Manager weitermachen und versuchen, heilende Gemeinschaften mit den Mitteln des unteren Raums einzurichten. Oder aber den schmalen Weg zu beschreiten, Mystiker zu werden, zu Menschen, die die Gegenwart und das Wirken Gottes in ihrer Seele spüren. Der Rest des Buches handelt von dem, was notwendig ist, um den Weg des „Mystikers" einzuschlagen.

KAPITEL 14

Manager oder Mystiker: Vom Geheimnis der Gemeinschaft

> Das Beste ist vielleicht gerade das, was wir am wenigsten verstehen.
>
> C. S. Lewis[1]

> Christen sollen in dem Sinne „geistlich" sein, dass sie sich „vom Geist leiten" lassen und „durch den Geist leben".
>
> Simon Tugwell

Wenn wir von geistlicher Gemeinschaft reden, befinden wir uns ganz gewiss außerhalb unseres Elements. Und so soll es auch sein. Was soll ein Vater zu seiner Tochter sagen, wenn sie zum zehnten Mal das Ausgangsverbot umgeht? Erziehungsberater scheinen es zu wissen; Eltern selbst, hingegen, sind sich ihrer Sache nicht so sicher. Wir müssen unumwunden zugeben: Gemeinschaft ist ein Geheimnis, das sich nicht auf Prinzipien oder ein System von Regeln reduzieren lässt.

Was geistliche Gemeinschaft definiert, sind die Leidenschaften, die in den einzelnen Mitgliedern geweckt werden, wenn sie sich treffen; und Leidenschaften sind nicht leicht zu managen. Eine gute Freundin vertraute mir nach einem langen Gespräch mit

---

[1] C. S. Lewis, *Über die Trauer*. Frankfurt: Insel Verlag, 1999, 81.

ihrem Sohn, der gerade in einer schwierigen Phase steckte, an: „Unsere Emotionen sind völlig außer Kontrolle geraten." Ich weiß, was sie meint.

Es ist immer noch verlockend, eine Gemeinschaft selbst managen zu wollen, weil sie uns so wichtig ist. Wir wollen keinem anderen (d.h. Gott) vertrauen müssen, es richtig hinzubekommen. Wir arbeiten an unseren Ehen, indem wir gewissenhaft Regeln der Kommunikation und Strategien für Konfliktbewältigung befolgen. Paarberater haben sich einen eigenen Berufsstand geschaffen, indem sie Theorien und Therapien entwickeln für Menschen in Konfliktsituationen, um deren Fehlverhalten umzukehren.

Doch bei der Fürsorge für die Seele – und auch bei allen Beziehungen – geht es um eine *geistliche Aktivität*. Eine gute Beziehung, die im Gegenüber Leben weckt – sei es in der Seelsorge, in der Familie oder in einer Freundschaft –, ist vom Geist abhängig und kann deshalb niemals gemanagt werden, weil der Geist sich nicht managen lässt.

An dieser Stelle im Buch sind wir nun zu folgendem Ergebnis gelangt: *Eine sichere Gemeinschaft, in der Seelen Ruhe, Liebe und Heilung erfahren, ist eine Gemeinschaft, in der Menschen einander ansehen und vom Geist bewegt werden, heilige Leidenschaften zu erleben und aus diesen heraus zu reden.*

Wie lässt sich das managen? Gar nicht. Wir werden zu Mystikern. Wir versetzen uns in die demütige Haltung der Abhängigkeit von Gott und lassen ihn zum Zuge kommen.

Aber was ist damit gemeint? Freilich bleibt auch für uns etwas zu tun. Doch was? Ich verwende den Begriff der Mystik *weder* im Sinne einer Betonung von Erfahrung, welche die Bedeutung durchdachter und verständlich dargestellter Wahrheit schmälert, *noch* im Sinne eines intensiven inneren Erlebens, wie es den eher der Wirklichkeit entrückten, weniger praktischen und seltsamen Heiligen unter uns vorbehalten ist. Nach meiner Definition kann der Installateur, der eine Toilette repariert, genauso ein Mystiker sein wie der in Meditation versunkene Mönch.

Folgender Versuch einer Definition mag helfen: *Mystik ist das gefühlte Erwachen geistlicher Leidenschaften im wiedergeborenen Herzen – Leidenschaften, die kein Existenzrecht außerhalb einer vom Geist geoffenbarten Erkenntnis der Wahrheit und vom Geist erzeugter Freude an dieser Wahrheit haben.*

Die Schwierigkeit, freilich, ist in dem Umstand zu suchen, dass wir entweder Manager oder schlechte Mystiker sind. Wir neigen dazu, all die falschen Leidenschaften zu empfinden. Vor zwei Tagen hat mich ein Freund durch seinen Kommentar verletzt. Mir schien es, als wollte er mich bewusst demütigen als Vergeltung für etwas, das ich ihm zwar angetan, wofür ich mich jedoch bereits entschuldigt hatte. Offenbar hatte meine Entschuldigung die Sache nicht erledigt. Jetzt musste ich mir die sicherlich beste, aber auch die schmerzlichste Frage stellen: Welche Leidenschaften wurden durch seine beißende Bemerkung in mir geweckt?

Ging es um mein verletztes Ich? Bin ich der Beziehungen überdrüssig, die nie wie gewünscht funktionieren, und soll ich mich auf meinen Verdruss konzentrieren? Oder bin ich im Begriff, paranoid zu werden, weil ich seine Worte als demütigend empfand?

War ich dazu entschlossen, die Kontrolle zu behalten? Habe ich diesen Mann gefragt, wo ich ihn enttäuscht habe und was ich nun tun könnte, um seine Zuneigung zurückzugewinnen? Fühlte ich mich verärgert und suchte nach einer Möglichkeit, die Oberhand zu gewinnen? „Vielleicht weiß er gar nicht, dass er mich verletzt hat? Ich werde es ihm sagen."

Beschäftigte ich mich zu sehr mit dem Wunsch, mein Selbstbild aufzumöbeln und mein unmittelbar gefühltes Leben zurückzugewinnen? Habe ich mir deshalb rasch noch eine Tasse Kaffee eingeschenkt und einen Keks geholt? (Wir befanden uns in einem Selbstbedienungslokal.) War es bloßer Zufall, dass ich sofort an Markus dachte, der uns gegenübersaß, den ich von früher kenne und der mir stets Komplimente macht und mit dem ich auf einmal gerne ein paar Worte gewechselt hätte? Habe ich mir einen Ausweg überlegt, indem ich meinen Freund, der mir gerade Stress machte, als eifersüchtig, unsicher oder arrogant abschrieb, um die Ursache seiner beleidigenden Bemerkung zu erkennen und mich nicht mehr so gekränkt fühlen zu müssen?

Stand ich unter Druck, die Situation gut zu meistern? Verfielen meine Gedanken auf einen zu beherzigenden Bibelvers, etwa: „Eine sanfte Antwort stillt den Zorn" (Spr 15,1)? Verurteilte ich mich selbst wegen meines kurzen Zornausbruchs, und versuchte ich herauszufinden, was bei mir nicht stimmt, um daran zu arbeiten?

Ich glaube, dass sich jede einzelne dieser Leidenschaften in mir geregt hat. Das war schließlich zu erwarten, stammen sie doch alle aus meinem unteren Raum, dort, wo ich versuche, alles, was geschieht, zu regeln. Es sind die Leidenschaften eines *Managers* und sie dienen ausschließlich dazu, das effiziente Management zu stärken. Handelt es sich dabei um die einzigen Leidenschaften, die in mir aufsteigen, wird das Gespräch mit meinem Freund niemals das Kellergeschoss verlassen – egal, wie offensichtlich liebenswürdig oder unverfroren frech es ist. Mein diabolisches Ich wird freigesetzt.

Ein radikaler Wechsel, einer, den wir selten in Betracht ziehen, ist vonnöten: der Wechsel vom Manager zum Mystiker. In solchen spannungsgeladenen Momenten müssen wir unsere innere Einstellung ändern: vom Wunsch, alles zu managen, hin zu einem Leben als Mystiker. Erst mit dem Vollzug dieses Wandels werden die Leidenschaften im oberen Raum geweckt. Und erst dann erleben wir uns als „feste" Menschen: verletzt vielleicht und leidend, gegen Groll und Verunsicherung ankämpfend, aber sich dennoch eines inneren Drangs bewusst, diesen Menschen als reinen Heiligen zu feiern, uns vor Augen zu halten, was er werden könnte, die Spuren des Geistes inmitten seiner Bockigkeit zu erkennen. Nur dann werden wir ihn segnen wollen.

Ohne einen solchen Wandel wird keine geistliche Gemeinschaft zustande kommen. Es bleibt alles im Natürlichen stecken, ohne Unterschied zum System des Alten Bundes, als wäre dieser noch in Kraft. Die richtige Antwort kann nicht lauten: Streng dich an und mach es besser – das wäre lediglich die Fortsetzung des Problems.

Der Weg zum geistgeführten Mystiker beginnt mit dem Blick auf das Kreuz als Gelegenheit, mit Gott in eine innige, leidenschaftliche und angenehme Beziehung zu treten. Der Ausgangspunkt einer geistlichen Gemeinschaft ist nicht das Erlernen und Einüben von Beziehungskompetenzen, sondern die Beziehung zu Gott: dass wir uns ihm durch die aufgrund des Neuen Bundes geöffnete Tür nähern. Geistliche Gemeinschaft setzt mit der Einsicht ein, dass die Lehre des Neuen Bundes die Einladung zu etwas darstellt, das weitaus aufregender und zufriedenstellender ist als ein erotischer Abend.

Frederick William Faber[2] hat seine Erfahrungen mit dem Heiligen Geist in folgenden Versen so beschrieben:

Ozean, weitreichender Ozean
Nicht-geschaffener Liebe, Du;
Ich erzittere in meiner Seele
Beim Wahrnehmen deiner Brandung in mir.

Du bist ein Meer ohne Küste;
Schrecklich und unermesslich bist Du;
Ein Meer, das sich zusammenzieht,
Bis es Raum findet in meinem engen Herz.[3]

Kalte Rechtgläubigkeit ist nur intellektuell rechtgläubig. Sie erregt lediglich die Leidenschaft des unteren Raumes, zu managen:

- „So steht es in der Bibel. Was soll ich also tun?“
- „Ich möchte meinen Ehemann wirklich lieben. Was bedeutet das konkret?“
- „Meine Kinder sind ein Geschenk Gottes. Deshalb *werde* ich sie richtig erziehen.“

Eine solche Leidenschaft bringt *Gelehrte* hervor, deren einziges Anliegen die präzise Formulierung von Wahrheit ist. Sie produziert *Moralapostel*, die nichts weiter wollen, als das eigene Leben und das Leben anderer mit biblischen Maßstäben in Einklang zu bringen. Sie schafft *Seelsorger*, die sich darauf spezialisieren, Diagnosen zu stellen und Therapien zu verordnen.

Solange wir nicht das *biblische* Verständnis vom Herzen wiedergewinnen und nicht mit unserem von der ewigen Gemeinschaft geschaffenen inwendigen Leben in Kontakt kommen, das sich nach Verbindung mit einer auf vollkommene Weise liebenden

---

[2] Englischer Theologe und Dichter (1814–1863).

[3] Tozer, *The Christian Book of Mystical Verse.* 26-27; (Engl.:) *Ocean, wide-flowing Ocean, Thou / Of uncreated love; / I tremble as within my soul / I feel Thy waters move. // Thou art a sea without a shore; / Awful, immense Thou art; / A sea which can contract itself / Within my narrow heart.*

Person sehnt, bleiben wir Rationalisten und Manager, vielleicht rechtgläubig in dem, was wir lehren, aber getrieben hauptsächlich von dem Wunsch, über andere zu bestimmen. Auf diese Weise lernen wir nie, in Demut unsere Macht über andere aufzugeben. Und wir werden nie erkennen, dass jede Macht, die wir über andere ausüben, lediglich Leidenschaften aus dem unteren Raum weckt.

„Pascal verurteilte die kalte Logik seines Zeitgenossen Descartes als etwas, das nur zu einem ‚geometrischen Menschen' passt, weil sich geistliche Realitäten nicht in mathematische Formeln zwängen lassen."[4]

Mit den Augen unseres Herzens müssen wir erkennen, dass geistliche Wahrheit eine Realität ist, welche die Vernunft übersteigt, eine Realität mit einer Schönheit, die mehr ist als die Symmetrie der Ordnung und die Pracht der Größe. Die letzte Wirklichkeit ist personhaft, es ist die Gemeinschaft des Drei-in-Einem. Manager versuchen, sie zu erklären, und nennen sich Theologen. Mystiker dagegen genießen sie und werden darüber zu Liebenden.

Als Gott die ersten Menschen schuf, setzte er sie in einen Garten, das biblische Symbol für die Gegenwart Gottes. „Dort wird er (Gott) geliebt und über alles andere ersehnt."[5] Und er nannte den Garten Eden, was soviel wie Wonne meint, im Sinne erotischer Verzückung.

Wenn ich näher darüber nachdenke, welche Bedeutung es hat, dass Gott Adam und Eva in den Garten Eden und nicht in eine Universitätsbibliothek oder in eine Vorstandssitzung gesetzt hat, rührt sich etwas in mir. Mir wird bewusst, dass Pornografie eher ein Ersatz für Gott ist als die Erfolgsbilanz eines Konzerns; dass sexuelles Vergnügen ein Bild für unsere ekstatische Vereinigung mit Gott ist. Und umgekehrt gilt: Wenn wir Gott ignorieren, wird sexuelle Lust zu unserem Tyrann.

Lassen Sie es mich ganz klar sagen: *Geistliche Leidenschaft für Gott soll ein weitaus schöneres Vergnügen sein als die sexuelle Erfüllung.* Wer sich mit weniger zufriedengibt, entehrt Gott. Es ist, als gäbe sich eine Frau in ihrer Hochzeitsnacht damit zufrieden,

---

[4] Houston, *The Heart's Desire*, 17.

[5] Ebd., 198.

romantische Verse vorzutragen und nie ins Bett zu steigen. Es geht am Eigentlichen vorbei.

Der geistliche Zustand einer Gemeinschaft lässt sich nicht nur an ihrem Glaubensbekenntnis messen, sondern an ihren tiefsten Leidenschaften. Verdrängt unsere Leidenschaft anzubeten unsere leidenschaftliche Ichsucht? Vertreibt unsere Leidenschaft zu vertrauen unsere Leidenschaft zu kontrollieren? Macht uns unsere Leidenschaft zu wachsen bereit, jeden eventuell dazu notwendigen Schmerz zu erleiden? Befreit uns unsere Leidenschaft zu gehorchen von dem Druck, etwas richtig machen zu müssen? Und führt sie stattdessen dazu, dass wir uns über irgendetwas, das wir richtig machen, freuen?

Jene geistlichen Leidenschaften, die durch das Erkennen der fantastischen Vorkehrungen des Neuen Bundes geweckt werden, sollten im Mittelpunkt einer geistlichen Gemeinschaft stehen. Sie sind es, womit wir einander beschenken. Wahrhaft geistliche Leidenschaften vermitteln mehr Wahrheit an die tiefen Bereiche in anderen Menschen als wohlformulierte Lehren, denn es kann sie nur geben, wenn das Evangelium wahr ist.

Bitte sehen Sie es mir nach, wenn ich an dieser Stelle von einem Kompliment berichte, das ich vor zwei Abenden erhielt. Ich hatte gerade zwei Vorlesungen im Sommersemester abgeschlossen, als mir zwei Studenten sagten: „Ihre Vorlesungen der letzten Wochen sind sehr viel ansprechender als frühere. Was Sie gesagt haben, ist uns diesmal sehr viel wichtiger geworden. *Was* Sie gelehrt haben, hat uns angesprochen, doch *wie* Sie gelehrt haben, hat uns noch stärker bewegt."

Vielleicht ist hier der entscheidende Schlüssel zur Mystik zu suchen: *Wenn geistliche Menschen miteinander Umgang haben, fließt etwas aus der einen Seele in die andere – genauso gewiss und genauso wirklich, wie die Leben spendende Flüssigkeit, die beim Geschlechtsverkehr aus dem Körper des Mannes in den Körper der Frau fließt.*

Modern denkende Menschen – darunter viel zu viele Christen – scheuen das Geheimnis. Ein guter Freund von mir, der Engländer Selwyn Hughes, den ich zu meinen Mentoren zähle, hörte mich vor vielen Jahren eine Woche lang lehren. Danach sagte er zu mir: „Ich glaube, du hast Angst vor dem Heiligen Geist. Sieben Mal konnte ich beobachten, wie etwas, das du gesagt hast, die Zuhörer sichtlich angerührt hat. Und jedesmal hast du gleich darauf eine witzige Bemerkung gemacht. Larry, sei dir deiner Freude bewusst, wenn der Geist aus dir in andere strömt. Lass die Freude darüber zu."

Es ist ganz natürlich, dass wir vor dem Angst haben, was wir nicht kontrollieren können. Wenn uns die Kontrolle über etwas entgleitet, wird etwas in uns zerstört, etwas, das den Tod verdient hat, nämlich Stolz.

Wenn wir das Thema Beziehungen als Manager angehen, setzt bald Langeweile ein. Was wir verwalten können, ist wertlos. Selbst Freud, der Vater der rationalistischen Therapie, schrieb seiner Verlobten einmal vor einem bevorstehenden Besuch: „Wenn du mich besuchst, meine kleine Prinzessin, dann komm mit einer nicht-rationalen Liebe zu mir." Er wünschte sich mehr als das, was man begreifen, erklären oder über das man verfügen kann. Im Grunde seines Herzens war er ein Mystiker. Das sind wir alle.

Pascal hat es so ausgedrückt: „Unterwirft man alles der Vernunft, dann hat unsere Religion nichts Geheimnisvolles und nichts Übernatürliches mehr." [6]

Es wäre eine vielleicht lohnenswerte und demütigende Übung, einmal darauf zu achten, welche Leidenschaften in uns geweckt werden, wenn wir mit anderen zusammen sind: in unseren ehelichen Auseinandersetzungen oder ehelichen Freuden, bei Gesprächen in unseren Kleingruppen, beim Mittagessen mit einem Freund oder während eines seelsorgerlichen Gesprächs. Notieren Sie Ihre Empfindungen in einem Notizbuch und sprechen Sie mit einem guten Freund darüber.

Sie werden wahrscheinlich ziemlich enttäuscht sein: Die Schlangen aus dem unteren Raum sind buchstäblich überall:

- Wie komme ich bloß zu ihr durch? Sie ist so stur.
- Ich kann nicht glauben, dass er das gesagt hat. Was für ein Idiot!

---

[6] Peter Kreeft, *Christianity for Modern Pagans,* 236. Pascal fügt hinzu: „Verletzt man die Grundsätze der Vernunft, dann wird unsere Religion abgeschmackt und lächerlich. Zwei Übertreibungen: die Vernunft auszuschließen und nur die Vernunft zuzulassen.", 237.

- Hab ich gerade was Dummes gesagt? Ich sollte besser meine Klappe halten.
- Was in aller Welt ist mit meinem Klienten los? Ich muss es herausfinden.

Dabei könnte es doch ganz anders sein. Unter dem Neuen Bund könnten wir von besseren Leidenschaften bewegt werden. Je mehr wir von der einen Person in Beschlag genommen werden, die schmutzige Menschen rein macht, indem sie ihren Dreck auf sich nimmt, die daraufhin die frisch gereinigten Menschen als ihre engsten Freunde bezeichnet, die in ihnen den Wunsch Gutes zu tun weckt und ihnen hilft, dem Guten nachzustreben, desto stärker werden wir all jene Leidenschaften in uns selbst aufsteigen sehen, die den seinen ähnlich sind.

Im Himmel werden wir nicht mehr sündigen, allerdings nicht deshalb, weil es uns dann *unmöglich* wäre. Vielmehr wird Sünde *undenkbar* sein. Warum? Wir werden die Leidenschaften Christi ganz und unmittelbar erleben. Unser oberer Raum wird mit solch ungetrübter Herrlichkeit erstrahlen, dass die Dunkelheit des unteren Raums verschwindet. Das Leben Christi wird in jedem Augenblick wie aus einem Feuerwehrschlauch in uns ausgegossen werden. Wir werden uns in seiner unmittelbaren, sichtbaren Gegenwart wiederfinden.

Kein Durst und kein Selbstzweifel, keine ungestillten Sehnsüchte mehr. Nur noch ein oberer Raum. Wir werden eine vollkommen geistliche Gemeinschaft bilden, und unsere Reise wird uns immer tiefer ins unendliche Herz Gottes führen. Wir werden unsere Stühle zu ihm und gleichzeitig zueinander gewandt haben.

Um schon heute einen flüchtigen Blick auf Christus zu werfen und ein Rinnsal seines Lebens in uns zu spüren, müssen wir uns einander sowie geistlichen Freunden und geistlichen Beratern zuwenden. Und indem wir uns einander zuwenden, dürfen wir hoffen, etwas von Gottes Güte zu verschenken und zu empfangen.

Petrus versichert uns, dass wir Teilhaber der göttlichen Natur und dadurch befähigt sind, der durch die Neigungen des unteren Raumes verursachten Verderbtheit zu entkommen (vgl. 2 Petr 1,3-4). Wenn unsere Tochter um drei Uhr morgens zur Tür hereinspaziert und wir dabei geistliche Leidenschaften empfinden, dann bieten wir ihr geistliche Gemeinschaft an. Wenn uns unser Gegenüber in einem Seelsorge-Gespräch anvertraut, dass er vor drei Nächten in einem Sex-Club war, und wir dabei geistliche Leidenschaften empfinden, bieten wir ihm geistliche Gemeinschaft an.

Dadurch werden wir etwas Kraftvolles in jeden dieser Menschen hineingießen – egal, welcher Formulierungen wir uns dabei bedienen. Es ist nichts, was wir managen können, sondern eine Wirklichkeit, die wir als Mystiker genießen.

Ich habe bereits erwähnt, dass ich einen Freund angerufen habe, als ich nur noch Energie aus dem unteren Raum verspürte. Ich wünschte mir eine Infusion von Christus. Ich wünschte mir, Gottes Leidenschaften mir gegenüber zu erfahren. Mein Freund hat mich gefeiert, glaubte an mich, erkannte sowohl Spuren des Geistes als auch des Fleisches, und dann schenkte er mir, was der Geist ihm auftrug, weiterzugeben. Dadurch wurden die Leidenschaften meines oberen Raums geweckt. Er reizte mich zur Liebe und zu guten Taten.

Erst gestern hat mich derselbe Freund angerufen. „Ich glaube nicht, dass ich dich jetzt angerufen hätte, hättest du mich neulich nicht angerufen."

Er schilderte mir einen seinem Empfinden nach monumental kritischen Augenblick in seinem Leben. Und so hat er sich ausgedrückt: „Gewöhnlich versuche ich meine intimsten, schwierigsten Kämpfe aus eigener Kraft zu bestreiten. Aber eigentlich möchte ich dir erzählen, womit ich zurzeit kämpfe. Wieso weiß ich nicht."

Ich glaube, er hungerte danach, dass in mir geistliche Leidenschaften geweckt würden, die ich dann in ihn hineingießen würde. Weil es umgekehrt funktioniert hatte, wusste er, dass es auch jetzt möglich war.

Er sehnte sich nach Seelennahrung.

Das Gespräch verlief ganz ungezwungen, obschon ich mir meiner Neigung bewusst war, es lenken zu wollen. Ich selbst verstehe am allerwenigsten, was das Beste war, das ich ihm gab. Ich weiß nur, dass die Wahrheiten des Neuen Bundes, indem ich sie bedacht und genossen habe, göttliche Leidenschaften in mir weckten, die im Verlauf des Gesprächs spürbar waren.

Freilich wurden und werden die unteren Leidenschaften nicht ausgerottet. Die Schlangen werden wieder zubeißen. Wie das

Frühstück, so muss auch geistliche Gemeinschaft zur täglichen Gewohnheit werden. Dennoch waren beide Gespräche mystische Momente, in denen gewöhnliche Sprache eine außergewöhnliche Leidenschaft in unsere Seelen hineintrug.

Vielleicht kann ein Modell, das in etwa eine Strategie zur Bildung einer mystischen Gemeinschaft, des sichersten Ortes auf Erden, bietet, hilfreich sein. Zuvor aber sollten wir uns unbedingt vergewissern, dass wir bereit sind, uns auf geistliche Gemeinschaft einzulassen. Denn es gilt, dafür einen Preis zu zahlen.

Fragen zur Vertiefung und zum Gespräch

- Eine sichere Gemeinschaft, in der Seelen Ruhe, Liebe und Heilung erfahren, ist eine Gemeinschaft, in der Menschen einander ansehen und vom Geist bewegt werden, heilige Leidenschaften zu erleben. Aus diesen Leidenschaften heraus reden sie, und Leidenschaften lassen sich nicht leicht managen. Deshalb versetzen wir uns in die demütige Haltung der Abhängigkeit von Gott: Wir werden zu Mystikern. Dr. Crabb definiert Mystik folgendermaßen: „Mystik ist das gefühlte Erwachen geistlicher Leidenschaften im wiedergeborenen Herzen – Leidenschaften, die kein Existenzrecht außerhalb einer vom Geist geoffenbarten Erkenntnis der Wahrheit und vom Geist erzeugter Freude an dieser Wahrheit haben." Wie unterscheidet sich diese Definition von Ihrem früheren Verständnis von Mystik? Was finden Sie an dieser Definition anziehend, faszinierend oder gar bedrohlich?

- Die Schwierigkeit ist, dass wir entweder Manager oder schlechte Mystiker sind. Wir neigen dazu, all die falschen Leidenschaften zu empfinden. Dr. Crabb berichtet aus persönlichem Erleben, wie er alle möglichen falschen Leidenschaften empfunden hat. Wann haben Sie in letzter Zeit selbst eher die besseren Leidenschaften verspürt? Wann hat sich Ihr diabolisches Ich bemerkbar gemacht (in Form von Selbstsucht, Verlangen nach Kontrolle, Meiden von Leid oder dem Druck nachgeben, stets das Richtige zu tun), obwohl sie äußerlich vielleicht eine Freundlichkeit an den Tag gelegt haben?

- Der Ausgangspunkt einer geistlichen Gemeinschaft ist nicht das Erlernen und Einüben von Beziehungskompetenzen, sondern die Beziehung zu Gott: dass wir uns ihm durch die aufgrund des Neuen Bundes geöffnete Tür nähern. Auf welche Weise machen Sie konkret Gebrauch von der durch das Kreuz geöffneten Tür? Was könnten Sie diesbezüglich noch tun? Was tun Sie zum Beispiel, um die Demut zu erlernen, nicht mehr über andere bestimmen zu wollen?
- Der geistliche Zustand einer Gemeinschaft lässt sich nicht nur an ihrem Glaubensbekenntnis messen, sondern an ihren tiefsten Leidenschaften. Schauen Sie in den Spiegel und beantworten Sie die folgenden Fragen anhand von Beispielen aus Ihrem Leben:
  - Vertreibt Ihre Leidenschaft anzubeten Ihre leidenschaftliche Ich-Sucht?
  - Verdrängt Ihre Leidenschaft zu vertrauen Ihre Sucht nach Selbstbestimmung?
  - Macht Sie die Leidenschaft zu wachsen leidensbereit?
  - Befreit Sie Ihre Leidenschaft zu gehorchen von dem Druck, alles richtig zu machen? Freuen Sie sich stattdessen über Dinge, die Sie richtig machen?
  - Haben Sie Angst vor dem Geheimnis (Mysterium)?
  - Haben Sie Angst vor dem Heiligen Geist?
- Welche neue Vorstellung vom Himmel konnten Sie aus der Diskussion auf S. 231 gewinnen? Welche neue oder erneuerte Hoffnung auf geistliche Gemeinschaft finden Sie in 2. Petrus 1,3-4?

Vielleicht kann ein Modell, das in etwa eine Strategie zur Bildung einer mystischen Gemeinschaft, des sichersten Ortes auf Erden, bietet, hilfreich sein. Zuvor aber sollten wir uns unbedingt vergewissern, dass wir bereit sind, uns auf geistliche Gemeinschaft einzulassen. Denn es gilt, dafür einen Preis zu zahlen.

KAPITEL 15

Es ist das Risiko wert

> Menschen, die einander langweilen, sollten sich nur selten treffen; Menschen, die Interesse aneinander finden, dagegen oft.
>
> C. S. Lewis

Ein paar Freunden von mir gelang es schließlich, ihre schon etwas ältere Mutter davon zu überzeugen, zum Arzt zu gehen. Ihr letzter Arztbesuch lag schon über zehn Jahre zurück. Alle bisherigen Versuche in dieser Richtung hatte sie stets mit einem „Warum sollte ich zum Arzt gehen? Ich fühle mich gesund!" beantwortet.

Schließlich gab sie widerwillig nach. Mit ihrem Ärger konnte sie ihre Angst nur schwach verhehlen.

Die Routineuntersuchung ergab, dass etwas nicht stimmte. Nach ein paar weiteren Tests stand die Diagnose fest: Krebs. Jetzt waren eine Operation und vielleicht Chemotherapie angesagt. Ihr Ärger stieg.

„Ich hätte gar nicht gehen sollen. Ich bin ganz gut ohne diesen Arzt zurechtgekommen. Jetzt muss ich all diese Prozeduren über mich ergehen lassen."

Ihre Logik ist der unseren nicht unähnlich: Solange wir zueinander Distanz halten und uns nie genauer damit beschäftigen, was in und zwischen uns vorgeht, fühlen wir uns gut. Jedenfalls eine Zeit lang. Und manchmal sogar für sehr lange.

Werden die in einer geistlichen Gemeinschaft schlummernden Möglichkeiten auch nur vage verstanden, sind wir zunächst erschrocken und zugleich wie elektrisiert. Denn an einem solchen Ort könnte ja Böses aufgedeckt werden, das angegangen werden muss. Es ist aber gleichzeitig ein Ort, an dem auf Tod Auferstehung folgt, an dem echtes Leben erweckt und in ungeahnter Weise genossen werden kann, an dem der Geschmack von Leben Appetit weckt auf das, was noch kommt.

Geistliche Gemeinschaft ist zugleich beides: der sicherste Ort auf Erden und der Ort größter Gefahr.

C. S. Lewis hat in seinen *Narnia-Chroniken* wohl einen ähnlichen Gedanken verfolgt. Lucy, die in der fremden Welt der Unterdrückung und Hoffnung auf Besuch ist, ist im Begriff, eine Brücke zu überqueren. Doch der große Löwe Aslan versperrt ihr den Weg. Um an ihr Ziel zu gelangen, muss sie in Reichweite seiner Pranke am Löwen vorbei.

Lucy wendet sich an einen Bewohner dieser Welt, einen Biber, der den Löwen gut kennt. „Ist er sicher?", will sie wissen.

„Sicher?", lacht der Biber, „Keineswegs ist er sicher, aber er ist gut."

Sobald wir uns einer geistlichen Gemeinschaft anschließen, klettern wir durch den Wandschrank in die Gemeinschaft des Löwen. Irgendwann entdecken wir, dass der Löwe ein Lamm ist, aber nicht, bevor wir von seinem Brüllen gründlich erschüttert worden sind.

Gerade habe ich mit einem Freund telefoniert. Er erzählte mir, er sei während einer besonders schweren Prüfung in seinem Leben zum Deisten[1] geworden, um sich wenigstens einen Rest an Glauben zu bewahren. Er hatte in Bezug auf eine schwierige Sache nachhaltig und beharrlich gebetet, doch ging sie am Ende nicht in seinem Sinne aus; es trat das genaue Gegenteil ein. Der Löwe brüllte: „Ich werde dir nicht deinen Wünschen gemäß helfen. Stattdessen wirst du meine Klauen an deinem Fleisch zu spüren bekommen."

---

[1] Deisten glauben an Gott als Schöpfer des Universums, nehmen aber an, dass Gott danach keinen Einfluss auf die weiteren Geschehnisse ausübt (Anm. d. Übers.).

Diesem Mann fiel es leichter, an einen kosmischen Uhrmacher zu glauben, der vorzeiten die Uhr aufgezogen hat, um sich dann diskret zurückzuziehen, als an einen Gott der Liebe, der für einen besseren Ausgang hätte sorgen können, es aber nicht tat.

Wenn wir uns entscheiden, die Brücke zu geistlicher Gemeinschaft zu überschreiten, etwa gemeinsam mit unseren Kindern oder einem guten Freund, dann müssen wir mit Schwierigkeiten rechnen. Manches wird nicht gut laufen. Christ werden ist eine Sache, Christus nachfolgen dagegen eine ganz andere, vor allem dann, wenn er uns aufträgt, enge Beziehungen zu anderen Christen einzugehen. Damit fangen nämlich die Probleme an.

Schließlich konfrontiert uns geistliche Gemeinschaft mit unseren unangenehmsten Ängsten. Sie deckt das tiefe Loch in unseren Herzen auf und offenbart unsere vergeblichen Versuche, es zu füllen. Am Ende fragen wir uns, ob unsere schlimmsten Befürchtungen nicht bloß kindliche Albträume, sondern grässliche Wirklichkeit sind. Vielleicht liebt uns tatsächlich keiner. Vielleicht bleibt das Loch für immer leer. Könnte es sein, dass es in dieser Welt tatsächlich keine Liebe gibt? Kein Platz, wo wir hingehören, wo wir hinpassen und wichtig sind? Gibt es keinen, der uns haben will? Unterhalten Sie sich einmal mit einem Mann, der gerade eine Scheidung hinter sich hat. Früher oder später erleben wir alle diese Art von Schmerzen. Mit dem einzigen Unterschied, dass er sein Leid nur mit Mühe, wenn überhaupt, verbergen kann.

Wir können den Eindruck gewinnen, als wollte uns geistliche Gemeinschaft zum Narren halten: Das kleine Rinnsal wahren Lebens, das in unsere Seelen eindringt, weckt Hoffnung. Doch dann versiegt der Strom. Unsere beste Freundin ruft nicht an. Unser Ehepartner herrscht uns an. Unsere Kleingruppe interessiert sich nicht für unsere immer wiederkehrenden und zugegebenermaßen ermüdenden Probleme. Wir sind einem Wechselbad der Gefühle ausgesetzt zwischen Ärger auf die Gruppe und Ärger über uns selbst. Vielleicht hat das Problem doch mit uns zu tun, oder wir sind gar selber das Problem. Womöglich sind wir tatsächlich nicht liebenswürdig oder der Liebe unfähig.

Bei solchen Gedanken geraten wir in Panik.

Wie töricht war es doch, Hoffnung keimen zu lassen und zuzulassen, dass jemand einen Blick hinter unsere Fassade wirft. Zudem haben wir unser Innerstes preisgegeben und uns verletzbar gemacht. Jetzt trampelt man auf uns herum. Es hat zu nichts Gutem geführt.

Viele Ehepaare haben mir berichtet: „Jedes Mal, wenn wir versucht haben, miteinander zu reden und einander Einblick in unser Innerstes zu gewähren und füreinander da zu sein, ist alles nur noch schlimmer geworden. Es ist leichter, öfter den Fernseher einzuschalten." Vorschläge, wie wir besser miteinander kommunizieren können, lösen scheinbar nie das Problem – weder in deren noch in meiner eigenen Ehe.

Wollen wir wirklich geistliche Gemeinschaft? Wollen wir durch die notwendige Verwirrung stolpern und einen Ort betreten, der uns jede Spannung noch schmerzlicher empfinden lässt?

Sehen Sie sich um. Die glücklichsten Menschen scheinen jene zu sein, die sich am wenigsten in echter, zutiefst persönlicher Gemeinschaft engagieren. Sportvereine mit ihren Turnieren, gemütlichen Tanzabenden und Mitglieder-Werbeveranstaltungen sind angenehm. Kirchen, die wie Vereine funktionieren, keine Mitglieder-Beiträge erheben und sich über freiwillige, noch dazu steuerlich absetzbare Spenden finanzieren, sind noch angenehmer. Gemeinschaft auf der Grundlage gemeinsamer Interessen hat etwas für sich.

Jenen aber, die eine Vision bekommen haben von dem, was Gemeinschaft wirklich sein kann, fällt die Rückkehr zu oberflächlicher Gemeinschaft schwer. Ich erinnere mich, wie ich vor Jahren einmal die Gelegenheit hatte, einen Bentley um den Block zu fahren. Danach wollte ich mich nicht mehr in meinen kleinen Toyota setzen.

Die Leute, die sich von einer Gemeinschaft am meisten versprechen, werden gewöhnlich am stärksten enttäuscht. Meist erleben sie Verrat am intensivsten, bemerken die geringfügigsten Sticheleien und können diese nicht verwinden. Größerer Beziehungsschmerz verrät nicht immer Unreife, sondern mag ein Hinweis auf eine größere Vision sein: *„Ich hätte den Arzt niemals aufsuchen sollen."*

Manchmal denke ich, es wäre doch klüger – falls ich es fertigbrächte – mich ausschließlich an dem zu erfreuen, was im Leben Freude bereitet, mich selbst und andere Menschen betreffend.

Vielleicht ginge es mir besser, wenn ich eine dicke Haut für die Spannungen, die Distanz und Peinlichkeiten in meinen Beziehungen entwickelte, etwa nach dem Motto „So ist das eben".

Da kommt mir ein altes Lied in den Sinn – mit einer leichten Korrektur:

Gedenk der vielen Segnungen,
zähl sie einzeln auf.
Und gib vor, du seist zufrieden
mit dem, was Gott getan.[2]

Leider *kann ich das nicht*. Ich kann nicht verleugnen, was ich wirklich suche. Ich bin zu Größerem geschaffen. Meine tiefsten Sehnsüchte sind von Gott. Schlimmer noch: Ich *möchte* nicht vor meinem Herzen flüchten. Meine innersten Sehnsüchte kommen mir manchmal wie ein Feind vor, den ich in mein Haus eingeladen habe.

Und dann höre ich das Evangelium auf einer ganz neuen Ebene. Mein arrogantes Ansinnen, alles auf eigene Faust und ohne Gemeinschaft, ohne Gottvertrauen und ohne Engagement mit anderen Menschen zu schaffen, ist mir vergeben worden. Mir ist eine neue Identität verliehen worden, die es mir ermöglicht, Einzigartiges zur Gemeinschaft Gottes beizusteuern. Was in anderen Menschen einmalig und wertvoll ist, darf ich für mich nutzen – und umgekehrt. Ich kann mein Verlangen, gesehen, geehrt, gefeiert und genossen zu werden, nicht leugnen; und jetzt finde ich in mir etwas, das es wert ist, gefeiert zu werden. Zudem regt sich eine Kraft in mir, die mich in einer guten Richtung voranbringt.

Rachael und ich haben uns gestern Abend mit Randy und Marcia zum Abendessen getroffen. Marcia hatte Geburtstag. Mein aus Worten bestehendes Geschenk für sie war *Feiern*. Je besser meine Frau und ich sie kennen, desto mehr feiern wir das Wunder ihrer geistlichen Einzigartigkeit. Randy stimmt dem zu. Wir haben uns alle gefreut.

Es will gut überlegt sein. Doch wenn ich darüber nachdenke, ziehe ich die Gefahren der Gemeinschaft der dumpfen Sicherheit

---

[2] Engl.: *Count your many blessings / Name them one by one / And pretend you're happy / With what God has done.*

von Unabhängigkeit vor. Wirklich gefährdet in geistlicher Gemeinschaft ist nur das Schlechte. Selbst das Versagen anderer kann mir zum Vorteil gereichen. Es gewährt mir einen ungetrübten Blick in mein Inneres, indem ich meine Reaktionen zur Kenntnis nehme und erkenne, welche Leidenschaften aus dem unteren Raum vor das Exekutionskommando gehören, und welche Leidenschaften aus dem oberen Raum nach einer zünftigen Party rufen.

In meinem Schmerz werde ich den Schlangen des Stolzes und des Anspruchsdenkens begegnen, doch wird diese Begegnung mich anspornen, jenen besseren Ort in mir und in meinen mich frustrierenden Freunden zu finden. Uns mit den Leidenschaften aus dem oberen Raum zu verbinden, ist wahrlich jeder Mühe wert, wenn wir dabei Jesus in einander sehen.

Gleichwohl habe ich Angst und zögere. Zurückgezogen und ganz alleine sitze ich in einem Hotelzimmer und schreibe über geistliche Gemeinschaft. Seit einigen Tagen halte ich mich hier auf. Carrie bringt mir das Mittagessen aufs Zimmer. Etwas netter Smalltalk: Carrie fragt nach, wie ich mit dem Buch vorankomme. Ich bedanke mich für ihr Interesse. Gemeinschaft auf dieser Stufe fordert mich nicht sonderlich heraus. Sie vermittelt ein angenehmes Gefühl. Tiefsinniges wird in einer Zuckerwatte-Gemeinschaft gemieden, aber für einen Moment mag man dessen süßen Geschmack.

Ernsthafte Bedenken und Angst kommen mir erst dann, wenn mich nach mehr verlangt. Womöglich gibt es nicht mehr, vielleicht gibt es nur Zuckerwatte. Gelegentlich sorge ich mich, dass meine Suche nach wahrer geistlicher Gemeinschaft der Suche von Dorothy in *Der Zauberer von Oz* gleicht. Wird am Ende meiner Suche ein kleines glatzköpfiges Männchen hinter einer Wand stehen, das eine Illusion schafft von dem, was es niemals gegeben hat?[3]

Immerhin ist meine Angst groß genug, dass ich mich frage, ob auf meinem Grabstein einmal die Worte stehen werden: „Hier ruht ein Narr. Sein Leben verschwendete er darauf, einem Trugbild nachzujagen." Als ich vor einem Jahr einer Aufführung von *Don Quichotte* beiwohnte, kam diese starke Angst in mir auf. Ich

---

[3] Vgl L. Frank Baum, *Der Zauberer von Oz.* Frankfurt: Insel Verlag, 2009.

konnte mich bis zum Ende des Stückes kaum auf meinem Stuhl halten.

Quälende Fragen haben mich damals bewegt: Reite auch ich hoch zu Ross auf einem Steckenpferd durch die christliche Landschaft und erlege Drachen, die es gar nicht gibt? Greife ich Windmühlen an in einem sinnlosen Kreuzzug? Sollte ich mich nicht lieber mit dem Bestehenden zufriedengeben, statt immer mehr zu wollen? Wäre es nicht besser, einfach in die Kirche/Gemeinde zu gehen, ein paar nette Leute zu treffen, einige schöne Lieder zu singen, eine ordentliche Predigt zu hören und mich, gemeinsam mit anderen, in wichtigen Projekten zu engagieren? Soll ich die mystische Vorstellung, dass wir wirklich Christus ineinander „ausgießen" und von der Kraft des Geistes entflammt werden können, lieber fallen lassen?

Freilich ist mir bewusst, dass es so etwas wie eine vollkommene Gemeinschaft nicht gibt. Gemessen am Maßstab der Dreieinigkeit gibt es nichts Vergleichbares, da müssen wir ganz realistisch sein. Howard Hendrick trifft den Nagel auf den Kopf, wenn er sagt: „Wenn du eine perfekte Gemeinde findest, tritt ihr nicht bei, sonst zerstörst du sie."

Das verstehe ich wohl, nur ...

Wir können es besser machen. Nicht, dass wir es *müssen*, nein, wir *wollen* es! Gott hat uns alles Nötige bereits an die Hand gegeben, das wir brauchen, um echte geistliche Gemeinschaft zu entwickeln, wenn nicht mit vielen, dann zumindest mit ein paar wenigen. Leider kommen die meisten von uns auch nicht annähernd dem nahe. Die Tragik ist aber, dass die meisten Christen davon überzeugt sind, sie hätten es schon.

Es waren die Alten, die den Tempel Salomons selber noch gesehen hatten, die weinten, als die jüdischen Exulanten bei ihrer Rückkehr aus Babylon das bescheidene Fundament zu einem neuen Tempel legten. Die jungen Leute dagegen waren begeistert, hatten sie doch keine Vorstellung davon, wie ein herrlicher Tempel ausgesehen hatte. Sie gaben sich mit Geringerem zufrieden (Esra 3,10-13).

Gott forderte die Alten auf, ihre Enttäuschung zu überwinden: *„Wer ist unter euch übrig geblieben, der dies Haus in seiner früheren Herrlichkeit gesehen hat? Und wie seht ihr es jetzt? Ist es* *nicht so viel wie nichts in euren Augen? Aber nun ... seid stark, spricht der Herr, und arbeitet. Denn ich bin mit euch ... Es soll die Herrlichkeit dieses letzten Hauses größer werden, als die des ersten war"* (Hag 2,3-9).

Diese Herrlichkeit ist jetzt in uns. Die Herrlichkeit, die einst die Stiftshütte und dann den Tempel Salomons erfüllte und in den Tagen Hesekiels vom Tempel wich (vgl. Hes 10), wohnt jetzt im neuen Tempel, im Leib Christi, in den einzelnen Christen, die durch die Art, wie sie miteinander Beziehung leben, diese Herrlichkeit zum Ausdruck bringen sollen (vgl. 1 Kor 6,19).

Sollten Sie bereits ein Stück weit erkannt haben, wie Gemeinschaft sein könnte, und deshalb über den heutigen Zustand der Gemeinde weinen, dann hören Sie Gottes Wort an Sie: „Sei stark. Gib nicht auf. Ich bin mit dir. Die Herrlichkeit geistlicher Gemeinschaft wird nach und nach enthüllt. Eines Tages wird sie den ganzen Himmel erfüllen. Gib dich nicht mit Geringerem zufrieden."

Wenn Ihr Herz nach einer Begegnung mit Christus verlangt, die verändert, wie Sie Ihre Beziehung mit anderen leben, wird der Geist Ihr sehnsüchtiges Seufzen vor den Thron tragen. *Vielleicht* wird Gottes Antwort sein, dass Sie geduldig nach einigen wenigen Menschen Ausschau halten, die über den gegenwärtigen Zustand christlicher Gemeinschaft weinen und alles zu riskieren bereit sind, damit die Herrlichkeit wieder offenbart wird. *Vielleicht* müssen wir Teile des evangelikalen Establishments aufrütteln, indem wir ihnen unsere Mitarbeit an ihren Versuchen, weniger zu erreichen, versagen.

Mit *Sicherheit* aber werden wir mit bestimmten Menschen Umgang pflegen müssen, die wir lieber meiden oder dauerhaft verlassen würden. Mit anderen Liebhabern von Kaffee oder Tee auszukommen, fällt leicht. Schwierigen Verwandten und Bekannten geistliche Gemeinschaft anzubieten, dagegen schwer.

Jedes ernsthafte Bemühen um wahre Gemeinschaft führt zwangsläufig zu Verwirrung, Enttäuschung und gelegentlich auch zu quälendem Seelenschmerz. Diese Kämpfe nötigen uns, unser Augenmerk auf die unsichtbare Wirklichkeit zu richten: Der Geist *ist* am Wirken, und Christus *wird* wiederkommen. Das lässt hoffen.

Auf unserer gemeinsamen Reise zu Gott gelangen wir früher oder später an einen Punkt, an dem wir uns für eine von drei Möglichkeiten entscheiden müssen:

1. *Irre werden:* Versuchen Sie beharrlich, so lange an Ihrer Gemeinschaft zu arbeiten, bis Sie damit ganz zufrieden sind.
2. *Rückzug:* Die Suche nach inniger Vertrautheit erweist sich als viel zu riskant, zu gefährlich, und verspricht nur unsichere und dürftige Ergebnisse. Richten Sie sich dauerhaft in sicherer Distanz zu anderen Menschen gemütlich ein, hüllen Sie sich in eine wärmende christliche Decke und genießen Sie Ihre Sicherheit.
3. *Weitergehen:* Sie bleiben engagiert – nicht überall und nicht mit jedem, jedoch mit einigen wenigen Menschen. Behalten Sie wenigstens einige Beziehungen bei. Sterben Sie täglich Ihrem Verlangen nach sofortiger Erfüllung und Zufriedenheit bei allem. Akzeptieren Sie die Schmerzen in Ihrer Seele als sichere Zeichen für Reife und nicht für Neurose. Entdecken Sie die geistlichen Leidenschaften, die sich unter Ihrem Schmerz regen. Diese werden Sie vorwärtstragen und Ihnen helfen, den Himmel nicht aus den Augen zu verlieren. Wenn Sie mit Blick auf Ihre derzeitige Gemeinschaft alles auf eine Karte setzen, werden Sie bestenfalls unter allen Menschen zu den Elendsten zählen. Lassen Sie Ihrer Vorfreude auf den Tag, der da kommt, freien Lauf. Geben Sie der Hoffnung die Chance, Sie auf Kurs zu halten. Erwarten Sie, dass Sie den Sinn dieses Lebens entdecken und die schon jetzt verfügbaren geistlichen Freuden erleben werden, dass Sie Christus auf unvergessliche Weise schmecken, die Arme des Vaters um sich spüren und den Geist in Ihrem Inneren empfinden.

Sollten Sie sich für die dritte Möglichkeit entscheiden, dann möchte ich Ihnen ein einfaches Modell an die Hand geben, wie Sie mit anderen Menschen Beziehungen aufbauen können, das Sie bei der Navigation durch stürmische Gewässer auf dem Weg zum Erleben wahrer geistlicher Gemeinschaft unterstützen kann.

Wenn wir unsere Stühle zueinander drehen, werden es uns einige andere vielleicht auch nachtun.

Fragen zur Vertiefung und zum Gespräch

- Wann in Ihrem Leben ist es Ihnen leichter gefallen, an einen kosmischen Uhrmacher zu glauben, der vorzeiten die Uhr aufgezogen hat, um sich dann diskret zurückzuziehen, als an einen Gott der Liebe, der für einen besseren Ausgang hätte sorgen können, es aber nicht tat. Und wann haben Sie sich gewünscht, es wäre besser gewesen, Sie hätten – im Bilde gesprochen – den Arzt lieber nicht aufgesucht, d. h. Sie hätten nie versucht, mehr von sich preiszugeben bzw. mit einer Person oder einer Gemeinschaft in einen engeren Kontakt zu treten?
- Dr. Crabb lädt Sie ein, sich umzusehen: Sind nicht die fröhlichsten Menschen, die Sie kennen, gerade jene, die sich am wenigsten in echter, zutiefst persönlicher Gemeinschaft engagieren? Wie gehen Sie mit dieser scheinbaren Realität um? Was könnte der Grund dafür sein?
- Dr. Crabb schreibt: „Wenn ich darüber nachdenke, ziehe ich die Gefahren der Gemeinschaft der dumpfen Sicherheit von Unabhängigkeit vor. Wirklich gefährdet in geistlicher Gemeinschaft ist nur das Schlechte." Benennen Sie aufgrund Ihres wachsenden Verständnisses von geistlicher Gemeinschaft das „Schlechte" und erklären Sie, weshalb Sie dieser Aussage zustimmen oder ihr widersprechen.
- Unumwunden gibt Dr. Crabb seine Ängste bezüglich seiner Suche nach geistlicher Gemeinschaft zu: „Gelegentlich sorge ich mich, dass meine Suche nach wahrer geistlicher Gemeinschaft der Suche von Dorothy in *Der Zauberer von Oz* gleicht." Und: „Reite auch ich wie *Don Quichotte* hoch zu Ross auf einem Steckenpferd durch die christliche Landschaft und erlege Drachen, die es gar nicht gibt?" Haben Sie schon ähnliche Gedanken über sich gehabt? Und ebenso wichtig: Teilen Sie – nachdem Sie einen kleinen Einblick in die Herrlichkeit des Tempels bekommen haben – Dr. Crabbs Begeisterung für das, was geistliche Gemeinschaft sein könnte? Was kann Sie (und Dr. Crabb) daran hindern, sich mit weniger zufriedenzugeben?
- Auf Ihrem Weg zu Gott wird er Sie an einen Punkt bringen, an dem Sie sich für eine von drei Möglichkeiten entscheiden müs-

sen: Irre werden, Rückzug oder Weitergehen. Was könnte jemand bewegen, die eine oder andere Möglichkeit zu wählen? Nennen Sie das Für und Wider jeder Option. Wozu neigen Sie? Warum?

Jedes ernsthafte Bemühen um wahre Gemeinschaft führt zwangsläufig zu Verwirrung, Enttäuschung und gelegentlich auch zu quälendem Seelenschmerz. Diese Kämpfe nötigen uns, unser Augenmerk auf die unsichtbare Wirklichkeit zu richten: Der Geist ist am Wirken, und Christus wird wiederkommen. Das lässt hoffen.

KAPITEL 16

Eintreten, Sehen, Berühren: Geistliche Gemeinschaft entwickeln

> Ich war mit offenen Armen aufgenommen worden. Man hatte mir alle Aufmerksamkeit und Zuneigung entgegengebracht, die ich mir je hätte erhoffen können. Man hatte mir einen sicheren und liebevollen Platz angeboten, an dem ich geistlich und emotional wachsen konnte. Alles schien perfekt. Doch genau in dieser Zeit brach ich innerlich zusammen – als hätte ich einen geschützten Raum gebraucht, um ans Ende meiner selbst zu kommen.
>
> Henri Nouwen

Vielleicht ist das eine gute Definition von *geistlicher Gemeinschaft*: „ein geschützter Raum, um ans Ende seiner selbst zu kommen".

Wir alle brauchen einen geschützten Ort, der genug Geborgenheit bietet, um uns unsere Zerbrochenheit, unser Versagen und unsere Unfähigkeit, die Dinge allein zu meistern, eingestehen zu können, einen Ort, an dem wir inmitten unserer Qual das Leben neu entdecken können. Ich verwende so viel Energie darauf, nicht ans Ende meiner selbst zu kommen. Die Vorstellung, ich könnte so überfordert sein, dass ich mich nicht mehr aus eigener Kraft aufrichten kann, macht mir schreckliche Angst.

Ich frage mich, wie viele von uns niemals damit zurechtkommen, wie klein und hilflos wir im Grunde sind. Zerbrochenheit wirkt nicht anziehend, jedenfalls nicht, bis wir unseren Zerbruch an einem geschützten Ort erleben.

Solange wir nicht erlebt haben, dass das Leben Christi in uns ausgegossen wurde, sei es unmittelbar durch unseren zärtlichen Vater durch dessen Geist, sei es durch sein Wort, sei es durch ein Lied oder – leider viel zu selten – durch unsere Geschwister, werden wir nicht begreifen, was Freude ist.

Mitten in einer geistlichen Gemeinschaft zerbrochen zu werden, führt zu einer besonderen Art von Ruhe und Hoffnung, die sich nicht kopieren lässt. Man empfindet freilich ebenfalls eine Art von Frieden, wenn man alles im Griff hat. Dieser ist allerdings kein *sich verschenkender* Frieden, und er hinterlässt eine unterschwellige, latente Angst, die, wie eine gewundene Schlange, bei der leisesten Berührung zum Sprung bereit ist.

Zerbrochenheit lässt uns diese Angst spüren. Sobald wir innerlich zutiefst bewegt zugeben, dass wir machtlos sind, unsere stärksten Wünsche selber zu erfüllen, überflutet unbeherrschbare Angst unsere Seele. Nichts fühlt sich schlimmer an. Die dunkle Nacht unserer Seele beginnt. Wir ziehen den Kopf ein und suchen die Sicherheit der Einsamkeit auf, wo wir den schieren Schmerz ausweinen. Wir können uns nicht vorstellen, dass uns reinste Freude erwartet. Wir brauchen dann andere Menschen, die das für uns glauben.

Wenn wir uns mit einem Freund treffen, wenn wir uns alles zu eigen machen, was wir in der Gegenwart einer anderen Person sind, in der Gegenwart eines Menschen, der auf den Geist hört, dann entdecken wir bald, dass *die Lichter nur im unteren Raum ausgegangen sind.*

Es gibt einen anderen, einen besseren Raum, und selbst wenn wir weiterhin heulen und klagen, merken wir, dass unser oberer Raum zart beleuchtet wird – von einer einfachen Kerze, deren Flamme aber nicht gelöscht werden kann.

Es mag Tage, Wochen, Monate, gar Jahre dauern, bis sich unsere Augen an das sanfte Licht gewöhnt haben. Die Welt der grellen Neonlichter ist uns so sehr vertraut, dass uns das Licht einer Kerze in einem stillen Zimmer dämmrig und wenig attraktiv vorkommt.

Könnten wir in das blendende Licht eines hellen unteren Raumes zurückkehren, wir ließen uns nicht aufhalten. Aus Barmherzigkeit aber hält der Geist jenen Raum im Dunkel, nicht selten, indem er scheinbar nicht auf unsere Gebete eingeht. Er mauert uns ein, damit wir unser Leben nicht nach eigenen Vorstellungen kitten. Er führt uns in die Wüste.

Schließlich fangen wir zu beten an, zunächst zaghaft, flehend, aber noch ohne große Zuversicht. Doch mit der Zeit merken wir, dass unsere Gebete von *Bittgebeten* zu Gebeten der *Zwiesprache und Gemeinschaft* werden. Mit Gott zusammen zu sein, wird zum Genuss und läuft mit der Zeit zum Hochgenuss auf. Gefühle der Eifersucht gegenüber Menschen, die größeren Segen empfangen als wir, klingen unterdessen ab, während wir still in seiner Gegenwart verharren, um die Stille vor Gott zu *schätzen*.

Plötzlich hat uns die Bibel mehr zu sagen. In ihr lesen wir, dass uns nichts von der Liebe Christi scheiden kann, und fallen auf unsere Knie: „Herr, du bist schön!" So haben wir das noch nie ausgesprochen, jedenfalls nicht mit dieser stillen Leidenschaft. Tief in unseren Herzen wächst das Bewusstsein, dass wir anbeten und uns an Gott erfreuen. Wir befinden uns in seiner Gegenwart und belauschen heimlich das Gespräch, das die Dreieinigkeit über uns führt:

„Ich habe ihn erwählt."

„Ich bin für ihn gestorben."

„Ich arbeite immer noch an ihm."

„Er gehört uns! Die Zeit für das Fest rückt näher."

Zu vertrauen scheint ganz natürlich zu sein; wir entdecken unseren Wunsch, wie Christus zu sein. Nenn den Preis – wir sind bereit, alles dafür zu geben! Gehorsam wird zur Freude, zum Vorrecht. Wir wollen das Richtige tun. Wird uns Leiden dabei helfen? Nur zu! Endlich macht das erste Kapitel des Jakobusbriefes Sinn.

Das Interesse am eigenen Wohlbefinden schwindet: Wir kommen uns vor wie ein Bettler, der an einem reichen Buffet Platz genommen hat. „Iss, so viel du willst", fordert uns unser Gastgeber auf.

„Darf ich es meinen Freunden erzählen? Freddie hat in den letzten Monaten keine einzige ordentliche Mahlzeit gehabt."

Die Sorge um unsere Verletzungen, die Erinnerungen an erlittenen Missbrauch, Vernachlässigung und öffentliche Erniedrigung, an deren Linderung und Verdrängung wir all die Jahre so intensiv gearbeitet haben, erscheint uns geradezu lächerlich. Verletzungen? Freilich hat uns das Leben übel mitgespielt. Doch jetzt bin ich heil. Warum sollte ich mich mit all dem auseinandersetzen?

Wir fühlen uns zu anderen hingeführt, ohne danach zu fragen, wie sie uns vorher behandelt haben oder noch behandeln werden. Selbstschutz, Selbsterhaltung und Selbstverwirklichung – all das wird durch eine ruhige Flut der Liebe aus unseren Herzen hinausgeschwemmt. Die trotzige Forderung, das Leben solle nach unseren Vorstellungen verlaufen, zusammen mit den nagenden Zweifeln, etwas nicht ganz richtig gemacht zu haben, werden von der Begeisterung, lebendig zu sein, beiseitegeschoben.

Wir erkennen die Leidenschaften des unteren Raums als das, was sie wirklich sind – billig, schmutzig, töricht und einzig unserer Verachtung wert. *Wir entgleiten ihrem Zugriff.*

Wir sehen die anderen mit neuen Augen, egal, ob wir sie mögen oder nicht. Sie sind nicht mehr bloße Objekte zur Befriedigung unserer Bedürfnisse, auch stellen sie keine Bedrohung mehr dar, vor der wir uns zu schützen hätten. Nunmehr sehen wir Menschen als Anlässe zum Feiern, als solche, aus denen etwas werden kann. Wir betrachten sie als „Mitreisende", die bisweilen jämmerlich versagen und die verrücktesten Dinge drehen, und als Gelegenheiten, um unser gemeinsames Leben in Christus zu teilen.

Wir erleben einen Moment geistlicher Gemeinschaft.

Und dann wachen wir auf. Alles nur ein Traum, ein schöner Traum zwar, ein ekstatischer und aufregender Traum, aber ... eben nur ein Traum. Oder? Nein, *es hat sich tatsächlich zugetragen!* Und wenn Sie das noch nicht selbst erlebt haben, dann wird Ihnen eine Wolke von Zeugen, zu der ich selber zähle, bestätigen: Es ist wahr.

Geistliche Gemeinschaft ist eine Realität. Wir können sie erfahren, vielleicht zum ersten Mal, und häufiger und intensiver freilich, wenn wir von ihr bereits gekostet haben.

Diese Erfahrung beginnt jedoch mit Zerbruch. Einen anderen Weg gibt es nicht. In Gottes Plan kommt vor der Auferstehung immer der Tod. Und der Tod des Zerbruchs geschieht ausschließlich in geschützter Gemeinschaft. Unsere Bruchlandung ereignet sich erst, wenn wir den Ort größter Geborgenheit auf Erden gefunden haben.

Was sollen wir also tun? Wie sollen wir denn nun leben? Erlauben Sie mir nun, alles bisher in diesem Buch Gesagte zusammenzufassen und meine gegenwärtige Vision vom Weg zu geistlicher Gemeinschaft, in der Gespenster zu festen Wesen werden, in der unzerstörbares Leben geschmeckt und Geborgenheit erlebt wird, darzustellen. Vergessen Sie dabei nicht, dass es sich bestenfalls um einen Vorgeschmack handelt – auf das Bankett, das noch aussteht.

Zunächst ein kurzes Wort an geistliche Leiter. Ich stimme Eugene Peterson zu, der behauptet, es sei die Aufgabe der Pastoren, Menschen beten zu lehren und Christen in die Anbetung zu führen. Alles andere – Evangelisation, Jüngerschaft, Jugendarbeit, *alles* – fließt aus der Anbetung.

Und ich möchte nachdrücklich betonen, dass nur eine *anbetende* Gemeinschaft jemals zu einer echten *Beziehung stiftenden* Gemeinschaft wird. Wer Gott nicht selbst zuvor begegnet ist, wird ihn nicht mit anderen teilen können. Eine Gruppe von Menschen, die sich zunächst mit Gott verbunden hat und daraufhin die Leidenschaften, die jener Begegnung entspringen, miteinander teilt, wird zu einer geistlichen Gemeinschaft.

Anbetung steht an allererster Stelle. Aber das ist nicht mein Thema. Mein Anliegen ist, über Gemeinschaft nachzudenken, die unter Anbetern entsteht.

Wie schenkt ein Vater seiner ledigen, schwangeren Tochter Gemeinschaft? Wie schenkt ein verletzter Freund dem, der ihn verletzt hat, Gemeinschaft? Wie sieht geistliche Gemeinschaft zwischen Mann und Frau, Eltern und Kind, zwischen guten Freunden, zwischen Pastor und Gemeindeglied, Seelsorger und Ratsuchendem aus, und wie lässt sie sich entwickeln?

Und wie ist das mit Gruppen von mehr als zwei Menschen? Was braucht eine Familie, eine Gemeindeleitung, ein Ältestenkreis, ein Anbetungsteam, ein Gebetskoordinierungskreis, eine Bibelgruppe, eine Kleingruppe oder ein Mitarbeiterteam eines Missionswerkes, um geistliche Gemeinschaft zu werden?

Was mir vorschwebt, ist nur in einer kleinen, überschaubaren Gruppe von Menschen möglich, einer Gruppe von bis zu zehn oder höchstens fünfzehn Leuten. Die Gruppe muss klein genug sein, damit jeder seinen Stuhl so hinstellen kann, dass er alle anderen sieht. In größeren Gruppen wird das nicht gelingen.

Andere, nicht weniger wichtige Dinge können sich in größeren Ansammlungen von Menschen ereignen. Tausende Heilige können sich zum Lobpreis versammeln, unterwiesen, herausgefordert und zu größerer Verbindlichkeit inspiriert werden, um dann mit vereinten Kräften die Kultur zu beeinflussen. Doch können sie keine Gemeinschaft werden. In einer Gemeinschaft kennt man sich. Man hat die Stühle so gestellt, dass man einander sieht, einander zuhören kann und gelegentlich selber zu Wort kommt.

Wir liegen falsch, wenn wir ausschließlich den Gottesdienst am Sonntagmorgen als *Gemeinde* bezeichnen und Kleingruppen als ein zusätzliches, optionales Angebot, quasi als Anhängsel neben „In-die-Gemeinde-gehen", betrachten. Ich für mich betrachte den Wort- und Anbetungsgottesdienst als eine an sich wichtige Zeit, als eine Gelegenheit, Gott zu begegnen, aber auch als Vorbereitung für geistliche Gemeinschaft, als Vorspiel, um gemeinsam enger in die richtige Richtung zu reisen. Beides macht Gemeinde aus.

Bei Gemeinde geht es in erster Linie darum, gemeinsam zu Gott hin unterwegs zu sein. Was also sollen wir tun?

Beginnen Sie mit Gebet

Geistliche Gemeinschaft bleibt stets ein Wunder. Sie lässt sich weder erzwingen noch programmieren, noch kann man sie erfolgreich auf den Dienstagabend festlegen, an dem sich die Kleingruppe trifft. Trotzdem versuchen wir Gemeinschaft zu *managen.* Am Ende geben wir uns mit gelegentlich überzeugend imitierter Gemeinschaft zufrieden, in der alles – mit Ausnahme des Geistes – vorhanden ist; oder wir geben jede Hoffnung auf, das Echte zu erleben. Das werden wir aber nicht tun, so lange jedenfalls, wie wir das Heft nicht aus der Hand geben. Leidenschaften aus dem unteren Raum werden niemals etwas Geistliches hervorbringen.

Deshalb ist Gebet angesagt. Wir sind aufgefordert, *auf den Herrn zu warten*. Weil Gottes Gesetz in uns ist, sollten wir diesem Befehl so gehorchen, wie das Kind seiner Mutter gehorcht, die es auffordert, einen Keks, nein zwei, nein so viele Kekse zu essen, wie es möchte.

In Wahrheit aber klingt der Befehl, im Gebet auf Gott zu warten, *ganz anders* in unseren Ohren. Viele von uns haben jahrelang vergeblich darauf gewartet, geistliche Gemeinschaft zu erleben – und haben am Ende einfach aufgegeben. Für viele von uns bedeutet Gemeinde wenig mehr als Chorprobe, Mädchenjungschar, Kinderkirche, in den Gottesdienst gehen und dann nach Hause fahren, wobei man sich unterhalten, aufgeputscht, kritisiert, belastet oder, in der Regel, ein wenig gelangweilt und enttäuscht fühlen kann.

Noah war zusammen mit seiner Familie und genug Tieren für einen Zoo vierzig Tage lang in ein geschlossenes Schiff eingepfercht und wartete. (Ob er sich in der Arche wohl ein Zeitgefühl bewahrte?) Als das Schiff schließlich aufsetzt, entlässt Noah eine Taube, um zu sehen, ob sie ein Fleckchen trockenes Land zum Ausruhen findet. Wird sie unverrichteter Dinge zurückkehren, weil es draußen, außer Wasser, nichts gibt?

Sie kehrt zurück. Es heißt: *„Da streckte er seine Hand aus und ergriff sie und nahm sie wieder zu sich in die Arche"* (Gen 8,9). An Noahs Stelle wäre ich versucht gewesen, ihr vor lauter Frust den Hals umzudrehen. *Wie lange soll ich hier noch ausharren?*

Doch Noah wartete (hebr. *jachal*) noch weitere sieben Tage. *Jachal* bedeutet „erwartungsvoll ausharren, sich hoffnungsvoll gedulden". Dann schickt er die Taube erneut aus. Diesmal kehrt sie mit einem „frischen Ölblatt in ihrem Schnabel" wieder. Das Wasser zieht sich langsam zurück. Zumindest sind die Baumwipfel frei. Doch es ist noch nicht Zeit, die Luke zu öffnen.

Noah harrte noch eine ganze weitere Woche aus. Er wartete darauf, das Schiff zu verlassen; er wollte trockenes Land und keinen Schlamm betreten.

Gebet ist ein *erwartungsvolles* Ausharren. Allerdings tun wir uns mit dem Warten schwer. Wir sind wie König Ahab, der nach drei Jahren Hungersnot entschied, er habe genug gewartet. *„Was soll ich noch auf den Herrn warten* [jachal]?" (2 Kön 6,33). Wie oft flehen wir: „Wie lange noch, o Herr, wie lange noch?" Dabei klagt unser Geist: „Ich habe lange genug gewartet. Gott tut ja doch nichts."

Manchmal brüllt der Löwe: „Harre aus!"

Manchmal flüstert das Lamm: „Das Warten ist vorbei. Nun darfst du meine Segnungen genießen!"

Viele von uns haben lange Jahre auf wahre Gemeinschaft gewartet. Wir sehnen uns danach, zu erkennen und erkannt zu werden, die Freuden der Freiheit, der Liebe und der Vertrautheit zu erleben. Viele von uns sind vom lauten Rufen nach Hilfe erschöpft. Die Flut der leidvollen Umstände und der inneren Kämpfe steht uns zum Hals, doch von Gott fehlt jede Spur. Wir sind der jeden Morgen von Tränen genässten Kissen überdrüssig.

Der Psalmist kannte diese Erfahrung. Doch er wartete auf Gott: *„Ich aber bete, HERR, zu dir"* (Ps 69, insb. V. 14). Er ruhte in der Zuversicht auf Gottes *gewisse* Rettung.

Habakuk fand Kraft, so lange auf Gott „geduldig zu warten", bis dieser für Israel seine Macht offenbarte. Er freute sich sogar am Herrn, als alles um ihn herum zusammenbrach (Hab 3,16-18).

Es fällt uns leicht, um Dinge zu bitten, die sich unserer Macht entziehen: „Gott, heile meine Frau; sie ist an Krebs erkrankt." Wo wir etwas aus eigener Kraft zu schaffen meinen, packen wir fleißig an: „Okay, das ist unser Plan, wie wir unsere Kleingruppen entwickeln wollen. Hat jeder ein Handbuch? Ach so, lasst uns mit einem Gebet beginnen."

Nouwen hat einmal darauf hingewiesen, wie sehr sich unser Gebet vom Gebet unseres Herrn unterscheidet: Als Jesus auf Erden lebte, hat er immer *zuerst* gebetet, manchmal sogar eine ganze Nacht lang. Danach hat er eine Gemeinschaft um sich versammelt. *Dann* erst hat er sie zum Dienst ausgesandt. Wir gehen umgekehrt vor: Zuerst planen wir unser Vorhaben, formulieren unsere Vision, setzen kurz- und langfristige Ziele, planen strategische Initiativen, *dann* organisieren wir ein Team, das unser Projekt umsetzen soll. Schließlich, wenn alle Pläne zu Papier gebracht worden sind, befehlen wir sie dem Herrn an.

Geistliche Gemeinschaft jedoch beginnt mit Gebet.

Legen Sie das Fundament

Ich erinnere an die drei in Kapitel 12 formulierten Grundüberzeugungen.

1. Wachstum ist ein Geheimnis.

Unterlassen Sie jeden Versuch, Wachstum zu planen. Nehmen Sie stattdessen eine Demutshaltung ein. Versagen Sie sich jeden Anspruch, über das Leben eines anderen zu bestimmen. Das schließt Ihren Ehepartner, Ihr Kind und Ihren Freund, der gerade im Begriff ist, eine Dummheit zu begehen, ein. Wir können keinem helfen, nicht einmal uns selbst. Geistliches Leben lässt sich nicht managen. Vielmehr lädt es uns ein, mit ihm zu fließen. Geistliche Gemeinschaft entsteht nur unter demütigen Menschen.

2. Persönliche Heiligkeit zählt mehr als erworbene Fähigkeiten.

Nehmen Sie jedes Angebot zur Weiterbildung wahr: in Seelsorge, geistlicher Begleitung, Kindererziehung und Kleingruppenleitung. Doch vergessen Sie darüber nicht, dass Ausbildung ohne Charakter nichts nützt. Umgekehrt gilt: Charakter ohne Ausbildung bewirkt viel Gutes, und Charakter plus Ausbildung vielleicht noch ein bisschen mehr. Geistliche Gemeinschaft entsteht nur unter Menschen, denen persönliche Heiligung wichtig und wertvoll ist.

3. Jede Sehnsucht ist in ihrem Ursprung Sehnsucht nach Gott, auch wenn sie nicht als solche erkannt wird.

Der Sexsüchtige, der gerade einen Erotik-Laden betritt, ist auf der Suche nach Gott. Der Karrieretyp auf der Leiter nach oben, der verbissen um den lukrativen Vertragsabschluss kämpft, sucht Gott. Weil die meisten von uns Gott nie wirklich geschmeckt haben, lassen wir uns von viel geringeren Dingen begeistern.

Vergessen wir nicht, dass keiner von uns Verlangen nach Gott in einem anderen Menschen erzeugen kann. Vielmehr erkennen wir, dass es in Gottes Kindern bereits da ist, und fachen es an. Wir respektieren das Vorhandensein von Verlangen. Es ist das, was uns zu Gott führt. Geistliche Gemeinschaft entsteht unter Menschen, die keine Angst davor haben, etwas zu wollen, die Wünsche anerkennen und sie sowohl in sich selbst wahrnehmen als auch lernen, diese in anderen zu wecken.

Ergreifen Sie Gottes Wahrheit

Jesus Christus ist die Mitte der biblischen Offenbarung. Vom 1. Buch Mose bis zur Offenbarung geht es um ihn. Er hat uns den Vater bekannt gemacht; er hat Gnade und Wahrheit gebracht, nachdem Mose das Gesetz gegeben hatte, und er hat den Geist gesandt, um sich uns noch tiefer zu offenbaren. Jesus Christus war es, der den Vertrag, den Gott mit uns geschlossen hat, begründet hat. Jetzt hält er diesen Vertrag durch den Geist aufrecht. Dieser Vertrag wird der Neue Bund genannt.

Geistliche Gemeinschaft entsteht erst dann, wenn die *geistlichen* Leidenschaften in uns stärker sind als die *fleischlichen*. Solche Leidenschaften – Anbetung, Vertrauen, Wachstum, Gehorsam – haben ihre Existenzgrundlage ausschließlich im Neuen Bund. A. W. Tozer hat die Beobachtung gemacht, dass „die einzigen gesunden Emotionen die sind, die aus großen Gedanken erwachsen."[1]

Es sind zumindest vier große Gedanken, die dem Neuen Bund zugrunde liegen. Und zwar sind das jene vier Vorkehrungen, die ich bereits erwähnt habe:

1. Unsere *neue Reinheit*, die uns zur *Anbetung* Gottes drängt und uns andere *feiern* lässt.
2. Unsere *neue Identität*, die in uns *Gottvertrauen* weckt und uns in andern ihr Potenzial *erschauen* lässt.
3. Unsere *neue Gesinnung*, die Eifer für *Wachstum* in Christus und ein weises *Unterscheidungsvermögen* in Bezug auf unsere Herzen erzeugt.
4. Unsere *neue Kraft*, welche die Leidenschaft für *Gehorsam* und Freude freisetzt, anderen *weiterzugeben*, was der Geist in uns wirkt, wenn wir mit ihnen zusammen sind.

Ich möchte dies anhand der folgenden Grafik zusammenfassen:

[1] Tozer, *The Christian Book of Mystical Verse*, vii.

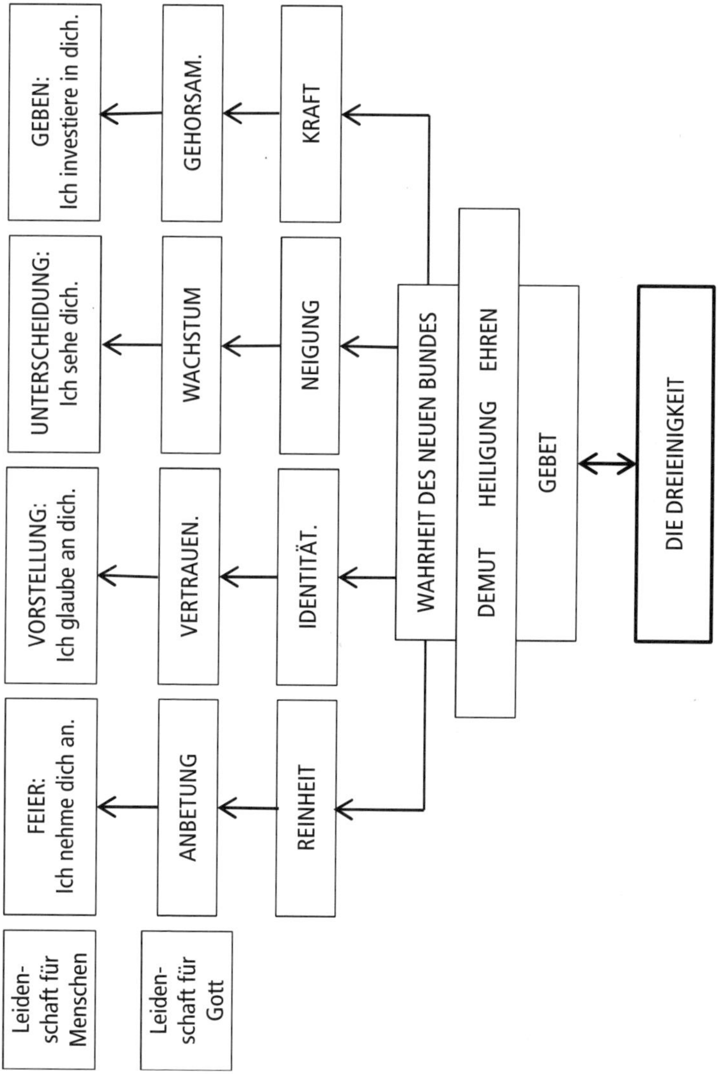

So stellt sich – nach meinem Dafürhalten – die dynamische *Struktur* einer geistlichen Gemeinschaft dar. Lassen Sie mich nun erklären, zu welcher *Vorgehensweise* dieser Aufbau führt und was wir dazu beitragen können, dass ein geschützter Raum entsteht. Der Vorgang gliedert sich in drei Teile:

1. Wir *treten* in das Leben der anderen *ein* und feiern sie. Unsere Botschaft lautet: *Ich akzeptiere dich!*
2. Wir *sehen,* was sich unter der Oberfläche verbirgt: was sein könnte und was da ist, sowohl das Gute als auch das Schlechte. Wir kommunizieren einander: Ich glaube an dich, und ich erkenne in deinem Leben sowohl das Wirken des Geistes als auch das Wirken des Fleisches.
3. Wir *berühren* einander mit dem Leben Christi; freigiebig teilen wir miteinander, was uns der Geist schenkt, während wir einander kennenlernen. Unsere Botschaft lautet: Ich gebe dir alles, wozu der Geist mich bewegt, es dir zu geben.

Zum Abschluss dieses Kapitels nun noch einige Gedanken zu folgende Fragen: Was bedeutet es, in das Leben eines anderen Menschen *einzutreten,* zu *sehen,* was da ist, und ihn mit dem Leben Christi zu *berühren*?

Wir treten ein

Ich lasse zu, mehr noch, ich will, dass du in meine Seele eintrittst und mich kennst. Allerdings nur dann, wenn drei Dinge auf dich zutreffen. Du musst:

- zerbrochen, aber stark,
- verletzlich, aber hoffnungsvoll,
- interessiert, aber respektvoll sein.

Zerbrochene Menschen sind am Ende von sich selbst angekommen, haben aber überlebt. Sie wissen, dass sie noch tiefer fallen werden, dann aber mit noch mehr Leben wieder aufstehen werden. Sie sind von ihrer eigenen Selbstsucht und Bedürftigkeit so überwältigt, dass sie bereitwillig ihre radikale Abhängigkeit von Gott einräumen. Niemand sonst kann ihnen helfen. Ihr Stolz wurde aus ihnen herausgepresst; sie können nur noch um Gnade flehen.

Weil zerbrochene Menschen dem Tod ins Auge geblickt und überlebt haben, steht ihnen in ihren Beziehungen zu anderen die eigene Person nicht mehr im Weg. Sie *müssen* nicht mehr unbedingt hilfreich, geistreich oder wertgeschätzt sein. In ihrem Umgang mit uns merken wir, dass sie nicht daran arbeiten, dass etwas gelingt.

Ihre Zerbrochenheit hat sie demütig gemacht. Im Umgang mit ihnen fühlen wir uns nicht unter Druck, mit ihnen zu kooperieren, dass wir uns ändern. Zwar ist es ihnen ein Anliegen, *dass* wir uns verändern, wachsen und reifen, doch müssen wir uns nicht um ihretwillen ändern. Ob wir uns verändern oder nicht – sie bleiben fest. Wir können sie verletzen, aber vernichten können wir sie nicht. Weil sie sich durch uns nicht verunsichern lassen, fühlen wir uns bei ihnen sicher.

Die zerbrochenen Menschen, die ich kenne, scheinen sich ihrer Schwächen stärker bewusst zu sein als ihrer Stärken, jedoch nicht nach der Melodie: „Ich armer Tropf, kümmert euch gefälligst um mich." *Sie* wissen um ihre Bedürftigkeit; *wir* dagegen empfinden ihre Stärke.

Zerbrochene Menschen finden immer einen Anlass, Gott anzubeten und uns zu feiern. Wir fühlen uns von ihnen nicht ausgenutzt, weil sie bereits in Gott als ihrer Mitte ruhen. Sie haben ihre neue Reinheit fest im Blick, und deshalb erwarten sie von uns keine Bestätigung – diese haben sie bereits von höherer Stelle empfangen.

Zerbrochene Menschen können schonungslos harte Dinge aussprechen, und weil sie keinerlei Gefallen an ihrer intellektuellen oder moralischen Überlegenheit finden, sind wir ihnen dafür dankbar. Es bereitet ihnen keinerlei Befriedigung, sich selbst im Recht und uns im Unrecht zu erkennen. Sie sind nur darauf aus, Gott zu verherrlichen. Das ist ihnen wichtiger als alles andere. Auf ihre Weisheit sind sie nicht stolz, und sie tragen ihre Erkenntnisse auch nicht zur Schau, damit man ihnen Beifall zollt.

Auch machen sie sich verletzbar, doch mit Bedacht und nicht aufs Geratewohl. Geben sie etwas von sich preis, hat man nicht das Gefühl, es würde um sie gehen. Wenn sie uns in ihre eigenen Kämpfe Einblick gewähren, wissen wir, dass wir eingeladen sind, aber nicht, um Mitleid zu erheischen, sondern um gemeinsam mit ihnen zu hoffen.

Die Menschen, die wir gerne in unseren Lebensraum hereinbitten, sind aufgrund ihrer Zerbrochenheit und Verletzbarkeit zwar sehr interessiert an uns, bleiben aber höflich und unaufdringlich.

Sie treten gerne nur durch die Türen ein, die wir ihnen freiwillig geöffnet haben. Wenn sie uns etwas mitzuteilen haben, *berücksichtigen* sie, was wir gerade gesagt haben, werden aber nicht davon *bestimmt*. Manchmal schauen sie weg oder schließen ihre Augen, während sie uns zuhören. Dabei konzentrieren sie sich auf einen anderen, auf Gott. Ihr hauptsächliches Interesse gilt ihm, nicht uns. Wir fühlen uns weder gedrängt noch genötigt, sondern auf eine andere Ebene eingeladen, zu Gott hingezogen, während sie uns ihre Fragen stellen.

Wir fühlen uns geborgen bei Menschen, die 1. Zerbrochen, aber stark sind, 2. verletzlich, aber hoffnungsvoll sind, und 3. ein aufrichtiges Interesse an uns haben. Diese Menschen beten Gott an, weil sie ihn kennen, und sie feiern uns. In ihrer Gegenwart fühlen wir uns gefestigt.

Wir sehen

Geistliche Gemeinschaften sehen unsere neue Identität und deshalb auch, was aus uns werden könnte. Sie erkennen außerdem, was der Geist momentan in unserem Leben bewirken will, wie er unsere neuen Neigungen fördert und wie die Leidenschaften des unteren Raumes diesen Fortschritt zu verhindern suchen. Das Sehen besteht somit aus zwei Teilen: dem *Sehen, was sein könnte,* und dem *kritisch-unterscheidenden Erkennen*.

Sehen, was sein könnte

Demütige, heilige, zerbrochene Menschen lieben sich selbst, doch schenken sie dem kaum ihre Aufmerksamkeit. Sie wissen um ihren ewigen Wert und erkennen ihren einzigartigen Beitrag zu Gottes Zielen.

Erst kürzlich habe ich in Quebec City erfahren, wie es ist, sich zugleich wichtig und demütig zu fühlen. Nachdem ich in ihrer Gemeinde gepredigt hatte, setzte sich eine Bekannte zu mir. Seit etwa zehn Jahren haben wir immer mal wieder telefoniert oder uns geschrieben.

„Du musst wissen“, sagte sie, „dass du etwas für mich tust, was sonst keiner tut. Andere mögen zwar Dinge tun, die du nicht kannst, aber du nimmst einen einzigartigen Platz in meinem Leben ein." Ich war erfreut, und zwar hauptsächlich deshalb, weil ich mich eher dankbar als geschmeichelt fühlte. Meine Aufmerksamkeit galt eher ihrer als meiner eigenen Freude. C. S. Lewis hat das einmal so formuliert:

> In jedem meiner Freunde steckt etwas, was nur irgendein anderer Freund voll zur Geltung bringen kann. Ich allein bin nicht umfassend genug, um den ganzen Mann in Bewegung zu setzen. Ich brauche noch andere Lichter als nur mein eigenes, damit alle seine Facetten aufleuchten ... Darin hat Freundschaft eine herrliche „Nähe der Ähnlichkeit" zum Himmel, wo gerade die Schar der Seligen (die kein Mensch zu zählen vermag) den Vollgenuss jedes Einzelnen an Gott vergrößert. Denn jede Seele, die Gott auf einmalige Weise sieht, wird ihre einzigartige Vision den andern mitteilen.[2]

Geistliche Freunde erblicken eine Facette Christi in uns und legen diese offen, wie es sonst keiner kann. Das bereitet ihnen Freude. Wenn sie erkennen, was uns einzigartig macht, freuen sie sich. Und wenn sie dann ihrer kühnen Fantasie freien Lauf lassen, können sie sehen, was aus uns noch werden kann. Von ihrer Vision beflügelt, erkennen sie – mit Paulus –, wo wir uns gerade befinden, und *„leiden Geburtswehen, bis Christus in uns Gestalt gewinnt"* (vgl. Gal 4,19).

Kritisch-unterscheidendes Erkennen

Sehen beinhaltet mehr, als sich vorstellen zu können, was jemand aufgrund seiner neuen Identität ist und was aus ihm noch werden kann. Dazu gehört auch ein Gespür dafür, was der Geist derzeit unmittelbar in jener Person tut, welche neue Leidenschaften er an die Oberfläche bringt und weckt.

In geistlicher Gemeinschaft werden Menschen nicht nur gefeiert und man sieht nicht nur ihr Potenzial, sondern sie werden auch erkannt: Man unterscheidet Gutes und Schlechtes und bringt es ans Licht. Freunde und geistliche Begleiter achten besonders darauf, welchen Einfluss andere auf sie haben.

---

[2] C. S. Lewis, *Was man Liebe nennt.* Gießen: Brunnen Verlag, 1979, 69-70.

Irgendetwas an uns begeistert sie, beispielsweise wenn sie beobachten, dass wir mit der Zeit freundlicher werden, und dann freuen sie sich, uns das auch zu sagen, wissen sie doch, dass sie etwas von dem gesehen haben, was der Geist gerade tut. Beunruhigt sie dagegen etwas an uns, nehmen sie dies so ernst wie ein Arzt, der auf dem Röntgenbild einen dunklen Fleck entdeckt. Ohne Zwang oder Druck, ohne herablassende Mine und ohne dass sie unsere Zustimmung oder unser Zutun erwarten, machen sie uns bei Gelegenheit darauf aufmerksam und warten geduldig ab, ob wir unsere Tür für weitere Einblicke öffnen.

Mag sein, dass uns gerade in dem Augenblick, in dem unsere geistliche Gemeinschaft uns mit der Aufdeckung einer ernst zu nehmenden Schieflage in unserem Leben konfrontiert, die wir nicht sehen können, ihr Vertrauen auf Gottes gute Absichten mit uns am meisten bewusst wird. Es sind demütige, zerbrochene Menschen, die darum wissen, dass Wachstum das Geheimnis göttlichen Wirkens ist, und dass ihr eigenes Bestreben nach Heiligung wirksamer ist als eine strenge Zurechtweisung. Gelegentlich mögen sie hart sein. Disziplin hat ihren Platz. Doch sie nötigen keinen.

Berühren

Wir haben inzwischen die *Geborgenheit des Feierns*, die *Hoffnung erzeugende Vision* und die *Weisheit liebevoller Unterscheidung* gespürt. Wir sind offen geworden für das Wirken Gottes. Nun sind wir bereit, die *Kraft der Berührung Christi* zu empfangen.

Obwohl wir den Löwen haben brüllen hören, wissen wir, dass das Lamm uns sanft führt. Während einer persönlichen Unterredung sagte mir ein weiser älterer Freund: „Denk dran, Larry, dass Christus stets sanft leitet." Bis dahin hatte ich nur sein Brüllen vernommen. Die Worte meines Freundes brachten Entspannung.

Geistliche Menschen hören auf Gott. Während sie mit uns reden, achten sie auf das, was Gott in ihren Herzen bewegt. Mit einer Freiheit, wie sie nur zerbrochene Menschen kennen, teilen sie uns dies mit – egal, worum es sich handelt – als treue Boten Gottes und als solche, die unsere Seelen lieben.

Es kann sich dabei um eine Zurechtweisung, einen praktischen Rat, gelegentlich sogar um einen Witz, der ihnen gerade kommt, handeln. Vielleicht ist es ein Gedanke aus der Bibel oder eine Erinnerung aus ihrer Vergangenheit, die sie mitteilen möchten. Selten sind die Einfälle besonders geistreich, selten erzeugen sie Bewunderung für die Klugheit des Boten, obwohl dadurch vielleicht eine Sehnsucht geweckt wird, ähnlich empfänglich für Gottes Geist zu werden. Ganz gleich, ob es sich um ein hartes Wort oder eine warme Umarmung handelt: Die Botschaft kommt vom Himmel durch ein Glied am Leib Christi zu uns. Und wir *wissen* es.

Vielleicht liegt das größte Hindernis für gegenseitige Berührung in unserer Abneigung, einander mitzuteilen, was am tiefsten in uns lebendig ist und was wir als großartig empfinden. Es fällt uns viel leichter, interessante Neuigkeiten über gemeinsame Freunde auszutauschen oder vor einem geneigten Publikum zu wehklagen, als mitzuteilen, was sich auf geheimnisvolle Weise in unseren Herzen am stärksten bewegt.

Vielleicht haben wir Angst, etwas uns Kostbares preiszugeben, weil es ein anderer als banal abtun könnte? „Du hattest also gestern Abend wunderbare Gemeinschaft mit dem Herrn, eine echte Zeit der Anbetung. Großartig! Ich wette, es hatte nichts mit der Predigt vom vergangenen Sonntag zu tun. War die nicht ätzend?" Wir haben unser Baby zur Schau gestellt, und keiner war so richtig beeindruckt. Aus solchen Erfahrungen haben wir gelernt, zurückhaltend mit dem umzugehen, was uns am meisten begeistert.

Geistliche Menschen berühren andere, weil sie wirklich frei sind. Ihre Leidenschaft, Gott zu gehorchen, setzt eine Bereitschaft frei, das weiterzugeben, was immer sie zu verschenken haben. Sie haben ein bemerkenswertes Vertrauen, dass das, was sich am tiefsten in ihrem Innern rührt, vom Geist ist. Es ist Christus. Und sie machen ihn gerne bekannt.

Bevor Sie nächste Woche mit Ihrer Kleingruppe zusammenkommen, sollten Sie sich am Abend davor eine Stunde Zeit nehmen, um sich ganz bewusst jede einzelne Person vorzustellen.

1. Überlegen Sie, was es für Sie bedeuten würde, sich diesen Menschen als zerbrochen, aber stark, als verletzlich, aber hoffnungsfroh, als interessiert, aber den andern achtend, zu präsentieren. Mit der in Ihnen geweckten Leidenschaft, jeden Einzelnen von ihnen zu feiern, beten Sie darum, als vertrauenswürdige Person

zu erscheinen, als jemand, den man gerne in sein Leben einladen würde.

2. Denken Sie nun als Akt des Vertrauens an den einzigartigen Wert, den Sie für einige wenige Menschen darstellen. Sie haben die Fähigkeit wie kein anderer aus einigen Menschen Gutes ans Licht zu bringen. Welche Gefühle ruft das in Ihnen hervor?
   Denken Sie an die Mitglieder Ihrer Gruppe und führen Sie sich deren Einzigartigkeit vor Augen. Überlegen Sie sich, was nur diese – und niemand sonst – aus Ihnen herausholen können. Fassen Sie diese Einzigartigkeit in eigene Worte und stellen Sie sich vor, welche Bedeutung jeder für den Leib Christi haben könnte, wenn der Geist Christus in ihnen noch mehr Gestalt gibt.
3. Achten Sie auf Ihre Sehnsucht nach Wachstum. Wo wirkt der Heilige Geist in Ihrem Leben gerade? Was stellt sich ihm in den Weg? Denken Sie darüber nach, in welchen Bereichen Ihre Freunde gerade wachsen. Was sehen Sie, das Sie begeistert? Worüber ärgern Sie sich, worüber sind Sie enttäuscht oder traurig? Beten Sie für jeden Einzelnen.
4. Während Sie noch im Gebet sind, richten Sie Ihr Augenmerk auf das Heilige, Lebendige und Leidenschaftliche in Ihnen. Vielleicht möchten Sie jemandem aus der Gruppe einen Brief schreiben. Vielleicht kommt Ihnen ein Lied von der CD, die Sie gerade gekauft haben, in den Sinn, und Sie möchten sie jemand schenken? Gehorchen Sie Ihrer inneren Stimme. Gießen Sie das, was sich in Ihnen regt, in jeden Einzelnen aus.

Geistliche Gemeinschaft entwickelt sich, indem die durch die Wahrheit des Evangeliums geweckten Leidenschaften des Heiligen Geistes anfangen, zwischen Menschen, die eine Beziehung miteinander pflegen, zu fließen. Hören Sie nicht auf, sich miteinander zu versammeln, und wenn Sie zusammen sind, überlegen Sie sich ernsthaft, wie Sie einander zu Liebe und zu guten Werken ermutigen können.

ES IST AN DER ZEIT, DIE STÜHLE ZUEINANDER ZU DREHEN

Fragen zur Vertiefung und zum Gespräch

- Lesen Sie noch einmal die ersten sechs Seiten von Kapitel 16 durch. Erklären Sie dann mit eigenen Worten, weshalb Zerbruch am Anfang geistlicher Gemeinschaft steht.
- Bevor Dr. Crabb seine Vorstellung vom Weg zu einer geistlichen Gemeinschaft schildert, erinnert er die geistlichen Leiter daran, dass alles – Evangelisation, Jüngerschaft, Jugendarbeit, *alles* – aus der Anbetung fließt. Er schreibt: „Ich für mich betrachte den Wort- und Anbetungsgottesdienst als eine an sich wichtige Zeit, als eine Gelegenheit, Gott zu begegnen, aber auch als Vorbereitung für geistliche Gemeinschaft, als Vorspiel, um gemeinsam enger in die richtige Richtung zu reisen. Bei Gemeinde geht es in erster Linie darum, gemeinsam zu Gott hin unterwegs zu sein." Sind Sie Teil einer anbetenden Gemeinschaft? Wenn ja, begründen Sie das. Falls nicht: Wie könnte Ihre Gemeinde zu vermehrter Anbetung finden? Haben Sie je Anbetung erlebt, die zu tieferer Innigkeit und Gemeinschaft mit einem anderen Christen geführt haben?
- Geistliche Gemeinschaft bleibt stets ein Wunder. Sie lässt sich weder erzwingen noch programmieren. Sie muss in Existenz gebetet werden. Es fällt uns leicht, um Dinge zu bitten, die sich unserer Macht entziehen. Wo wir aber etwas aus eigener Kraft zu schaffen meinen, packen wir fleißig an. Fassen Sie die Bedeutung des Gebets und geduldigen Wartens auf Gott für die Entstehung von geistlicher Gemeinschaft zusammen. Welche Lehre zieht Henri Nouwen aus dem Leben Christi? Wann geschahen Ihre Bemühungen oder die Bemühungen Ihrer Gemeinde, einen Dienst oder eine geistliche Gemeinschaft aufzubauen, in der umgekehrten Reihenfolge wie das Vorbild Jesu? Was wäre möglicherweise anders gewesen, wenn Sie seinem Vorbild gefolgt wären?
- Geistliche Gemeinschaft beginnt mit Gebet. Im nächsten Schritt wird das Fundament gelegt. Dieses beruht auf drei Grundüberzeugungen (Wachstum ist ein Geheimnis; persönliche Heiligung zählt mehr als erworbene Fähigkeiten; jedes Verlangen ist im Grunde Sehnsucht nach Gott, auch wenn einem das nicht be-

wusst sein mag) und auf einem soliden Verständnis von Gottes Wahrheit, wie sie in Jesus Christus offenbart ist (Wahrheit, die zur Entfachung geistlicher Leidenschaft für Anbetung, Vertrauen, Wachstum und Gehorsam führt; neutestamentliche Wahrheit mit ihren Vorkehrungen: neue Reinheit, neue Identität, neue Gesinnung, neue Kraft). Sehen Sie sich noch einmal die vier Vorkehrungen, die Grafik sowie die drei Schritte an, mit denen Dr. Crabb das Gesagte zusammenfasst. Sind Ihnen beim Lesen dieses Abschnitts irgendwelche Lichter aufgegangen? Was hat Sie ergriffen, worin sind Sie bestärkt worden? Was haben Sie sich in Bezug auf geistliche Gemeinschaft vorgenommen?

- Eintreten, Sehen, Berühren – überlegen Sie nun, ob Sie bereit sind, diese Schritte zu wagen und ob Sie vielleicht schon einen Vorgeschmack darauf bekommen haben.
  - *Eintreten*. Dr. Crabb gewährt Ihnen Einblick in seine Seele, vorausgesetzt, Sie sind zerbrochen, aber stark, verletzlich, aber hoffnungsvoll, interessiert, aber respektvoll. Erfüllen Sie diese Voraussetzungen? Werden Sie konkret. Gibt es jemanden in Ihrem Leben, der um seine Bedürftigkeit weiß, dessen Stärke Sie aber spüren können, der stets einen Grund findet, Gott anzubeten und Sie zu feiern, der Ihnen schmerzliche Dinge sagen kann, dessen Worte Sie aber trotzdem gerne annehmen? Was befähigt jemanden dazu?
  - *Sehen*. Worin besteht in geistlicher Gemeinschaft der Unterschied zwischen „sehen, was sein könnte" und „kritisch-unterscheidendem Erkennen", und wie ergänzen sich beide Vorgänge? In wem sehen Sie Facetten Christi – und welche sind das genau? Wer sieht eine Facette Christi in Ihnen – und welche ist das? Kennen Sie jemanden, der besonders empfänglich ist für das aktuelle und unmittelbare Wirken des Geistes? Auf welche Weise profitieren Sie von dieser Person? Hat Ihnen schon einmal jemand gesagt, dass er Gottes Geist in Ihnen oder durch Sie am Wirken sieht? Welcher Art war die Gemeinschaft mit dieser Person damals?
  - *Berühren*. Ein weiser Freund von Dr. Crabb hat einmal gesagt: „Christus führt stets sanft." Versuchen Sie sich genau zu

erinnern, wann und wie der Herr auch Sie schon einmal deutlich, aber sanft geführt hat. Wann hat Sie der Herr einmal ganz eindeutig durch andere Christen geführt? Hat Ihnen schon einmal jemand gesagt, dass er oder sie vom Herrn durch Sie geleitet wurde? Wie hat die Erfahrung Ihre Beziehung zu dieser Person geprägt?

- Falls Sie den letzten Abschnitt dieses Kapitels bisher nur gelesen haben, dann lesen Sie ihn noch einmal und befolgen Sie diesmal die Vorschläge. Sofern Sie sich noch nicht in einer Kleingruppe befinden, bitten Sie Ihren Ehepartner, einen Gebetspartner oder einen engen Freund, mit dem Sie regelmäßig Kontakt haben, Sie durch die vier Schritte zu begleiten.

Geistliche Gemeinschaft entwickelt sich, indem die durch die Wahrheit des Evangeliums geweckten Leidenschaften des Heiligen Geistes anfangen, zwischen Menschen, die eine Beziehung miteinander pflegen, zu fließen. Hören Sie nicht auf, sich miteinander zu versammeln, und wenn Sie zusammen sind, überlegen Sie sich ernsthaft, wie Sie einander zu Liebe und zu guten Werken ermutigen können.

KAPITEL 17

Geistliche Gemeinschaft werden

> Er wirkt in uns in mannigfaltiger Weise ... Mehr als durch alles Übrige aber wirkt Christus an uns durch andere Menschen ... Sie sind für uns „Spiegel Christi", „Träger Christi". Gewöhnlich sind diejenigen, die ihn kennen, auch diejenigen, die ihn zu anderen bringen. Darum ist auch die Gemeinde so wichtig, der ganze Leib aller Christen, die einander Christus zeigen ... Es ist so einfach zu meinen, die Gemeinde hätte so viele Aufgaben: Bildung, Bauen, Mission, Gottesdienste ... Die Gemeinde besteht nur zu dem Zweck, die Menschen in Christus „hineinzuziehen"; sie zu kleinen Christussen werden zu lassen. Wenn sie das nicht tut, sind alle Kathedralen, alle Geistlichen, alle Missionen und Predigten, dann ist sogar die Bibel nichts anderes als Zeitverschwendung. Aus keinem anderen Grunde wurde Gott Mensch. Und vermutlich wurde auch das Universum aus keinem anderen Grund erschaffen.[1]
>
> C. S. Lewis

Als ich heute früh für einen Freund betete, der gerade durch eine schwierige Zeit geht, formte sich in meinen Gedanken ein Bild. Ich sah einen Felsen von der Größe Gibraltars aus einem stürmischen Meer emporsteigen. Als der Fels schließlich in seiner Endposition angekommen war, war er fest, solide und unerschütterlich. Dann

---

[1] C. S. Lewis, *Pardon, ich bin Christ.* Gießen: Brunnen Verlag, 1997, 175-176.

konnte ich beobachten, wie ängstliche Menschen, die sich verzweifelt über Wasser zu halten suchten, beim Anblick des Felsens Hoffnung schöpften.

Der Fels hatte ein Gesicht – das meines Freundes. Ich fing an zu weinen, die Tränen stiegen aus den Tiefen meiner Seele empor, als mir bewusst wurde, welche Kraft das Leben eines einzigen Menschen hat, Ertrinkende in Sicherheit zu bringen.

Dann musste ich an eine ganze Gruppe von Menschen denken, jeder von ihnen ein Fels; sie waren genug, um zusammen eine Insel zu bilden. Ich musste unwillkürlich an die Seligpreisungen Jesu denken. Als er die, welche zerschlagenen Herzens sind, glückselig nannte, da bedeutet dieses Wort, das wir mit glückselig wiedergeben, eine Insel, einen ruhigen und geschützten Ort der Geborgenheit.

Die Gemeinschaft des Volkes Gottes ist dazu berufen, dieser Fels in der Brandung sein, eine Insel des Friedens inmitten einer Welt voller Schmerzen. Sie soll die Gemeinschaft der Zerbrochenen sein: demütige Menschen, die mit Gott in Verbindung stehen und sich für alles Gute auf ihn verlassen. Es sind bußfertige Menschen, die Heiligung mehr lieben als die Sünde, leidenschaftliche Menschen, die ihre tiefsten Wünsche kennen, zu ihnen stehen und sie annehmen, wissen sie doch, dass ihre Sehnsucht eigentlich auf Gott gerichtet ist.

Diese felsen-festen Menschen haben gehört, wie Jesus in Gegenwart von Sündern zu den beleidigten Pharisäern sagte: *„Die Gesunden bedürfen des Arztes nicht, sondern die Kranken"* (Mt 9,12). Menschen, die eine geistliche Gemeinschaft bilden, haben darin als Kranke, die Heilung gefunden haben, ihren Platz gefunden und sehnen sich nun danach, die gute Nachricht zu verbreiten, dass zerbrochene Menschen leben können.

Ich kenne eine kleine Gemeinde, die eine behinderte (hirngeschädigte) Frau bei sich aufgenommen hat. Sie ist sehr direkt, aber sanft. Manchmal platzt sie mit ihrer Meinung direkt in eine Predigt hinein. Einer der Ältesten sagte mir, sie würden sie wie einen Engel aufnehmen. Sie sei für sie eine Botin von Gott, dazu gesandt, die Gemeinde zu tieferen Ebenen der Gnade und Barmherzigkeit herauszufordern, von denen sie sonst nie gewusst hätten, dass diese in ihnen angelegt waren.

In einer anderen Gemeinde gab es eine junge Frau, die kürzlich vor der Gemeinde ihre Sünden bekannt hat. Die Folgen und Schmerzen ihres Fehlverhaltens sind geblieben, doch die Liebe und Hoffnung sind real. Ihr Vater hat sich laut weinend vor sie hingekniet und sie umarmt.

Inmitten der Brandung zerstobener Träume und kaputter Existenzen feiert die Gemeinschaft des Christus die Vergebung Gottes; ihre Glieder glauben aneinander, sehen das Potenzial im anderen, verniedlichen nie die Sünde, sondern lieben es, die Gnade so groß wie möglich zu machen. Sie werden füreinander zu Trägern Christi. Genau das tun geistliche Freunde, die gemeinsam auf der Reise hin zu Gott sind.

Manchmal benötigen wir allerdings mehr. Unser Leben versinkt im Chaos, der Nebel verdichtet sich, bis man den nächsten Schritt nicht mehr erkennt. In solchen Fällen mag besonderer Rat angesagt sein. Es gibt Zeiten, in denen es angezeigt ist, einen weisen Menschen zu bitten, seinen Stuhl zu uns zu wenden, tief in unser Herz zu blicken, uns zu helfen, wieder eine Perspektive zu gewinnen, zu erkennen, was uns verborgen ist, und unsere Selbsttäuschungen aufzudecken, die wir nicht sehen wollen.

Manchmal ist ein geistlicher Freund nicht genug – wir benötigen einen *geistlichen Mentor*.

Wie gehen wir mit dem Würgegriff um, mit dem uns die Leidenschaften des unteren Raumes manchmal knebeln? Was ist bei schwerer Depression, zwanghaftem Suchtverhalten und unbeherrschbaren Angstzuständen zu tun? Wie ist mit dem Ehepartner umzugehen, der uns links liegen lässt oder missbraucht? Was *sollen* wir mit unserem introvertierten Kind, das keine Freunde findet, tun? Mit unserem Freund, der mit homosexuellen Neigungen kämpft? Wie reagieren wir auf Enttäuschungen, die unsere Seelen erdrücken, uns zornig machen, uns verzweifeln lassen, sodass wir am Ende resignieren wollen?

Geistliche Freunde mögen mit feiernder Liebe in unser Leben eintreten, um mit uns – von der Hoffnung einer Vision erfasst – Verhaltensmuster zu erkennen, die wir fortführen, und andere, die wir beenden sollten. Ihr kraftvoller Beitrag spiegelt Christus wider. Doch manchmal braucht es mehr Unterscheidungsvermögen, als gute Freunde zu bieten fähig sind. Dann mag der Zeitpunkt gekommen sein, unser Leben vor einem weisen Mann bzw. einer weisen Frau auszubreiten, der bzw. die zum Dienst der geistlichen Begleitung berufen ist.

Die meisten Menschen sind überzeugt, dass wir solche weisen Menschen benötigen, mit denen wir reden können. Nur hat unsere Kultur eine sehr seltsame Art, diese geistlichen Begleiter hervorzubringen. Einzelne entscheiden selbst, diesen Beruf zu wählen, und die Ausbildung ist akademisch. Wer eine Last verspürt anderen zu helfen, denkt gewöhnlich an eine professionelle Beratertätigkeit. Also bewirbt man sich an einer Hochschule, legt Empfehlungen früherer Professoren vor und lässt sich von einigen einschlägig ausgewiesenen Freunden die Begabung für solche Arbeit bestätigen. Daraufhin erfolgen Tests, die eine adäquate intellektuelle Begabung nachweisen. Wird man angenommen, folgen einige Jahre des Studiums in Vorlesungen und Seminaren, in denen Beratungstheorie und -technik vermittelt werden.

Doch wo bleibt bei alledem die Gemeinde?

Sobald die Betreffenden ihren akademischen Grad erworben haben, stellen sie sich einer staatlichen Prüfungskommission, die, nach erfolgreich abgelegtem Examen, der Gesellschaft verkündet, die Kandidaten verfügten nun über ein ausreichendes Maß an Fachwissen – auch wenn sie noch recht jung sind –, um kompetent Psychologie zu praktizieren. Das will ich nicht einmal in Frage stellen. Wenn ich allerdings mit meinem Leben nicht zurechtkomme, wünsche ich mir keinen Techniker, der psychologische Prinzipien an mir anwendet. Dann hätte ich gerne einen weisen, gereiften, geistlichen Heiligen, der in meine Seele blicken und mir einen Weg durch das Dickicht hin zu Gott weisen kann.

Kompetenz, um sich um Seelen kümmern und sie heilen zu können und das Wirken des Heiligen Geistes im Leben anderer zu fördern, hängt zuallererst von geistlicher Reife und der Beziehung des Helfers zu Gott ab. Wer eine Berufung zu diesem Dienst zu verspüren meint, benötigt mehr als die Aufnahme in ein Graduiertenstudium durch einen Prüfungsausschuss. So jemand sollte von einer geistlichen Gemeinschaft bestätigt werden, die der Meinung ist, dass die Person tatsächlich dazu berufen ist.

Kompetenz, um sich um Seelen kümmern und sie heilen zu können, setzt eine gründliche und wachsende Vertrautheit mit dem, was Gott über das Leben, die Menschen, deren Probleme sowie über seine Lösungen offenbart hat, voraus. Es ist das geistliche und nicht das akademische Milieu, das geistliche Begleiter hervorbringt.

Die westliche Kultur hat das Feld fälschlicherweise in zwei Bereiche geteilt: Sie unterscheidet zwischen geistlichen und psychischen Problemen. Pastoren und netten christlichen Leuten überlassen wir das geistliche Feld. Sie beten, sprechen über biblische Texte, wenden biblische Prinzipien an und stärken den Glauben. Ausgewiesene Spezialisten dagegen werden dann zu Rate gezogen, wenn das Problem als psychisch, emotionell oder beziehungsbezogen eingestuft wird und weder Gebet noch biblische Ermahnung Wirkung zeigt. Solche Störungen klassifizieren wir als Erkrankungen und Fehlentwicklungen der Seele, die besser den Therapeuten zu überlassen sind.

Das ist aber falsch. Psychischen Problemen liegen nämlich immer geistliche Probleme zugrunde. Menschen, die an ihnen leiden, benötigen geistlichen Rat. (Gewiss, bestimmte Symptome lassen auf physische Erkrankungen schließen, für die jedoch weder der Pastor noch ein Therapeut, sondern ein Mediziner zuständig ist.) Doch allzu oft stellt man sich unter geistlicher Beratung ein oberflächliches, durchstrukturiertes Jüngerschaftstraining vor: Lern diese Bibelverse auswendig, bete mehr, unterlass dieses und jenes, und geh regelmäßig in die Kirche.

Meines Erachtens deckt geistliche Beratung (bzw. Begleitung) alles ab, was gewöhnlich dem Kompetenzbereich der Psychotherapie zugeordnet wird. Geistliche Beratung untersucht die Finsternis unserer betrogenen, verwirrten und auf Abwehr eingestellten Herzen (den unteren Raum). Sie geht dem Leben nach, das die schrecklichen Anschläge überlebt hat (oberer Raum). Sie dringt ein in die Tiefen von Schmerz und Leid (in das „Seufzen" von Römer 8). Sie zeigt die Möglichkeiten heilender Beziehungen auf (gegenseitige Ermutigung zur Liebe und zu guten Werken; vgl. Hebr 10,24).

Dabei müssen wir uns nicht zwischen Psychotherapie und geistlicher Begleitung entscheiden, sondern zwischen Unabhängigkeit und Gemeinschaft. Wir haben die Wahl zwischen einem Alleingang aus Angst und Stolz *oder* einer Reise zu Gott in einer Gemeinschaft, begleitet von der Liebe und Wahrheit geistlicher Freunden und weisen geistlichen Begleitern.

Seit nunmehr zwanzig Jahren unterrichte ich das Fach Seelsorge auf universitärem Niveau. Dabei habe ich die feste Überzeugung gewonnen, dass wir gut daran täten, uns von dem ganzen professionellen Vokabular zu distanzieren: Lassen Sie uns nicht mehr von Patient, Diagnose, Behandlung und Psychotherapie reden. Dieselben Anliegen könnten sehr viel effektiver angegangen werden, würden wir stattdessen von Seelen sprechen, die ihre Verbindung zu Gott, zu sich selbst und zu anderen verloren haben; von Fürsorge für die Seele und Heilung der Seele; von geistlichem Einblick in die fleischlichen und geistlichen Kräfte; von geistlicher Freundschaft und geistlicher Begleitung.

Der Ausdruck „geistlicher Begleiter" (Mentor/Berater) ist keineswegs unbelastet. Mit diesem Begriff impliziere ich keineswegs, dass ein *Begleiter* über Autorität verfügt, einem Menschen zu sagen, was er zu tun und zu lassen hat. Vielmehr denke ich an einen gereiften Christen, der dazu berufen ist, anderen zu dienen, indem er ihnen den Weg zu Gott weist. Wer sich darauf verlegt, anderen zu sagen, wen sie heiraten, welchen Text sie lesen und wie viele Tage sie fasten sollen, befindet sich auf einem gefährlichen Weg. Solche Berater gleichen Führern, die über andere herrschen. Das ist nicht im Sinne unseres Herrn.

Therapeut wäre zwar ein wegen seiner sprachgeschichtlichen Herkunft ausgezeichneter Begriff (gr. *therapeutes* = Diener), lässt indessen zu sehr an durch Fachstudium erworbene Qualifikationen denken. Er vermittelt nicht den hohen Stellenwert von geistlicher Reife als eigentlicher Befähigung.

Dem *Berater* fehlt es an Substanz. Mit guten Ratschlägen ist heute jeder zur Stelle. Wegen zu häufiger Verwendung leidet dieser Begriff an Schwindsucht.

Mentor und *Jünger* – dieses Begriffspaar hat einen mechanisch-pragmatischen Beigeschmack bekommen, der das fließend-dynamische und souveräne Wirken des Geistes vermissen lässt.

Den Begriff *Ältester* bringt man zu häufig mit Geschäftssinn und Organisationstalent in Verbindung.

Der *Pastor* ist meist jemand, den man einmal in der Woche hört und zu Gesicht bekommt, und etwas häufiger, wenn man im Krankenhaus liegt.

Der Begriff des *Lehrers* beschwört das Bild von Klassenzimmern, Power-Point-Präsentationen und Mitschriften.

Der *Hirte* kommt unserem Zweck vielleicht noch am nächsten.

Schlussendlich plädiere ich dennoch – unter Vorbehalt – für den *geistlichen Begleiter*.

Wir befinden uns auf einer Reise. Das Leben ist eine Reise in ein unbekanntes Land auf einem Weg mit unbekanntem Verlauf. Es ist die Reise der Seele hin zu ihrer Bestimmung und Heimat. Geistliche Begleiter sind Männer und Frauen, die den Geist kennen, ihm vertrauen und, kraft ihrer Berufung, Begabung und Selbstbewusstheit mit den Wirkungen der menschlichen Seele so vertraut sind, dass sie diese ihrer Bestimmung zuführen können.

Sie sind meist gut belesen. Möglicherweise haben sie akademische Grade in Beratung erworben oder – was vielleicht noch vorteilhafter wäre – in Literatur oder Philosophie. Vielleicht verfügen sie auch über keine formelle Ausbildung. Aber sie lieben die Heilige Schrift und ehren sie als Gottes Wort und haben außerdem die Romane von Annie Dillard, Fjodor Dostojewski und John Grisham gelesen.

Vor allem aber managen sie weder ihr eigenes Leben noch das Leben anderer. Sie leben als Mystiker: sensibel für die Realität Christi in ihrem Leben und fest verankert in der Tatsache, dass sie in Christus sind. Sie sind Menschen des Gebets.

Die Ausbildung, die sie am meisten schätzen, haben sie von gottesfürchtigen Männern und Frauen erhalten, darunter möglicherweise Professoren und Pastoren, vielleicht auch Schreiner und Schneiderinnen, Menschen, die mit ihnen über Gebet, die Dreieinigkeit, Anbetung und Gnade gesprochen haben. Die Ungezwungenheit ihrer wertvollsten Ausbildung hat sie gelehrt, niemals Formeln und Rezepte blind zu befolgen oder Seelsorge zu „betreiben". Ihr Umgang mit Menschen ist instinktiv und intuitiv, den Impulsen des Geistes folgend.

Nur wenige von uns haben Zugang zu solch einer Person. Viele Menschen jedoch hätten großen Gewinn vom Umgang mit einem geistlichen Begleiter. Menschen wie Maria beispielsweise.

Maria ist Bluterin. Sie ist Single, Anfang fünfzig und schrecklich einsam. Sie kämpft mit einem bislang nicht diagnostizierten chronischen Müdigkeitssyndrom und tut sich schwer mit den meisten Menschen. Gelegentlich erlebt sie im Umgang mit bestimmten Menschen ein Gefühl der Freiheit, doch zieht sie es meist vor, für sich zu bleiben.

Maria erlebt das übliche Gemeindeleben als oberflächliche Routine, eher als eine Zumutung denn als ein Glas erfrischenden Wassers. In ihrer Kleingruppe sammelt der Leiter regelmäßig Gebetsanliegen, die aber selten persönlich und niemals riskant sind; die Lehre fällt in der Regel formelhaft aus: Tu dies, dann tut Gott das. Maria weiß aber: So funktioniert das nicht.

Ab und an hat Maria mit Depressionen zu kämpfen, die manchmal so heftig ausfallen, dass sie zu Medikamenten greift. Gelegentlich ist sie versucht, in eine große Stadt zu fliegen, um dort mit zwanzig Männern zu schlafen. Mehr als einmal sah sie sich mit Selbstmordgedanken konfrontiert.

Befände sich Maria in einer geistlichen Gemeinschaft, könnte ihr Leben ganz anders verlaufen. In einem geschützten Raum könnte sie ans Ende ihrer Selbst gelangen und dennoch gefeiert werden. Dort würde man an sie glauben, sie sehen und berühren, und sie würde eine andere Wirklichkeit in ihrem Innern entdecken. Die Leidenschaften ihres oberen Raumes würden entfacht.

Doch wie die meisten von uns, wenn wir durch schwierige Lebensphasen gehen, braucht Maria mehr. Es täte ihr gut, sich bei einem geistlichen Begleiter auszusprechen: Das könnten tägliche Treffen während einer geistlichen Freizeit sein, oder regelmäßige Zusammenkünfte für einige Stunden über einen längeren Zeitraum, oder gar wöchentliche Begegnungen – sofern sich andere Optionen nicht bieten.

Maria aber hat keinen. Es fehlt ihr an wahrer geistlicher Gemeinschaft. Stattdessen hat sie nur einige wenige Freunde, die gelegentlich ein paar nette Stunden mit ihr bei einem gemeinsamen Abendessen verbringen, die sie zur Mitarbeit an einem Gemeindeprojekt einladen, die sie manchmal mit aufrichtiger Anteilnahme trösten, ihr aber dann zu christlicher Therapie raten oder ihr – aus Ungeduld – sagen, sie solle sich gefälligst an die biblischen Standards anpassen. Da gibt es niemand – weder eine ältere Frau noch einen gereiften Mann –, der/dem sie vertraut, dass sie/er ihr mit weisem Rat zur Seite stehen könnte. Jedenfalls niemand, der für sie verfügbar wäre.

Dabei könnte es doch ganz anders sein.

Der Kirche fehlt es an vielem. Sie wird aber die Prioritäten ihrer Bedürfnisse erst dann richtig ordnen, wenn sie sich über ihren *Auftrag* im Klaren ist. Ihr Auftrag besteht darin, Menschen zu Christus zu ziehen, einander Christus zu spiegeln und durch die Art und Weise, wie sie leben, anderen Christus zu zeigen.

So etwas geschieht nur in einer Gemeinschaft von Menschen, die sich auf der Reise hin zu Gott befinden, in einer Gruppe von Menschen, die ihre „Stühle einander zugewandt" haben. Geistliche Freunde und Begleiter sind Menschen, die mit der Energie Christi erfüllt sind, die ihre Stühle gedreht haben, die ihre Leidenschaften ineinander ausgießen und die andere einladen, es ihnen gleichzutun. Aber nur wenige Menschen – insbesondere wenige Männer – haben einen wirklich geistlichen Freund, geschweige denn einen geistlichen Begleiter.

Wenn der Geist auch Sie mit Gedanken zur Gemeinschaft bewegt und Sie sich fragen, wie eine solche geistliche Gemeinschaft entstehen kann, in der sich geistliche Freunde und Begleiter finden, dann lade ich Sie ein, mit mir zu beten und auf Gottes Reden zu achten, um zu sehen, was er möchte, dass wir tun sollen. Ich bete, dass Ihnen dieses Buch weiterhilft.

Die Kirche/Gemeinde sollte eine Gemeinschaft von geistlichen Freunden und Begleitern sein, die sich auf einer gemeinsamen Reise hin zu Gott befinden. Wir müssen diese Gemeinschaft werden. Und es beginnt mit Gebet.

Fragen zur Vertiefung und zum Gespräch

- Wann war Gottes Volk – oder jemand aus Gottes Volk – ein Felsen in der Brandung Ihres Lebens? Was hat diese Erfahrung in Ihnen, für Ihren Glauben, mit Blick auf Ihren Schmerz, Ihre Umstände und Ihre Kraft bewirkt? Was wäre gewesen, wenn Sie sich einer wahren geistlichen Gemeinschaft hätten anschließen können, wie sie Dr. Crabb in diesem Buch beschreibt?

- Beschreiben Sie, wie Sie Dr. Crabbs Definition eines „geistlichen Begleiters" verstehen. Worin liegt der Unterschied zum heutigen Angebot der Psychologie?
- Kompetenz, um sich um Seelen kümmern und sie heilen zu können und das Wirken des Heiligen Geistes im Leben anderer zu fördern, hängt zuallererst von geistlicher Reife und der Beziehung des Helfers zu Gott ab. Wer könnte diese Rolle in Ihrem Leben einnehmen? Haben Sie schon einmal die Hilfe eines Seelsorgers oder eines Therapeuten in Anspruch genommen oder zumindest in Erwägung gezogen? Mit welchem Problem oder Schmerz sahen Sie sich damals konfrontiert? War das psychische Problem eigentlich ein geistliches? Was hätte ein geistlicher Begleiter Ihnen bieten können, das Sie nicht bekommen haben oder nicht bekommen hätten?
- Lesen Sie noch einmal Marias Geschichte. Erklären Sie mit eigenen Worten, wie sie von einer geistlichen Beraterin und von der Einbindung in eine geistliche Gemeinschaft hätte profitieren können.
- Betrachten Sie jetzt Ihr eigenes Leben: Was wäre anders, wenn Sie Teil einer echten geistlichen Gemeinschaft wären? Was werden Sie unternehmen, eine solche Gemeinschaft zu finden, wie Dr. Crabb sie beschreibt?

Der Kirche fehlt es an vielem. Sie wird aber die Prioritäten ihrer Bedürfnisse erst dann richtig ordnen, wenn sie sich über ihren Auftrag im Klaren ist. Ihr Auftrag besteht darin, Menschen in Christus hineinzuholen, einander Christus zu spiegeln und durch die Art und Weise, wie sie leben, anderen Christus zu zeigen. So etwas geschieht nur in einer Gemeinschaft von Menschen, die sich auf der Reise hin zu Gott befinden, in einer Gruppe von Menschen, die ihre „Stühle einander zugewandt" haben. Wenn Ihnen solche Gemeinschaft erstrebenswert erscheint, lädt Sie Dr. Crabb ein, mit ihm zu beten und auf Gottes Reden zu achten, damit Sie erkennen, was er Ihnen aufträgt. Kirche/Gemeinde ist eine Gemeinschaft von geistlichen Freunden und Begleitern, die sich auf einer gemeinsamen Reise hin zu Gott befinden. Wir müssen diese Gemeinschaft werden. Und es beginnt mit Gebet.

Weitere Produkte von GloryWorld-Medien

„Kirche nach dem Herzen Gottes"

Milt Rodriguez, Dreieinig

Gottes gemeinschaftliches Leben – Vorbild für die Gemeinde und alle Beziehungen; 180 Seiten, Paperback

Die trinitarische Gemeinschaft von Gott Vater, Sohn und Heiligem Geist bildet die eigentliche Lebensquelle der Gemeinde. Dies hat viele unmittelbar praktische Konsequenzen.

Das gemeinschaftliche Leben innerhalb der Gottheit ist nämlich dasselbe göttliche Leben, aus dem die Glieder am Leib Jesu ihr ewiges Leben und ihre Liebe zueinander schöpfen. Rodriguez stellt seine biblisch fundierten, aber auch überraschenden Einsichten in den heilsgeschichtlichen Rahmen, der sich von 1. Mose bis zur Offenbarung spannt.

Heiderose B. Hofmann

Vertrau mir, mein Kind!

Alleinerziehend im Licht der Bibel, 160 S., Paperback

Viele alleinerziehende Eltern fühlen sich – selbst unter Christen – in ihrer Problematik häufig allein gelassen. Selbst mit dieser Problematik konfrontiert lernte die Autorin mit der Zeit, Gott in ihre Situation mit hineinzunehmen. Er offenbarte ihr Schritt für Schritt sein Herz für die Alleinerziehenden.

Das Buch hilft Betroffenen, Heilung zu finden und mit ihrer Situation zurechtzukommen, und enthält eine Anleitung zum Aufbau von Gruppen für Alleinerziehende.

Wayne Jacobsen / Dave Coleman

Der Schrei der Wildgänse

Aufbrechen zu einem freien Leben in Christus jenseits von Religion und Tradition; 220 Seiten, Paperback

Wie können wir heute als Einzelne und in Gemeinschaft in der Freiheit leben, zu der uns Christus befreit hat? Wie können wir religiöse Zwänge entlarven, die uns diese Freiheit immer wieder rauben wollen?

Die Autoren beantworten diese Fragen mitten aus dem Leben. Sie zeigen auf, wie wir heute ganz praktisch mit Jesus leben und eine Freude und eine Freiheit erleben können, von der wir bisher bestenfalls träumen konnten.

Larry Kreider

Authentisches geistliches Mentoring

Anderen helfen, im Glauben zu reifen; 240 Seiten, Pb.

Es ist kein Geheimnis, dass es einen großen Bedarf an geistlichen Vätern und Müttern gibt, die Mentoren für jüngere Christen sein können, um diese für ihr Leben und ihre Berufung zuzurüsten. Der Autor stellt insbesondere das Mentoring-Modell Jesu vor und zeigt auf, wie wir dieses in unserer geistlichen Familie anwenden können. Ob Sie einen geistlichen Mentor suchen oder einer werden wollen – dieses Buch ist gleichermaßen für Sie geeignet!

Wayne Jacobsen, Geliebt!

Tag für Tag in der Zuneigung des himmlischen Vaters leben

240 S., Paperback

Das Buch, von dem Wayne Jacobsen sagt, dass er kein wichtigeres mehr schreiben werde.

Jeden Tag ein Leben zu führen, in dem wir völlig sicher sind, dass wir bedingungslos von Gott geliebt sind – ist das wirklich möglich, und wie sieht das konkret aus?

Wayne Jacobsen bringt uns Schritt für Schritt nahe, wie tief die Liebe Gottes zu uns tatsächlich ist. Wir entdecken dabei, dass wir nicht zu Sklaven, sondern zu Söhnen und Töchtern berufen sind. Die liebevolle Zuneigung unseres Vaters im Himmel gilt uns in allen Umständen. Wir erfahren eine lebendige Beziehung zu ihm, die uns von der Qual der Scham befreit und uns so verändert, dass wir als seine Kinder leben können.

Marco Gmür (Hrsg.)

Väter und Mütter, die die Welt prägen

Reihe: Ein apostolisches Volk steht auf (Band 1); 208 S., Pb.

Wie kann Kirche/Gemeinde zu einem Ort werden, an dem Menschen die Liebe des Vaters wirklich erleben und ganzheitlich heil sowie in ihre Berufung freigesetzt werden?

Vaterlosigkeit ist heute nicht nur ein Thema in der Gesellschaft, sondern (leider) oft auch in den Gemeinden. Gott, der Vater aller Vaterschaft, sucht geistliche Väter und Mütter, die bereit sind, sich an Einzelne hinzugeben, bis diese selbst fähig sind, geistliche Familien zu gründen.

In der Folge entstehen apostolische Großfamilien, in denen sich das Vaterherz Gottes fortpflanzen kann.

Bestellen Sie im Buchhandel oder direkt bei:

GloryWorld-Medien | Postfach 4170 | D-76625 Bruchsal
Fon: 07257-903396 | Fax: 07257-903398 | info@gloryworld.de

Aktuelles, Leseproben, Downloads & Shop: **www.gloryworld.de**